建设工程质量检测人员培训丛书
胡贺松　丛书主编

桥梁及地下工程检测

张　鹏　主　编
韦先林　肖金辉　副主编

中国建筑工业出版社

图书在版编目（CIP）数据

桥梁及地下工程检测 / 张鹏主编；韦先林，肖金辉副主编. -- 北京 ：中国建筑工业出版社, 2025. 5.

（建设工程质量检测人员培训丛书 / 胡贺松主编）.

ISBN 978-7-112-31146-0

Ⅰ．U446

中国国家版本馆 CIP 数据核字第 2025KS6241 号

责任编辑：杨　允　刘瑞霞

责任校对：李美娜

建设工程质量检测人员培训丛书

胡贺松　丛书主编

桥梁及地下工程检测

张　鹏　主　编

韦先林　肖金辉　副主编

*

中国建筑工业出版社出版、发行（北京海淀三里河路 9 号）

各地新华书店、建筑书店经销

国排高科（北京）人工智能科技有限公司制版

北京同文印刷有限责任公司印刷

*

开本：787 毫米×1092 毫米　1/16　印张：20　字数：488 千字

2025 年 7 月第一版　　2025 年 7 月第一次印刷

定价：**58.00** 元

ISBN 978-7-112-31146-0

（44807）

丛书编委会

主　　编：胡贺松

副 主 编：刘春林　　孙晓立

编　　委：刘炳凯　　梅爱华　　罗旭辉　　杨勇华　　宋雄彬
　　　　　李祥新　　邢宇帆　　张宪圆　　余佳琳　　李　昂
　　　　　张　鹏　李　淼

本书编委会

主　　编：张　鹏

副 主 编：韦先林　肖金辉

编　　委：胡红波　李　涛　陈勇发　张　鹏　李湘龙
　　　　　周康民　韦先林　朱振锋　肖金辉　李　星
　　　　　龙永彬　陈志坚　张增钰　刘辉廷　张强兵
　　　　　江伟锋　梅锦玲

　　建设工程质量检测监测，乃现代工程建设之命脉，承载着守护工程安全与品质之重任。随着建造技术革新浪潮奔涌、材料与工艺迭代日新月异，检测行业亦面临前所未有的挑战与机遇。检测工作不仅需为工程全生命周期提供精准数据支撑，更需以创新之力推动行业向绿色化、智能化、标准化纵深发展。在此背景下，培养兼具理论素养与实践能力的专业人才，实为行业高质量发展的关键基石。

　　"建设工程质量检测人员培训丛书"应势而生。此丛书由广州市建筑科学研究院集团有限公司倾力编纂，凝聚四十余载技术积淀，博采行业前沿成果，体系严谨、内容丰实。丛书十二分册，涵盖建筑材料、主体结构、节能幕墙、市政道路、桥梁地下工程等核心领域，更兼实验室管理与安全监测等专项内容，既立足基础，又紧扣时代脉搏。尤为可贵者，各分册编写皆以"问题导向"为纲，如《主体结构及装饰装修检测》聚焦施工质量隐患诊断，《工程安全监测》剖析风险预警技术，《建筑节能检测》则直指"双碳"目标下的绿色建筑评价体系。凡此种种，皆彰显丛书对行业痛点的精准回应与前瞻引领。

　　丛书之价值，尤在其"知行合一"的编撰理念。检测工作绝非纸上谈兵，须以理论为帆，以实践为舵。书中每一章节以现行标准为导向，辅以数据图表与操作流程详解，使晦涩标准化为生动指南。编写团队更汇集数位资深专家，其笔锋既透学术之严谨，又蕴实战之智慧。

　　"工欲善其事，必先利其器"。此丛书之意义，非止于知识传递，更在于精神传承。书中字里行间，浸润着编者"精益求精、守正创新"的行业匠心。冀望读者持此卷为舟楫，既夯实检测技术之根基，亦淬炼科学思维之锐度，以专业之力筑牢工程品质长城，以敬畏之心守护万家灯火安然。愿此书成为检测同仁案头常备之典，助力中国建造迈向更高、更远、更强之境。

　　是为序。

博士、教授级高工

前　言

　　根据住房和城乡建设部颁布的《建设工程质量检测机构资质标准》（建质规〔2023〕1号）的相关规定，建设工程检测机构资质分为两个类别，即综合资质和专项资质，其中专项资质分为建筑材料及构配件、主体结构及装饰装修、钢结构、地基基础、建筑节能、建筑幕墙、市政工程材料、道路工程、桥梁及地下工程9个专项。本书针对桥梁及地下工程的技术要求，详细介绍了桥隧结构无损检测、桥梁结构与构件、隧道主体结构、桥梁及附属物、桥梁支座、桥梁伸缩装置、隧道环境、人行天桥及地下通道、综合管廊主体结构、涵洞主体结构实体及产品的检测依据、方法、标准要求。本书内容以现行国家标准、行业标准为依据，针对检测过程中的难点、要点，全面系统地阐述了各检测项目及参数的检测抽样频率、技术要求、试验方法、仪器设备、评判规则、检测通用原始记录、报告模板等。

　　本书内容共分为10章。第1章桥隧结构无损检测，由胡红波、李涛、陈勇发负责编写。第2章桥梁结构与构件，由张鹏、李湘龙、周康民负责编写。第3章隧道主体结构，由韦先林、朱振锋负责编写。第4章桥梁及附属物，由肖金辉、李星负责编写。第5章桥梁支座，由李湘龙负责编写。第6章桥梁伸缩装置，由龙永彬、陈志坚负责编写。第7章隧道环境，由张增钰、刘辉廷负责编写。第8章人行天桥及地下通道，由肖金辉、张强兵、江伟锋负责编写。第9章综合管廊主体结构，由韦先林、李涛负责编写。第10章涵洞主体结构，由朱振锋负责编写。本书由张鹏负责统稿，梅锦玲对本书图稿进行了整理绘制。

　　本书注重理论与实际相结合，紧跟检测技术时代发展，简要介绍桥梁与地下结构的基本理论知识，重点阐述各检测项目的检测技术与实践。本书可作为桥梁与地下工程检测从业人员的参考指南，也可作为各企事业单位技术人员、大专院校相关专业师生的培训教材。

　　本书特别感谢丛书主编胡贺松教授级高级工程师的策划、组织和指导，本书的编写工作还得到了有关领导、专家的大力支持和帮助，并提出了宝贵意见，感谢所有为本书编写提供专业建议和技术支持的专家学者。

　　由于时间仓促，编者水平有限，疏漏之处在所难免，欢迎批评指正或提出宝贵意见和建议，以便在修订时优化完善。

目　录

CONTENTS

第1章

桥隧结构无损检测

本章主要介绍桥梁与地下工程中涉及的无损检测技术，包括混凝土强度检测、钢筋配置及保护层厚度检测、氯离子检测、探地雷达检测等通用检测技术。

1.1 混凝土强度

混凝土是由胶凝材料、颗粒状集料（也称为骨料）、水、必要时加入的外加剂和掺合料等按一定比例配制，经均匀搅拌、密实成型、养护硬化而成的一种人工石材。

混凝土具有原料丰富、价格低廉、生产工艺简单的特点，还具有抗压强度高、耐久性好、强度等级范围宽等特点。这些特点使其使用范围十分广泛，不仅在各种土木工程中使用，而且在造船业、机械工业、海洋的开发、地热工程等，混凝土也是重要的材料。

为确保结构安全，必须确保混凝土结构构件强度。本节主要介绍检测实践中常用的混凝土强度检测方法。

1.1.1 回弹法检测混凝土抗压强度

1.1.1.1 混凝土回弹仪简介

混凝土回弹仪是用于无损检测结构或构件混凝土抗压强度的一种仪器，其工作原理是，利用一弹簧驱动弹击锤，并通过弹击杆弹击混凝土表面所产生的瞬时弹性变形的恢复力，使弹击锤带动指针弹回并指示出弹回的距离。以回弹值（弹回的距离与冲击前弹击锤至弹击杆的距离之比，按百分比计算）作为混凝土抗压强度相关的指标之一，来推定混凝土的抗压强度。

回弹法作为一种非破损检测方法，是我国现行大量使用的一种检测混凝土的方法，具有以下特点：

（1）仪器构造简单，容易校正、维修、保养，并适合于大批量稳定生产。

（2）方法简便，测试技术容易掌握，易于消除系统误差。

（3）影响回弹法测定精度的因素少，易建立具有一定测试误差的测强相关曲线。

（4）不需要或很少需要现场测试的事先作业，完全不破坏构件。

（5）检测工序迅速，效率高，所需人力少费用低，适宜于现场大量随机测试。

（6）仪器轻巧，便于携带，适合于野外和施工现场使用。

因此，同其他无损检测仪器比较，回弹仪是比较经济实用的非破损测试仪器。

1.1.1.2 回弹仪的结构

机械回弹仪在弹击后的纵向剖面结构示意图与主要零件名称如图 1.1-1 所示。

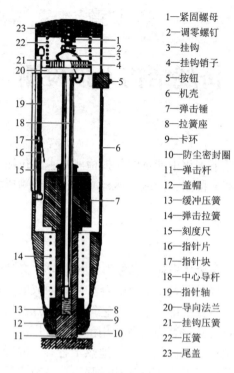

1—紧固螺母
2—调零螺钉
3—挂钩
4—挂钩销子
5—按钮
6—机壳
7—弹击锤
8—拉簧座
9—卡环
10—防尘密封圈
11—弹击杆
12—盖帽
13—缓冲压簧
14—弹击拉簧
15—刻度尺
16—指针片
17—指针块
18—中心导杆
19—指针轴
20—导向法兰
21—挂钩压簧
22—压簧
23—尾盖

图 1.1-1　回弹仪纵向剖面结构示意图与主要零件名称

1.1.1.3　检测原理与特点

使用击锤以固定能量弹击混凝土表面，通过击锤回弹的高度，结合混凝土表面碳化的程度，推定混凝土的抗压强度。回弹法具有操作简便、检测速度快、对结构无损伤等特点，适用于对混凝土构件强度的快速、大批量检测。回弹法可用于单构件检测或批量检测。

1.1.1.4　检测标准

《回弹法检测混凝土抗压强度技术规程》JGJ/T 23—2011。

1.1.1.5　适用范围

回弹法适用于普通混凝土抗压强度的检测，不适用于表层与内部质量有明显差异或内部存在缺陷的混凝土强度检测。当采用《回弹法检测混凝土抗压强度技术规程》JGJ/T 23—2011 的统一测强曲线进行测区强度换算时，应符合以下条件：

（1）混凝土采用的水泥、砂石、外加剂、掺合料、拌合用水符合国家现行有关标准的规定。

（2）采用普通成型工艺。

（3）采用符合国家标准规定的模板。

（4）蒸汽养护出池后经自然养护 7d 以上，且混凝土表层为干燥状态。

（5）自然养护且龄期为 14～1000d。

（6）抗压强度为 10.0～60.0MPa。

当有下列情况之一时，测区混凝土强度不得按《回弹法检测混凝土抗压强度技术规程》

JGJ/T 23—2011 附录 A 或附录 B 进行强度换算：

（1）非泵送混凝土粗骨料最大公称粒径大于 60mm，泵送混凝土粗骨料最大公称粒径大于 31.5mm。

（2）特种成型工艺制作的混凝土。

（3）检测部位曲率半径小于 250mm。

（4）潮湿或浸水混凝土。

1.1.1.6　检测仪器和设备

率定钢砧、弹击能量为 2.207J 的指针直读式回弹仪或数字回弹仪、碳化深度测量仪、1%～2%的酚酞酒精溶液。

1.1.1.7　检测步骤

（1）检测前应对回弹仪进行率定。率定试验应在室温为 5～35℃的条件下进行，钢砧表面应干燥、清洁并稳固地平放在刚度大的物体上。测定回弹值时，应取连续向下弹击三次的稳定回弹值的平均值。率定应分四个方向进行，弹击杆每次应旋转 90°，弹击杆每旋转一次的率定平均值均应为 80±2。

（2）在被检测构件表面布置测区。测区尺寸为 200mm×200mm，宜布置在构件混凝土浇筑方向的侧面（如果不满足检测条件的话可以选在表面或者底面，但是计算时必须对其回弹值进行浇筑面修正，泵送混凝土测区则必须布置在浇筑方向侧面）。测区宜均匀分布在构件的两个对称可测面上，相邻两测区的间距不宜大于 2m。当不能布置在对称的可测面上时，也可布置在一个可测面上，且应均匀分布。测区离构件端部或施工缝边缘的距离不宜大于 0.5m，也不宜小于 0.2m。在构件的重要部位及薄弱部位应布置测区，避开钢筋密集区和预埋件；测试面应为混凝土原浆面，且应清洁、平整，不应有疏松层、浮浆、油垢、涂层以及蜂窝、麻面。应对每个测区进行编号。

（3）检测时，回弹仪的轴线应始终垂直于结构或构件的混凝土检测面，缓慢施压，准确读数，快速复位；测点应在测区内均匀分布，相邻两测点的净距不宜小于 20mm；测点距外露钢筋、预埋件的距离不宜小于 30mm；测点不应在气孔或外露石子上，同一测点只应弹击一次，每一测区应记取 16 个回弹值，每一测点的回弹值读数估读至 1。

（4）回弹值测量完毕后，选择有代表性的 3 个测区，每个测区选一个测点测量碳化深度。先用凿子在测区表面形成直径约 15mm 的孔洞，其深度应大于混凝土的碳化深度。将孔洞中的粉末和碎屑用吹球除净，不得用水冲洗。用浓度为 1%～2%的酚酞酒精溶液滴在孔洞内壁的边缘。当已碳化与未碳化界限清晰时，再用碳化深度测量仪测量已碳化与未碳化混凝土交界面到混凝土表面的垂直距离，测量 3 次，每次读数精确至 0.25mm，取其平均值并记录，精确到 0.5mm。

1.1.1.8　检测类别及检测数量

回弹法检测混凝土强度，可按单个构件或按批量进行。区别如下：

（1）对于单个构件，测区数不宜少于 10 个。当受检构件数量大于 30 个且不需提供单个构件推定强度或受检构件某一方向的尺寸不大于 4.5m 且另一方向尺寸不大于 0.3m 时，每个构件的测区量可适当减少，但不应少于 5 个。

（2）对于混凝土生产工艺、强度等级相同，原材料、配合比、养护条件基本一致且龄期相近的一批同类构件，可采用批量检测，批量检测时应随机抽取构件；构件抽样数量不应少于同批构件总数的 30%，且不少于 10 件，当检验批构件数量大于 30 个时，抽样数量可适当调整，但不得少于有关标准规定的最小抽样数量。

1.1.1.9　混凝土强度的计算

1）测区混凝土强度换算值：从测区的 16 个回弹值中剔除 3 个最大值和 3 个最小值，其余的 10 个回弹值计算算术平均值得出该测区的平均回弹值（R_m）。构件的第 i 个测区的混凝土强度值，可根据平均回弹值（R_m）、平均碳化深度值（d_m）以及测强曲线求得。对于非泵送混凝土，使用《回弹法检测混凝土抗压强度技术规程》JGJ/T 23—2011 中表 A 进行测区混凝土强度换算；对于泵送混凝土，使用表 B 进行测区混凝土强度换算。回弹值按下式计算：

$$R_m = \sum_{i=1}^{10} \frac{R_i}{10} \tag{1.1-1}$$

式中：R_m——测区平均回弹值，精确至 0.1；

　　　　R_i——第 i 个测点的回弹值。

2）碳化深度的测量：

（1）采用电锤或其他合适的工具，在测区表面形成直径为 15mm 的孔洞，深度略大于碳化深度。吹去洞中粉末（不能用液体冲洗），立即用浓度 1%～2% 的酚酞酒精溶液滴在孔洞内壁边缘处，未碳化混凝土变成紫红色，已碳化的则不变色。然后用钢尺测量混凝土表面至变色与不变色交界处的垂直距离，即为测试部位的碳化深度，测量 3 次，每次读数应精确至 0.25mm，3 次的测量结果取平均值，精确到 0.5mm。

（2）碳化深度应在有代表性的测区上测量，测点数不应少于构件测区数的 30%，应取其平均值作为该构件每个测区的碳化深度值。当碳化深度极差大于 2.0mm 时，应在每一测区分别测量碳化深度值。

3）浇筑面修正：当回弹仪为非水平方向且测试面为混凝土的非浇筑侧面时，应先对回弹值进行角度修正，并应对修正后的回弹值进行浇筑面修正，测区的平均回弹值应按下式修正：

$$R_m = R_{m\alpha} + R_{a\alpha} \tag{1.1-2}$$

式中：$R_{m\alpha}$——非水平方向检测时测区的平均回弹值，精确至 0.1；

　　　　$R_{a\alpha}$——非水平方向检测时回弹值修正值，应按表 1.1-1 取值。

非水平方向检测时的回弹值修正值　　　　　　　　　　　表 1.1-1

$R_{m\alpha}$	向上				向下			
	90°	60°	45°	30°	−30°	−45°	−60°	−90°
20	−6.0	−5.0	−4.0	−3.0	+2.5	+3.0	+3.5	+4.0
30	−5.0	−4.0	−3.5	−2.5	+2.0	+2.5	+3.0	+3.5
40	−4.0	−3.5	−3.0	−2.0	+1.5	+2.0	+2.5	+3.0
50	−3.5	−3.0	−2.5	−1.5	+1.0	+1.5	+2.0	+2.5

注：1. $R_{m\alpha}$ 小于 20 或大于 50 时，分别按 20 或 50 查表；
　　2. 表中未列入的相应于 $R_{m\alpha}$ 的修正值 $R_{a\alpha}$，可用内插法求得，精确至 0.1。

4）角度修正：水平方向检测混凝土浇筑表面或浇筑底面时，测区的平均回弹值应按下列公式修正：

$$R_m = R_m^t + R_a^t \tag{1.1-3}$$

$$R_m = R_m^b + R_a^b \tag{1.1-4}$$

式中：R_m^t、R_m^b——水平方向检测混凝土浇筑表面、底面时，测区的平均回弹值，精确至 0.1；

R_a^t、R_a^b——混凝土浇筑表面、底面回弹值的修正值，应按表 1.1-2 取值。

不同浇筑面的回弹值修正值 表 1.1-2

R_m^t 或 R_m^b	表面修正值（R_a^t）	底面修正值（R_a^b）	R_m^t 或 R_m^b	表面修正值（R_a^t）	底面修正值（R_a^b）
20	+2.5	−3.0	40	+0.5	−1.0
25	+2.0	−2.5	45	0	−0.5
30	+1.5	−2.0	50	0	0
35	+1.0	−1.5			

5）构件的测区混凝土强度平均值应根据各测区的混凝土强度换算值计算。当测区数为 10 个及以上时，还应计算强度标准差。平均值及标准差应按下列公式计算：

$$m_{f_{cu}^c} = \frac{\sum\limits_{i=1}^{n} f_{cu,i}^c}{n} \tag{1.1-5}$$

$$S_{f_{cu}^c} = \sqrt{\frac{\sum\limits_{i=1}^{n} (f_{cu,i}^c)^2 - n(m_{f_{cu}^c})^2}{n-1}} \tag{1.1-6}$$

式中：$m_{f_{cu}^c}$——构件测区混凝土强度换算值的平均值（MPa），精确至 0.1MPa；

n——对于单个检测的构件，取该构件的测区数；对批量检测的构件，取所有被抽检构件测区数之和；

$S_{f_{cu}^c}$——结构或构件测区混凝土强度换算值的标准差（MPa），精确至 0.01MPa。

6）构件的现龄期混凝土强度推定值（$f_{cu,e}$）应符合下列规定：

（1）当构件测区数少于 10 个时，应按下式计算：

$$f_{cu,e} = f_{cu,min}^c \tag{1.1-7}$$

式中：$f_{cu,min}^c$——构件中最小的测区混凝土强度换算值。

（2）当构件的测区混凝土强度值出现小于 10.0MPa 时，应按下式计算：

$$f_{cu,e} < 10.0\text{MPa} \tag{1.1-8}$$

（3）当构件测区数不少于 10 个时，应按下式计算：

$$f_{cu,e} = m_{f_{cu}^c} - 1.645 S_{f_{cu}^c} \tag{1.1-9}$$

（4）当批量检测时，应按下式计算：

$$f_{cu,e} = m_{f_{cu}^c} - k S_{f_{cu}^c} \tag{1.1-10}$$

式中：k——推定系数，宜取 1.645。当需要进行推定区间时，可按有关标准取值。

7）对按批量检测的构件，当该批构件混凝土强度标准差出现下列情况之一时，该批构件应全部按单个构件检测：

（1）当该批构件混凝土强度平均值小于 25MPa 且标准差大于 4.5MPa 时。

（2）当该批构件混凝土强度平均值不小于 25MPa 且不大于 60MPa，而标准差大于 5.5MPa 时。

1.1.1.10　检测报告

回弹法检测混凝土抗压强度时，其检测报告宜包括下列内容：

（1）委托单位名称。

（2）工程名称。

（3）监督登记号。

（4）见证单位。

（5）见证人。

（6）检测类别。

（7）检测依据。

（8）检测位置。

（9）混凝土泵送方式。

（10）设计强度等级。

（11）混凝土浇筑日期。

（12）试件龄期。

（13）测区数量。

（14）检测数据的计算：强度平均值、强度标准差、强度推定值、测区换算强度平均值、最小强度值、标准差。

（15）报告编号。

（16）出具报告的单位名称，检测等有关人员签字。

（17）检测及出具报告的日期等。

报告样板如附表 1 和附表 2 所示。

1.1.2　回弹法检测高强混凝土强度

1.1.2.1　检测原理与特点

检测原理与回弹法检测混凝土抗压强度基本相同，区别在于高强回弹仪的弹击能量较大，适用于检测高强混凝土（一般指强度等级为 C50～C100 的混凝土）的抗压强度。

1.1.2.2　检测依据

《高强混凝土强度检测技术规程》JGJ/T 294—2013。

1.1.2.3　检测仪器和设备

率定钢砧、标称能量为 4.5J 或 5.5J 的回弹仪，应带有指针直读示值系统。

1.1.2.4　检测数量

对同批构件按批抽样检测时，构件应随机抽样，抽样数量不宜少于同批构件的 30%，且不宜少于 10 件。当检验批中构件数量大于 50 件时，构件抽样数量可按现行国家标准《建筑结构检测技术标准》GB/T 50344 进行调整，但抽取的构件总数不宜少于 10 件，并应按该现行国家标准进行检测批混凝土的强度推定。

1.1.2.5　检测步骤

1）检测前率定，基本操作与回弹法基本相同，在洛氏硬度 HRC 为 60±2 的钢砧上，回弹仪的率定值应为 88±2。

2）在被检测构件表面布置测区，测区布置应符合下列规定：

（1）检测时应在构件上均匀布置测区，每个构件上的测区数不应少于 10 个。

（2）对某一方向尺寸不大于 4.5m 且另一方向尺寸不大于 0.3m 的构件，其测区数量可减少，但不应少于 5 个。

（3）测区应布置在构件混凝土浇筑方向的侧面，并宜布置在构件的两个对称的可测面上；当不能布置在对称的可测面上时，也可布置在同一可测面上；在构件的重要部位及薄弱部位应布置测区，并应避开预埋件。

（4）相邻两测区的间距不宜大于 2m；测区离构件边缘的距离不宜小于 100mm。

（5）测区尺寸宜为 200mm×200mm。

（6）测试面应清洁、平整、干燥，不应有接缝、饰面层、浮浆和油垢；表面不平处可用砂轮适度打磨，并擦净残留粉尘。

（7）结构或构件上的测区应注明编号，并应在检测时记录测区位置和外观质量情况。

3）在构件上回弹测试时，回弹仪的纵轴线应始终与混凝土成型侧面保持垂直，并应缓慢施压、准确读数、快速复位；结构或构件上的每一测区应回弹 16 个测点，每一测点的回弹值应精确至 1；测点在测区范围内宜均匀分布，不得分布在气孔或外露石子上。同一测点应只弹击一次，相邻两测点的间距不宜小于 30mm；测点与外露钢筋、铁件的距离不宜小于 100mm。

1.1.2.6　混凝土强度的计算

1）计算测区回弹值时，在同一个测区的 16 个回弹值中，剔除 3 个最大值和 3 个最小值，然后将剩余的 10 个回弹值按下式计算，其结果作为该测区回弹值的代表值。

$$R = \frac{1}{10}\sum_{i=1}^{10}R_i \tag{1.1-11}$$

式中：R——测区平均回弹值，精确至 0.1；

　　　R_i——第 i 个测点的回弹值。

2）按单个构件或按批抽样检测混凝土强度，第 i 个测区混凝土强度换算值，可根据该测区回弹值的代表值 R，由《高强混凝土强度检测技术规程》JGJ/T 294—2013 附录 A 或附录 B 查表得出。

3）结构或构件的测区混凝土强度平均值可根据各测区的混凝土强度换算值计算。当测区数为 10 个及以上时，应计算强度标准差。平均值及标准差应按 1.1.1.9 节的式(1.1-5)和式(1.1-6)计算。

4）当检测条件与测强曲线的使用条件有较大差异或曲线没有经过验证时，应采用同条件标准试件或者直接从结构或构件测区内钻取混凝土芯样进行强度修正，且试件数量或混凝土芯样不应少于 6 个，计算时，测区混凝土强度修正量及测区混凝土强度换算值的修正应符合下列规定：

（1）修正量应按下列公式计算：

$$\Delta_{\text{tot}} = \frac{1}{n}\sum_{i=1}^{n} f_{\text{cor},i} - \frac{1}{n}\sum_{i=1}^{n} f_{\text{cu},i}^{\text{c}}$$
$$\Delta_{\text{tot}} = \frac{1}{n}\sum_{i=1}^{n} f_{\text{cu},i} - \frac{1}{n}\sum_{i=1}^{n} f_{\text{cu},i}^{\text{c}}$$

(1.1-12)

式中：Δ_{tot}——测区混凝土强度修正量（MPa），精确至 0.1MPa；

$f_{\text{cor},i}$——第 i 个混凝土芯样试件的抗压强度；

$f_{\text{cu},i}$——第 i 个混凝土立方体试块的抗压强度；

$f_{\text{cu},i}^{\text{c}}$——对应于第 i 个芯样部位或同条件立方体试块测区回弹值和碳化深度值的混凝土强度换算值；

n——芯样或试块数量。

（2）测区混凝土强度换算值的修正应按下式计算：

$$f_{\text{cu},i1}^{\text{c}} = \Delta_{\text{tot}} + f_{\text{cu},i0}^{\text{c}}$$

(1.1-13)

式中：$f_{\text{cu},i0}^{\text{c}}$——第 i 个测区修正前的混凝土强度换算值（MPa），精确至 0.1MPa。

$f_{\text{cu},i1}^{\text{c}}$——第 i 个测区修正后的混凝土强度换算值（MPa），精确至 0.1MPa。

5）现龄期混凝土强度推定值（$f_{\text{cu},e}$）应符合下列规定：

（1）当该结构或构件测区数少于 10 个时，应按 1.1.1.9 节的式(1.1-7)计算。

（2）当该结构或构件测区数不少于 10 个或按批量检测时，应按 1.1.1.9 节的式(1.1-9)及式(1.1-10)计算。

6）对按批量检测的结构或构件，当该批构件混凝土强度标准差出现下列情况之一时，该批构件应全部按单个构件检测：

（1）该批构件的混凝土强度换算值的平均值不大于 50MPa，且标准差大于 5.5MPa 时。

（2）该批构件的混凝土强度换算值的平均值大于 50MPa，且标准差大于 6.5MPa 时。

1.1.2.7　检测报告

回弹法检测高强混凝土抗压强度时，其检测报告宜包含 1.1.1.10 节的内容。报告样板如附表 3 和附表 4 所示。

1.1.3　钻芯法检测混凝土抗压强度

1.1.3.1　检测原理与特点

从混凝土构件上钻取芯样，通过对芯样试件进行抗压试验，从而得到相应龄期混凝土强度。该检测方法对构件有一定损伤，同一构件不宜钻取过多芯样，可用于单构件检测或批量检测。

1.1.3.2　检测依据标准

《钻芯法检测混凝土强度技术规程》JGJ/T 384—2016。

《钻芯法检测混凝土抗压强度技术规程》CECS 03：2007。

1.1.3.3　检测仪器和设备

钢筋扫描仪、电动钻芯机、电动锯切机、芯样补平装置或芯样磨平机、电液伺服全自动压力试验机、量规等。

1.1.3.4　检测资料准备

采用钻芯法检测结构或构件混凝土强度前，宜具备下列资料信息：

（1）工程名称及设计、施工、监理和建设单位名称。

（2）结构或构件种类、外形尺寸及数量。

（3）设计混凝土强度等级。

（4）浇筑日期、配合比通知单和强度试验报告。

（5）结构或构件质量状况和施工记录。

（6）有关的结构设计施工图等。

1.1.3.5　现场取样步骤

1）在选定构件上用钢筋探测仪进行探测，找出钢筋位置，选取没有钢筋的区域作为钻芯位置。由于钻芯法对构件有一定损伤，芯样宜在结构或构件的下列部位钻取：

（1）结构或构件受力较小的部位。

（2）混凝土强度具有代表性的部位。

（3）便于钻芯机安放与操作的部位。

（4）避开主筋、预埋件和线管的位置。

2）钻芯机就位并安放平稳后，应将钻芯机固定。固定的方法应根据钻芯机的构造和施工现场的具体情况确定。

3）钻芯机在未安装钻头之前，应先通电确认主轴的旋转方向为顺时针方向。

4）钻芯时用于冷却钻头和排除混凝土碎屑的冷却水的流量宜为 3～5L/min。

5）钻取芯样时宜保持匀速钻进。

6）芯样应进行标记，钻取部位应予以记录。芯样高度及质量不能满足要求时，应重新钻取芯样。

7）芯样应采取保护措施，避免在运输和贮存中损坏。

1.1.3.6　芯样加工要求

现场取样后，应将混凝土芯样加工成符合要求的芯样试件，方可进行试验。芯样加工要求如下：

（1）抗压芯样试件的高度与直径之比（H/d）宜为 1.00。

（2）芯样试件内不宜含有钢筋；也可有一根直径不大于 10mm 的钢筋，且钢筋应与芯样试件的轴线垂直并且离开端面 10mm 以上。

（3）锯切后的芯样应进行端面处理，可采取在磨平机上磨平端面，也可用硫磺胶泥或环氧树脂补平，补平厚度不宜大于 2mm。抗压强度低于 30MPa 的芯样试件，不宜使用磨平端面的处理方法；抗压强度高于 60MPa 的芯样试件，不宜采用硫磺胶泥或环氧胶泥补平。加工完成的芯样应进行养护。

1.1.3.7 芯样试件试验

应在自然干燥状态下进行抗压试验。当结构工作条件比较潮湿，需要确定潮湿状态下混凝土的强度时，芯样试件宜在 20℃±5℃ 的清水中浸泡 40～48h，从水中取出后应去除表面水渍，立即进行抗压试验。

芯样试件的混凝土抗压强度值可按下式计算：

$$f_{cu,cor} = \beta_c F_c / A \tag{1.1-14}$$

式中：$f_{cu,cor}$——芯样试件的混凝土抗压强度值（MPa）；

$\quad\quad F_c$——芯样试件的抗压试验测得的最大压力（N）；

$\quad\quad A$——芯样试件的抗压截面面积（mm^2）；

$\quad\quad \beta_c$——芯样试件强度折算系数，取 1.0。

1.1.3.8 混凝土抗压强度计算

钻芯法可用于确定检测批或单个构件的混凝土强度推定值，也可用于修正用间接检测方法得到的混凝土抗压强度换算值。当使用钻芯法确定检测批的混凝土强度推定值时，芯样试件的数量应根据检测批的样本容量确定。标准芯样试件（直径 100mm）的最小样本容量不宜少于 15 个，小直径芯样试件（直径小于 100mm）的最小样本量不宜少于 20 个。芯样应从检测批的构件中随机抽取，每个芯样应取自一个构件或结构的局部部位。

1）检测批混凝土强度的推定值应按下列方法确定：

（1）检测批混凝土强度的推定值应计算推定区间，推定区间的上限值和下限值按下列公式确定：

$$上限值：f_{cu,e1} = f_{cu,cor,m} - k_1 S_{cu} \tag{1.1-15}$$

$$下限值：f_{cu,e2} = f_{cu,cor,m} - k_2 S_{cu} \tag{1.1-16}$$

$$平均值：f_{cu,cor,m} = \frac{\sum\limits_{i=1}^{n} f_{cu,cor,i}}{n} \tag{1.1-17}$$

$$标准差：S_{cu} = \sqrt{\frac{\sum\limits_{i=1}^{n}(f_{cu,cor,i} - f_{cu,cor,m})^2}{n-1}} \tag{1.1-18}$$

式中：$f_{cu,cor,m}$——芯样试件的混凝土抗压强度平均值（MPa），精确至 0.1MPa；

$\quad\quad f_{cu,cor,i}$——单个芯样试件的混凝土抗压强度值（MPa），精确至 0.1MPa；

$\quad\quad f_{cu,e1}$——单混凝土抗压强度推定上限值（MPa），精确至 0.1MPa；

$\quad\quad f_{cu,e2}$——混凝土抗压强度推定下限值（MPa），精确至 0.1MPa；

$\quad\quad k_1$、k_2——推定区间上限值系数和下限值系数，按《钻芯法检测混凝土强度技术规程》JGJ/T 384—2016 附录 A 查得；

$\quad\quad S_{cu}$——芯样试件抗压强度样本的标准差（MPa），精确至 0.01MPa。

（2）$f_{cu,e1}$ 和 $f_{cu,e2}$ 所构成推定区间的置信度宜为 0.90，当采用小直径芯样试件时，推定区间的置信度可为 0.85，$f_{cu,e1}$ 与 $f_{cu,e2}$ 之间的差值不宜大于 5.0MPa 和 0.1$f_{cu,cor,m}$ 两者的较大值。

（3）$f_{cu,e1}$ 和 $f_{cu,e2}$ 之间的差值大于 5.0MPa 和 0.1$f_{cu,cor,m}$ 两者的较大值时，可适当增加样本容量或重新划分检测批，直至满足本条第（2）款的规定。

（4）当不具备本条第（3）款条件时，不宜进行批量推定。

（5）宜以 $f_{cu,e1}$ 作为检验批混凝土强度的推定值。

2）钻芯确定检验批混凝土强度推定值时，可剔除芯样试件抗压强度样本的异常值。剔除规则应按现行国家标准《数据的统计处理和解释　正态样本离群值的判断和处理》GB/T 4883 的规定执行。

3）钻芯确定单个构件的混凝土强度推定值时，有效芯样试件的数量不应少于 3 个；对于较小构件，有效芯样试件的数量不得少于 2 个。单个构件的混凝土强度推定值不再进行数据的舍弃，按有效芯样试件混凝土抗压强度值中的最小值确定。

4）钻芯法确定构件混凝土抗压强度代表值时，芯样试件的数量宜为 3 个，应取芯样试件抗压强度值的算术平均值作为构件混凝土抗压强度代表值。

1.1.3.9　检测报告

钻芯法检测混凝土抗压强度时，其检测报告宜包括 1.1.1.10 节所列内容，报告样板见附表 5。

1.1.4　超声回弹综合法检测混凝土强度

1.1.4.1　检测原理与特点

超声回弹综合法是指采用超声仪和回弹仪，在构件混凝土同一测区分别测量声音和回弹值，然后利用已建立起的测强公式推算测区混凝土强度（混凝土抗压强度）的一种方法。与单一回弹法或超声法相比，超声回弹综合法具有受混凝土龄期和含水率影响小、测试精度高、适用范围广、能够较全面地反映结构混凝土的实际质量等优点。

1.1.4.2　检测依据

《回弹法检测混凝土抗压强度技术规程》JGJ/T 23—2011。

《高强混凝土强度检测技术规程》JGJ/T 294—2013。

《超声回弹综合法检测混凝土强度技术规程》T/CECS 02：2020。

1.1.4.3　适用范围

（1）当对结构的混凝土强度有怀疑时，可按《超声回弹综合法检测混凝土强度技术规程》T/CECS 02：2020 进行检测，以推定混凝土强度，并作为处理混凝土质量问题的一个主要依据。

（2）在具有钻芯试件作校核的条件下，可按该规程对结构或构件长龄期的混凝土强度进行检测推定。

1.1.4.4　检测仪器和设备

指针直读式回弹仪或数字回弹仪、碳化深度测量仪、1%～2%的酚酞酒精溶液、混凝土超声波检测仪。

1）超声回弹综合法所采用的回弹仪应符合下列要求：

（1）回弹仪除应符合现行国家标准《回弹仪》GB/T 9138 的有关规定外，尚应符合下列规定：

①水平弹击时，弹击锤脱钩的瞬间，回弹仪的标称能量应为 2.207J。

②弹击锤与弹击可碰撞的瞬间，弹击拉簧应处于自由状态，且弹击锤起跳点应位于指针指示刻度尺上的"0"处。

③在洛氏硬度 HRC 为 60±2 的钢砧上，回弹仪的率定值应为 80±2。

④数字回弹仪应带有指针直读示值系统，数字显示的回弹值与指针直读示值相差不应超过 1。

（2）回弹仪使用时，环境温度应为 −4～40℃。

2）超声回弹综合法所采用的混凝土超声波检测仪应符合现行行业标准《混凝土超声波检测仪》JG/T 5004 的有关规定；换能器的工作频率宜在 50～100kHz 范围内，其实测主频与标称主频相差不应超过 ±10%。

1.1.4.5　检测测区要求

1）检测数量应符合下列规定：

（1）构件检测时，应在构件检测面上均匀布置测区，每个构件上的测区数不应少于 10 个。对于检测面一个方向尺寸不大于 4.5m，且另一个方向尺寸不大于 0.3m 的构件，测区数可适当减少，但不应少于 5 个。

（2）当同批构件按批进行一次或二次随机抽样检测时，随机抽样的最小样本容量宜符合《混凝土结构现场检测技术标准》GB/T 50784—2013 中表 3.4.4 的规定。

2）构件的测区布置应符合下列规定：

（1）在条件允许时，测区宜布置在构件混凝土浇筑方向的侧面。

（2）测区可在构件的两个相对面、相邻面或同一面上布置。

（3）测区宜均匀布置，相邻两测区的间距不宜大于 2m。

（4）测区应避开钢筋密集区和预埋件。

（5）测区尺寸宜为 200mm×200mm，采用平测时宜为 400mm×400mm。

（6）测试面应为清洁、平整、干燥的混凝土原浆面，不应有接缝、施工缝、饰面层、浮浆和油垢，并应避开蜂窝、麻面部位。

（7）测试时可能产生颤动的薄壁、小型构件，应对构件进行固定。

（8）测区应有清晰的编号，并记录测区位置和外观质量情况。

3）超声测区应符合下列规定：

（1）测区应选在构件的两个对称可测面上，并宜避开钢筋密集区。

（2）同一个构件上的超声测距宜基本一致。

（3）超声测线与其平行的钢筋距离不宜小于 30mm。

1.1.4.6　回弹测试及回弹值计算

（1）检测时，回弹仪的轴线应始终垂直于检测面，缓慢施压，准确读数，快速复位。

（2）测点应在测区范围内均匀分布，相邻两测点的净距不宜小于 20mm；测点与外露钢筋、预埋件的距离不宜小于 30mm。弹击时应避开气孔和外露石子，同一测点只应弹击一次，读数估读至 1。

（3）测区回弹代表值应从测区的 10 个回弹值中剔除 1 个最大值和 1 个最小值，并应用剩余 8 个有效回弹值按下式计算：

$$R = \frac{1}{8} \sum_{i=1}^{8} R_i \tag{1.1-19}$$

式中：R——测区平均回弹值，精确至 0.1；

　　　R_i——第 i 个测点的回弹值。

（4）应根据现行行业标准《回弹法检测混凝土抗压强度技术规程》JGJ/T 23 的有关规定对回弹平均值进行测试角度、测试面的修正，以修正后的平均值作为该测区回弹值的代表值。

1.1.4.7　超声测试及声速值计算

1）超声测点应布置在回弹测试的同一测区内，每一测区应布置 3 个测点。超声测试宜采用对测，当被测构件不具备对测条件时，可采用角测或平测。超声角测、平测和声速计算方法应符合《超声回弹综合法检测混凝土强度技术规程》T/CECS 02：2020 附录 D 的有关规定。

2）超声测试应符合下列规定：

（1）应在混凝土超声波检测仪上配置满足要求的换能器和高频电缆。

（2）换能器辐射面应与混凝土测试面耦合。

（3）应先测定声时初读数（t_0），再进行声时测量，读数应精确至 0.1μs。

（4）超声测距（l）测量应精确至 1mm，且测量允许误差应在 ±1%。

（5）检测过程中若更换换能器或高频电缆，应重新测定声时初读数（t_0）。

（6）声速计算精确至 0.01km/s。

3）当在混凝土浇筑方向的侧面对测时，测区混凝土声速代表值应按下式计算：

$$\upsilon_d = \frac{1}{3} \sum_{i=1}^{3} \frac{l_i}{t_i - t_0} \tag{1.1-20}$$

式中：υ_d——测区混凝土中声速代表值（km/s）；

　　　l_i——第 i 个测点的超声测距（mm）；

　　　t_i——第 i 个测点的声时读数（μs）；

　　　t_0——声时初读数（μs）。

4）当在混凝土浇筑的表面或底面对测时，测区混凝土中声速代表值应按下式修正：

$$\upsilon_a = \beta \cdot \upsilon_d \tag{1.1-21}$$

式中：υ_a——修正后的测区混凝土中声速代表值（km/s）；

　　　β——超声测试面的声速修正系数，取 1.034。

1.1.4.8　全国测强曲线

全国统一的测区混凝土抗压强度换算值，可按下式计算：

$$f_{cu,i}^{c} = 0.0286\upsilon_{ai}^{1.999}R_{ai}^{1.155} \tag{1.1-22}$$

式中：$f_{cu,i}^{c}$——第i个测区的混凝土抗压强度换算值（MPa），精确至 0.1MPa；

　　　R_{ai}——第i个测区修正后的测区回弹代表值；

　　　υ_{ai}——第i个测区修正后的测区声速代表值。

1.1.4.9　混凝土抗压强度推定

（1）构体第i个测区的混凝土抗压强度换算值（$f_{cu,i}^{c}$），可按《超声回弹综合法检测混凝土强度技术规程》T/CECS 02：2020 第 5.2 节和第 5.3 节的有关规定求得修正后的测区回弹代表值（R_{ai}）和声速代表值（υ_{ai}）后，采用该规程第 6.1.2 条规定的测强曲线换算而得。

（2）当构件所采用的材料及龄期与制定测强曲线所采用的材料及龄期有较大差异时，可采用在构件上钻取混凝土芯样或同条件立方体试件对测区混凝土抗压强度换算值进行修正。

（3）混凝土芯样修正时，芯样数量不应少于 4 个，公称直径宜为 100mm，高径比应为 1。芯样应在测区内钻取，每个芯样应只加工 1 个试件，并应符合现行行业标准《钻芯法检测混凝土强度技术规程》JGJ/T 384 的有关规定。

（4）同条件立方体试件修正时，试件数量不应少于 4 个，试件边长应为 150mm，并应符合现行国家标准《混凝土物理力学性能试验方法标准》GB/T 50081 的有关规定。

1.1.4.10　混凝土强度的计算

1）测区混凝土抗压强度修正量应按下列公式计算：

$$\Delta_{tot} = f_{cor,m} - f_{cu,m0}^{c} \tag{1.1-23}$$

$$\Delta_{tot} = f_{cu,m} - f_{cu,m0}^{c} \tag{1.1-24}$$

$$f_{cor,m} = \frac{1}{n}\sum_{i=1}^{n}f_{cor,i} \tag{1.1-25}$$

$$f_{cu,m} = \frac{1}{n}\sum_{i=1}^{n}f_{cu,i} \tag{1.1-26}$$

$$f_{cu,m0}^{c} = \frac{1}{n}\sum_{i=1}^{n}f_{cu,i}^{c} \tag{1.1-27}$$

式中：Δ_{tot}——测区混凝土强度修正量（MPa），精确至 0.1MPa；

　　　$f_{cor,m}$——芯样试件混凝土强度平均值（MPa），精确至 0.1MPa；

　　　$f_{cu,m}$——150mm 同条件立方体试块混凝土强度平均值（MPa），精确至 0.1MPa；

　　　$f_{cu,m0}^{c}$——对应于钻芯部位或同条件立方体试块回弹测区混凝土强度换算值的平均值（MPa），精确至 0.1MPa；

　　　$f_{cor,i}$——第i个混凝土芯样试件的抗压强度；

　　　$f_{cu,i}$——第i个混凝土立方体试块的抗压强度；

　　　$f_{cu,i}^{c}$——对应于第i个芯样部位或同条件立方体试块测区回弹值和碳化深度值的混凝土强度换算值，可按《钻芯法检测混凝土强度技术规程》JGJ/T 384—2016 附录 A 或附录 B 取值；

　　　n——芯样或试块数量。

2）测区混凝土强度换算值的修正应按 1.1.1.9 节的相关规定计算。

3）单构件混凝土抗压强度推定应符合下列规定：

（1）当构件测区数量少于 10 个时，该构件混凝土抗压强度推定值应按 1.1.1.9 节的式 (1.1-7) 计算。

（2）当构件测区数量不少于 10 个时，该构件混凝土抗压强度推定值应按 1.1.1.9 节的式 (1.1-9) 计算。

1.1.4.11　检测报告

超声回弹法检测混凝土抗压强度时，其检测报告宜包含 1.1.1.10 节所列内容，原始记录及报告样板见附表 6 和附表 7。

1.2　钢筋位置及保护层厚度

1.2.1　检测原理

仪器探头产生一个电磁场，当某条钢筋或其他金属物体位于这个电磁场内时，会引起电磁场磁力线的改变，造成局部电磁场强度的变化。电磁场强度的变化和金属物大小与探头距离存在一定的对应关系。如果把特定尺寸的钢筋和所要调查的材料进行适当标定，通过探头测量并由仪表显示出来这种对应关系，即可估测混凝土中钢筋的位置、深度和尺寸。

1.2.2　检测依据

《混凝土中钢筋检测技术标准》JGJ/T 152—2019。
《混凝土结构工程施工质量验收规范》GB 50204—2015。

1.2.3　检测数量

根据《混凝土结构工程施工质量验收规范》GB 50204—2015 的规定，钢筋分布及保护层厚度检测时，选取构件应均匀分布，并符合下列规定：

（1）对非悬挑梁板类构件，应抽取构件数量的 2%，且不少于 5 个构件。

（2）对悬挑梁，应抽取构件数量 5%，且不少于 10 个构件；当悬挑梁数量少于 10 个时，应全数检验。

（3）对悬挑板，应抽取构件数量的 10%，且不少于 20 个构件；当悬挑板数量少于 20 个时，应全数检验。

1.2.4　检测技术要求

1）钢筋分布检测

（1）检测面选择应便于仪器操作并应避开金属预埋件，检测面应清洁平整。当进行钢筋间距检测时，检测部位宜选择无饰面层或饰面层影响较小的部位。

（2）应根据预扫描结果设定仪器量程范围，在预扫描的基础上进行扫描，确定钢筋的准确位置。

（3）检测钢筋间距时，应将检测范围内的设计间距相同的连续相邻钢筋逐一标出，并应逐个量测钢筋的间距。当同一构件检测的钢筋数量较多时，应对钢筋间距进行连续量测，且不宜少于 6 个。

2）保护层厚度检测

（1）对选定的梁类构件，应对全部纵向受力钢筋的保护层厚度进行检测；对选定的板类构件，应抽取不少于 6 根纵向受力钢筋的保护层厚度进行检验。对每根钢筋，应选择有代表性的不同位置的 3 个测点。

（2）遇到下列情况之一时，应采用直接法进行验证：

① 认为相邻钢筋对检测结果有影响。

② 钢筋的公称直径未知或有异议。

③ 钢筋的实际根数、位置与设计有较大偏差。

④ 钢筋以及混凝土材质与校准试件有显著差异。

当采用直接法验证时，应选取不少于 30% 的已测钢筋，且不应少于 7 根；当实际检测数量少于 7 根时应全部抽取。

（3）检测面选择应便于仪器操作并应避开金属预埋件；检测面应清洁平整。进行混凝土保护层厚度检测时，检测部位应无饰面层，有饰面层时应清除。

① 检测前，应对钢筋探测仪进行预热和调零，调零时探头应远离金属物体。

② 进行检测前，宜结合设计资料了解钢筋分布状况。检测时，应避开钢筋接头和绑丝。探头在检测面上移动，直到钢筋保护层厚度示值最小，此时探头中心线与钢筋轴线重合。

③ 当实际混凝土保护层厚度小于钢筋探测仪最小示值时，应采用在探头下附加垫块的方法进行检测。垫块对钢筋探测仪检测结果不应产生干扰，表面应光滑平整，其各方向厚度值偏差不应大于 0.1mm。

（4）检测步骤

① 应根据预扫描结果设定仪器量程范围，根据原位实测结果或设计资料设定仪器的钢筋直径参数。沿被测钢筋轴线选择相邻钢筋影响较小的位置，在预扫描的基础上进行扫描探测，确定钢筋的准确位置，将探头放在与钢筋轴线重合的检测面上读取保护层厚度检测值。

② 应在同一根钢筋同一处检测 2 次，读取的 2 个保护层厚度值相差不大于 1mm 时，取 2 次检测数据的平均值为保护层厚度值，精确至 1mm；检测值相差大于 1mm 时，该次检测数据应无效，并查明原因，在该处重新进行检测。

1.2.5 检测结果评定

1）钢筋分布检测

应符合下列规定：

（1）主控项目的质量经抽样检验应合格。

（2）一般项目的质量经抽样检验应合格；当采用计数抽样检验时，除《混凝土结构工程施工质量验收规范》GB 50204—2015 有专门规定外，其合格率应达到 80% 及以上，且不得有严重缺陷。

2）保护层厚度检测

根据《混凝土结构工程施工质量验收规范》GB 50204—2015 的规定，受力纵向钢筋间距的允许偏差为 ±10mm，绑扎箍筋、横向钢筋间距的允许偏差为 ±20mm。纵向受力钢筋保护层厚度的允许偏差对梁类构件为 +10mm、−7mm，对板类构件为 +8mm、−5mm。

梁类、板类构件纵向受力钢筋的保护层厚度应分别进行验收，并符合下列规定：

（1）当全部钢筋保护层厚度检验的合格率为 90% 以上时，可判定为合格。

（2）当全部钢筋保护层厚度检验的合格率小于 90% 但不小于 80% 时，可再抽取相同数量的构件进行检测；当按两次抽样总和计算的合格率为 90% 以上时，仍判定为合格。

（3）每次抽样检验结果中不合格点的最大偏差均不应大于前述允许偏差的 1.5 倍。

1.2.6　检测报告

1）检测钢筋配置及保护层厚度时，其检测报告宜包括下列内容：

（1）委托单位名称。

（2）工程名称。

（3）监督登记号。

（4）见证单位。

（5）见证人。

（6）检测类别。

（7）检测依据。

（8）检测位置。

（9）钢筋牌号。

（10）报告编号。

（11）出具报告的单位名称，检测等有关人员签字。

（12）检测及出具报告的日期等。

2）原始记录及报告样板见附表 8～附表 10。

1.3　混凝土碳化深度

1.3.1　检测原理

钢筋锈蚀电位测试结果表明，应对可能存在钢筋锈蚀活动的区域（钢筋锈蚀电位评定标度值为 3、4、5）进行混凝土碳化深度测量。另外，碳化深度的检测也是混凝土强度检测中需要进行的一项工作。

混凝土碳化状况的检测通常采用在混凝土新鲜断面喷洒酸碱指示剂，通过观察酸碱指示剂颜色变化来确定混凝土碳化深度的方法。

1.3.2　检测步骤

碳化深度检测时，测区位置的选择原则可参照钢筋锈蚀自然电位测试的要求，若在同一测区，应先进行保护层和锈蚀电位、电阻率的测量，再进行碳化深度及氯离子含量的测量。具体检测步骤如下：

1）测区及测孔布置

（1）测区应包括锈蚀电位测量结果有代表性的区域，同时能反映不同条件及不同混凝土质量的部位，且在结构外侧面应布置测区。

（2）测区数不应小于 3 个，测区应均匀布置。

（3）每一测区应布置 3 个测孔，3 个测孔应呈"品"字形排列，孔距根据构件尺寸确定，但应大于 2 倍孔径。

（4）测孔与构件边角的距离应大于 2.5 倍保护层厚度。

2）形成测孔

（1）用装有 20mm 直径钻头的冲击钻在测点位置钻孔。

（2）成孔后用圆形毛刷将孔中碎屑、粉末清除，露出混凝土新茬。

（3）将测区测孔统一编号，并绘出示意图。

3）碳化深度的测量

（1）检测前配制好酚酞指示剂：75%的酒精溶液与白色酚酞粉末配置成浓度为 1%～3%的酚酞溶剂，装入喷雾器备用，溶剂应为无色透明的液体。

（2）将酚酞指示剂喷到测孔壁上。

（3）待酚酞指示剂变色后，用测深卡尺测量混凝土表面至酚酞变色交界处的深度，准确至 1mm，当酚酞指示剂从无色变为紫色时，表明混凝土未碳化，若酚酞指示剂未改变颜色，则表明该处的混凝土已碳化。

4）数据整理

（1）将测量结果标注在测区、测孔布置图上。

（2）将测量值整理列表，应列出最大值、最小值和平均值。

1.3.3 结果评价

混凝土碳化深度对钢筋锈蚀影响的评定，可取构件的碳化深度平均值与该类构件保护层厚度平均值之比 K_e，并考虑其离散情况，参考表 1.3-1 对单个构件进行评定。

混凝土碳化评定标准 表 1.3-1

K_e	评定标度	K_e	评定标度
< 0.5	1	[1.5,2.0)	4
[0.5,1.0)	2	≥ 2.0	5
[1.0,1.5)	3		

1.4 钢筋锈蚀电位

1.4.1 检测原理

钢筋混凝土结构物的耐久性问题越来越引起人们的重视，而钢筋锈蚀则是影响结构物耐久性的主要因素之一。随着工业污染及建筑结构的老化，钢筋锈蚀问题越来越突出，直接影响到结构物的安全使用。

钢筋锈蚀是一个电化学过程，这已为人们所共知，然而电化学过程的起始与发展取决于许多复杂的因素，一些工程技术人员往往不重视或不甚了解这些因素的作用原理与钢筋锈蚀的密切关系，甚至在设计、施工及使用过程中增加一些不利的人为因素，使结构物过早出现腐蚀问题。此外，一切防护措施，均应在全面分析和了解影响钢筋锈蚀的各种因素的基础上制定和实施，方能达到预期的效果。

下面以硅酸盐水泥为例，介绍混凝土中钢筋表面钝化膜的破坏与腐蚀半电池的形成机理。

硅酸盐水泥在水化过程中产生一定的碱，方程式如下：

$$2[3CaO \cdot SiO_2] + 6H_2O \longrightarrow 3CaO \cdot 2SiO_2 \cdot 3H_2O + 3Ca(OH)_2$$

产生的碱性成分 $Ca(OH)_2$ 一部分溶解于混凝土的液相中，使混凝土 pH 值在 13～14 之间，另一部分则沉淀于混凝土的微孔中。处于强碱环境中的钢筋，其表面生成致密氧化膜，使钢筋处于钝化状态，同时混凝土对钢筋也起着物理保护作用。

但是从热力学的观点来看，钢筋的钝化是不稳定的，钝化状态的保持具有一定的条件，一旦条件改变，钢筋便由钝化状态向活化状态转变。

混凝土通常具有连续贯通的毛细孔隙，起初这些毛细孔隙被水泥水化过程中产生的自由水和固体 $Ca(OH)_2$ 所填塞，但是，随着时间的推移，暴露在空气中的混凝土会逐渐释放一部分自由水，在干燥过程中，混凝土中的水分挥发，其原来占有的孔隙空间就会被空气所填补，通常空气中包含着大量的 CO_2 和酸性气体，它们能与混凝土中的碱性成分起反应，大气中的 CO_2、SO_2、SO_3 能中和混凝土中的 $Ca(OH)_2$：

$$CO_2 + Ca(OH)_2 \longrightarrow CaCO_3 + H_2O$$
$$SO_2 + Ca(OH)_2 \longrightarrow CaSO_3 + H_2O$$
$$SO_3 + Ca(OH)_2 \longrightarrow CaSO_4 + H_2O$$

这就是我们所说的混凝土碳化。混凝土碳化会使得混凝土的 pH 值降低，当 pH 值小于 11 时，混凝土中钢筋表面的致密钝化膜就被破坏。不仅如此，$CaSO_3$、$CaSO_4$ 还会与水泥水化产物中的铝酸三钙反应，生成物体积增大，从而使混凝土胀裂，这就是硫酸盐侵蚀破坏。常说的碱性集料反应或者叫碱性反应破坏机理，也与此相似。当混凝土中的碱浓度超过一定临界值后，集料中如微晶和隐晶硅等活性矿料就会起化学反应而生成一种凝胶，而这种凝胶往往是吸水膨胀的，一旦混凝土遭受水的侵蚀，就会使凝胶膨胀，从而产生过高的内应力，导致混凝土胀裂，这样一来就加快了混凝土的表面剥落。

一旦钢筋表面钝化膜局部破坏或变得致密度差，即不完整，则钝化膜处就会形成阳极，而周围钝化膜完好的部位构成阴极，从而形成了若干个微电池。虽然有些微电池处于抑制状态，但在一定条件下可以激化，从而使其处于活化状态发生氧化还原反应，这样就造成钢筋的锈蚀。

宏观上混凝土和握裹其中的钢筋形成半电池，而我们也正是通过检测以上所述的处于活化状态的钢筋锈蚀半电池电位来判断当下混凝土内的钢筋锈蚀活化程度。

半电池电位法是指利用混凝土中钢筋锈蚀的电化学反应引起的电位变化来测定钢筋锈蚀状态的方法，通过测定钢筋/混凝土半电池电极与在混凝土表面的铜/硫酸铜参考电极之间电位差的大小，来评定混凝土中钢筋的锈蚀活化程度。该方法可用于估测现场和实验室硬化混凝土中无镀层钢筋的半电池电位，而与这些钢筋的尺寸和埋在混凝土中的深度无关，可以在混凝土构件使用寿命中的任何时期使用。已经干燥到绝缘状态的混凝土或已发生脱空层离的混凝土表面，测试时不能提供稳定的电回路，不适用该方法。对特殊环境，如海水浪溅区、处于盐雾中的混凝土结构等，该方法也不具有普遍适用性。

电位的测量需由有经验的、从事结构检测的工程师或相关技术专家完成并解释，除了半电池电位测试之外，还有必要使用其他数据，如氯离子含量、碳化深度、层离状况、混凝土电阻率和所处环境调查等,以掌握钢筋腐蚀情况及其对结构使用寿命可能产生的影响。

1.4.2　检测步骤

1)测区的选择与测点布置

(1)钢筋锈蚀状况检测范围应为主要承重构件或承重构件的主要受力部位,或根据一般检查结果有迹象表明钢筋可能存在锈蚀的部位。但测区不应有明显的锈蚀胀裂、脱空或层离现象。

(2)在测区上布置测试网格,网格节点为测点,网格间距可选 20cm × 20cm、30cm × 30cm、20cm × 10cm 等,根据构件尺寸而定,测点位置距构件边缘应大于 5cm,一般不宜少于 20 个测点。

(3)当一个测区内相邻测点的读数超过 150mV 时,通常应减小测点的间距。

(4)测区应统一编号,注明位置,并描述外观情况。

2)混凝土表面处理

用钢丝刷、砂纸打磨测区混凝土表面,去除涂料、浮浆、污迹、尘土等,并用接触液将表面润湿。

3)二次仪表与钢筋的电连接

(1)现场检测时,铜/硫酸铜电极一般接二次仪表的正输入端,钢筋接二次仪表的负输入端。

(2)局部打开混凝土或选择裸露的钢筋,在钢筋上钻一小孔并拧上自攻螺钉,用加压型鳄鱼夹夹住并润湿,确保有良好的电连接。若在远离钢筋连接点的测区进行测量,必须用万用表检查内部钢筋的连续性,如不连续,应重新进行钢筋的连接。

(3)铜/硫酸铜参考电极与测点的接触。

测量前应预先将电极前端多孔塞充分浸湿,以保证良好的导电性,正式测读前应再次用喷雾器将混凝土表面润湿,但应注意被测表面不应存在游离水。

4)铜/硫酸铜电极的准备

饱和硫酸铜溶液由硫酸铜晶体溶解在蒸馏水中制成。当有多余的未溶解硫酸铜结晶体沉积在溶液底部时,可以认为该溶液是饱和的。电极铜棒应清洁,无明显缺陷;否则,需用稀释盐酸溶液清洁铜棒,并用蒸馏水彻底冲净。硫酸铜溶液应注意更换,保持清洁,溶液应充满电极,以保证电连接。

5)测量值的采集

测点读数变动不超过 2mV,可视为稳定。在同一测点,同一支参考电极重复测读的差异不应超过 10mV;不同参考电极重复测读的差异不应超过 20mV,若不符合读数稳定要求,应检查测试系统的各个环节。

1.4.3　结果评价

(1)在对已处理的数据(已进行温度修正)进行判读之前,按惯例将这些数据加以负号,绘制等电位图,然后进行判读。

(2)按照表 1.4-1 的规定判断混凝土中钢筋发生锈蚀的概率或钢筋正在发生锈蚀的锈蚀活化程度。

混凝土桥梁钢筋锈蚀电位评定标准 表 1.4-1

电位水平/mV	钢筋状况	评定标度
≥ −200	无锈蚀活动性或锈蚀活动性不确定	1
[−300, −200)	有锈蚀活动性，但锈蚀活动性不确定，可能锈蚀	2
[−400, −300)	有锈蚀活动性，发生锈蚀概率大于 90%	3
[−500, −400)	有锈蚀活动性，严重锈蚀可能性极大	4
< −500	构件存在锈蚀开裂区域	5

注：1. 量测时，混凝土桥梁结构或构件应为自然状态；
　　2. 表中电位水平为采用铜/硫酸铜电极时的量测值。

1.5 混凝土电阻率

1.5.1 检测原理

混凝土的电阻率反映其导电性。若混凝土电阻率大，则钢筋锈蚀发展速度慢，扩散能力弱；混凝土电阻率小，锈蚀发展速度快，扩散能力强。因此，测量混凝土的电阻率是对钢筋状况进行检测评定的一项重要内容。

混凝土电阻率检测测区，应根据钢筋锈蚀电位测量结果确定，对经钢筋锈蚀电位测试结果表明钢筋可能锈蚀活化的区域，应进行混凝土电阻率测量。

混凝土电阻率可采用四电极阻抗测量法测定，即使混凝土表面等间距接触四支电极，两外侧电极为电流电极，两内侧电极为电压电极，通过检测两电压电极间的混凝土阻抗获得混凝土电阻率 ρ。电阻率 ρ 按下式计算：

$$\rho = \frac{2\pi dV}{I} \tag{1.5-1}$$

式中：V——电压电极间所测电压；

　　　I——电流电极通过的电流；

　　　d——电极间距。

1.5.2 检测步骤及数据处理与解释

1) 电阻率测试仪及技术要求

混凝土电阻率测试仪应通过技术鉴定，具有产品合格证，并定期进行计量标准检定。

电阻率测试仪由四电极探头与电阻率仪表组成，采用交流测量系统，且应符合下列规定：

（1）探头四电极间距可调，调节范围 10cm 每一电极内均装有压力弹簧，从而保证可测不同深度的电阻率；电极与混凝土表面接触良好。

（2）电压电极间的输入阻抗 > 1MΩ。

（3）电极端部直径尺寸不得大于 5mm。

（4）显示方式：数字显示电阻率值。

（5）电源：直流供电，连续正常工作时间不小于 6h。

（6）仪器使用环境条件：环境温度 0~40℃，相对湿度 < 85%。

2）仪器的检查

在四个电极上分别接三支电阻，则仪器的显示值为相应的电阻率值。例如，电阻值为 $1k\Omega$，相应电阻率值为：$2\pi d \times 1k\Omega \cdot cm$。

3）混凝土电阻率的测量

（1）测区与测位布置可参照钢筋锈蚀自然电位测量的要求，在电位测量网格间进行，并做好编号工作。

（2）混凝土表面应清洁、无尘、无油脂。为了提高量测的准确性，必要时可去掉表面碳化层。

（3）调节好仪器电极的间距，一般采用的间距为 50mm。为了保证电极与混凝土表面有良好、连续的电接触，特别是当读数不稳定时，应在电极前端涂上耦合剂。测量时探头应垂直置于混凝土表面，并施加适当的压力。

1.5.3 结果评价

混凝土电阻率的评定标准见表 1.5-1。

混凝土电阻率评定标准 表 1.5-1

电阻率/（$\Omega \cdot cm$）	可能的锈蚀速率	评定标度
$\geqslant 20000$	很慢	1
[15000, 20000)	慢	2
[10000, 15000)	一般	3
[5000, 10000)	快	4
< 5000	很快	5

注：量测时混凝土桥梁结构或构件应为自然状态。

1.6 氯离子含量

引起混凝土结构耐久性不良的原因有很多，包括钢筋锈蚀、冻融破坏、碱骨料反应和环境介质化学侵蚀等。而钢筋锈蚀是导致钢筋混凝土耐久性下降的最主要和最直接的因素，当钢筋附近混凝土中的氯离子超过一定含量后，钢筋就会以较快速度开始锈蚀，因此对混凝土氯离子含量进行检测是把控工程质量的重要手段之一。

1.6.1 分类与标识

测定硬化混凝土中砂浆的水溶性氯离子含量，为查明钢筋锈蚀原因及判定混凝土密实性提供依据。

1.6.2 检测依据及评定标准

1.6.2.1 检测依据

《建筑结构检测技术标准》GB/T 50344—2019。

《混凝土中氯离子含量检测技术规程》JGJ/T 322—2013。

1.6.2.2　评定标准

依据《混凝土结构设计标准》GB/T 50010—2010（2024 年版）的要求如下：

（1）一类环境中，设计使用年限为 100 年的混凝土结构，其混凝土氯离子含量最大值为 0.06%。

（2）设计使用年限为 50 年的混凝土结构，其混凝土氯离子含量宜符合表 1.6-1 的要求。

混凝土氯离子含量要求　　　　　　　　　　　　　　　　表 1.6-1

环境类别	对应环境类别条件	最大氯离子含量 （占胶凝材料总量的百分比）/%
一	室内干燥环境； 无侵蚀性静水浸没环境	0.3
二 a	室内潮湿环境； 非严寒和非寒冷地区的露天环境； 非严寒和非寒冷地区与无侵蚀性的水或土壤直接接触的环境； 严寒和寒冷地区的冰冻线以下与无侵蚀性的水或土壤直接接触的环境	0.2
二 b	干湿交替环境； 水位频变动环境； 严寒和寒冷地区的露天环境； 严寒和寒冷地区的冰冻线以上与无侵蚀性的水或土壤直接接触的环境	0.15
三 a	严寒和寒冷地区冬季水位变动区环境； 受除冰盐影响环境； 海风环境	0.15
三 b	盐渍土环境； 受除冰盐作用环境； 海岸环境	0.10

1.6.3　检测步骤

1.6.3.1　仪器设备及器具

（1）自动电位滴定仪（见图 1.6-1）或具有 0.1pH 单位或 10mV 精确度的酸度计或电位计。

（2）银电极或氯离子选择电极和饱和甘汞电极，也可以是复合电极。

（3）电热鼓风干燥箱。

（4）精度为 0.1mg 的分析天平。

（5）振荡器。

（6）0.075mm 的方孔筛。

1.6.3.2　试验用化学试剂

图 1.6-1　自动电位滴定仪

（1）1 个体积的硝酸加 3 个体积的试验用水配制的硝酸溶液（1 + 3）。

（2）浓度为 10g/L 的酚酞指示剂。

（3）浓度为 0.01mol/L 的硝酸银标准溶液。

（4）浓度为 10g/L 的淀粉溶液。

（5）氯化钠基准试剂。

（6）硝酸银。

1.6.3.3 试样制备要求

（1）混凝土芯样应进行破碎，并应剔除粗骨料。

（2）试样应缩分至 30g，并应研磨至全部通过 0.075mm 的方孔筛。

（3）试样中的铁屑应采用磁铁吸出。

（4）试样应置于 105～110℃电热鼓风恒温干燥箱中烘至恒重，取出后应放入干燥器中冷却至室温。

1.6.3.4 试剂配制方法

（1）硝酸银标准溶液：用分析天平称取 1.7000g 硝酸银于烧杯中，加水溶解定容到 1000mL 棕色容量瓶中，摇匀，储存在棕色试剂瓶中。

（2）氯化钠标准溶液：将氯化钠基准试剂放于温度为 500～600℃箱式电阻炉中灼烧至恒重，称取已灼烧至恒重的氯化钠 0.6000g 于烧杯中，加水溶解移入 1000mL 容量瓶中定容，储存在试剂瓶中。

（3）硝酸银标准溶液标定：用 25mL 移液管分别移取 25.00mL 氯化钠标准溶液和 25.00mL 试验用水于 100mL 烧杯中，再加入 10mL 浓度为 10g/L 的淀粉溶液，将烧杯放在电磁搅拌器上，插入电极，用配制好的硝酸银标准溶液滴定，按《化学试剂 电位滴定法通则》GB/T 9725—2007 中第 6.2.2 条的规定确定硝酸银溶液所用的体积；同时使用试验用水代替氯化钠再进行上述步骤的空白试验，确定空白试验所用硝酸银标准溶液的体积。硝酸银标准溶液浓度按下式计算：

$$C_{\mathrm{AgNO_3}} = \frac{m \times 25.00/1000.00}{(V_1 - V_2) \times 0.05844}$$

式中：$C_{\mathrm{AgNO_3}}$——硝酸银标准溶液的浓度（mol/L）；

$\quad\quad\quad m$——氯化钠的质量（g）；

$\quad\quad\quad V_1$——滴定氯化钠标准溶液所用硝酸银标准溶液的体积（mL）；

$\quad\quad\quad V_2$——空白试验所用硝酸银标准溶液的体积（mL）；

$\quad\quad$ 0.05844——氯化钠的毫摩尔质量（g/mol）。

（4）试验步骤：将混凝土试样（芯样）破碎，剔除石子；试样置于烘箱中 105～110℃烘至恒重，取出后放入干燥器中冷却至室温；将试样缩分至 30g，用电磁粉碎机研磨至全部通过 0.08mm 的筛，用磁铁吸出试样中的金属铁屑；称取 5g 粉末试样（称准至 0.0001g），置于具塞磨口锥形瓶中，加入 250.0mL 水，密塞后剧烈振摇 3～4min，置于电振荡器上振荡浸泡 6h，以快速定量滤纸过滤；用移液管吸取 50mL 滤液于烧杯中，滴加酚酞指示剂 2 滴，以硝酸溶液（1＋3）滴至红色刚好褪去，再加 10mL 淀粉溶液（10g/L），用标准硝酸银溶液滴定，按《化学试剂 电位滴定法通则》GB/T 9725—2007 中第 6.2.2 条的规定确定硝酸银溶液所用的体积；同时进行空白试验。

1.6.4　结果计算与报告样板

硬化混凝土中水溶性氯离子含量按下式计算：

$$W_{\text{Cl}^-} = \frac{C_{\text{AgNO}_3}(V_1 - V_2) \times 0.03545}{m_{\text{m}} \times 50.00/250.0} \times \frac{M_{\text{m}}}{M_{\text{B}}}$$

式中：W_{Cl^-}——硬化混凝土中水溶性氯离子占胶凝材料的质量百分数（%），精确至0.001%；

C_{AgNO_3}——硝酸银标准溶液物质的量浓度（mol/L）；

V_1——硝酸银标准溶液的用量（mL）；

V_2——空白试验硝酸银标准溶液的用量（mL）；

0.03545——氯离子的毫摩尔质量（g/mmol）；

m_{m}——混凝土砂浆试样的质量（g）；

M_{m}——混凝土配合比中除去粗骨料外的砂浆材料用量（kg/m³）；

M_{B}——混凝土配合比中每立方米混凝土的胶凝材料用量（kg/m³）

检测报告样板见附表 11。

1.7　地质雷达检测混凝土质量

地质雷达利用电磁波在介质中的反射特性，来探测介质中的构造及缺陷程度。该方法适用于检测隧道衬砌厚度、衬砌及背后密实状况、内部缺陷、仰拱厚度、衬砌内钢筋间距等。

1.7.1　一般规定

1）检测的仪器必须按照规定进行标定，保证仪器能够正常使用。

2）在检测前做好以下准备工作：

（1）收集隧道工程相关的地质资料、施工图纸。

（2）配备通信设备、照明灯、仪器备用电池。

（3）保证隧道通畅、无杂物和人员干扰，隧道内保持通风、干燥。

（4）进行现场调查工作，对影响现场检测工作的因素进行记录。

（5）对隧道里程进行标记。定好检测行进方向，每隔 5～10m 进行标记，便于记录检测长度。

（6）根据探测目标体的特点，选择合适的雷达天线。隧道衬砌无损检测要求最大探测深度应大于 2m，垂直分辨率应高于 2cm，天线具有屏蔽功能。

（7）选择合适的地质雷达参数。地质雷达的探测参数宜根据检测目标和环境条件进行设置。常用的检测参数设置有：时窗设置、扫描样点数、增益设置、采集方式等。

时窗设置——如果时窗设置太小，容易丢失探测目标而造成误判；如果时窗设置太大，则在垂直方向分辨率会降低，给后期的数据处理及结果解释造成诸多不便。一般情况下，以探测目标深度的 1.5 倍作为时窗长度。根据探测深度和介电常数确定采样时窗长度：

$$\Delta t = 2H\varepsilon_{\text{r}}^{1/2}/0.3$$

式中：Δt——时窗长度（ns）；

H——目标体探测厚度（m）；

ε_r——相对介电常数，隧道衬砌检测时窗长度一般取 9。

扫描样点数——有 128、256、512、1024、2048/scan 可供选用，为保证较高的垂向分辨率，在容许的情况下尽量选用较大的扫描样点数。

增益设置——增益点的作用是使记录线上不同时段有不同的放大倍数，使各段的信号都能清楚地显现出来，增益点的位置最好是在反射信号出现的时段附近。

采集方式——仪器采集模式一般有连续采集、逐点采集，隧道衬砌的纵线和环线检测应利用测距轮进行连续测量，这种模式方便与现场标记的里程进行校准，当现场局部不具备连续测量条件时，可采用点测方式，但环向每断面不少于 6 个测点。

3）测线的布设（见图 1.7-1）

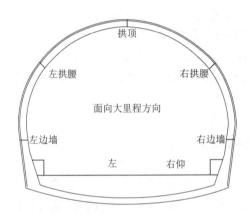

图 1.7-1 探地雷达测线布置示意图

（1）测线布设应以纵向为主、环向为辅、纵环结合为原则。对开挖直径小于 7m 的盾构隧道，在上半环平均布设 3 条测线；对断面宽度小于 15m 的矿山法隧道，在上半部位布设 5 条测线；对开挖直径为 7m 以上的盾构隧道和断面宽度为 15m 及以上的矿山法隧道，应在隧道拱顶部位增加 2 条测线；环向测线应按 8～12m 间距布设。

（2）联络通道拱腰及以上布设 3 条纵向测线，无特殊情况可不布设环向测线。

（3）特殊地段施工的隧道，宜根据具体情况加密测线；检测过程中如遇到有异常或追踪有异常的延伸方向，应适当加密测线或开孔、钻孔检查。

4）检测成果报告应包含文字报告和图表两类。

（1）报告内容应包含（不限于）：检测项目，检测方法，采用的设备仪器，工作内容，检测数量，资料处理和解释，检测结论等。

（2）图表应包含（不限于）内容：测网布置平面图（含测线的位置、方向和里程等），衬砌厚度及回填纵剖面图，衬砌厚度检测结果，衬砌背后回填情况统计，钢架和钢筋分布及衬砌质量汇总，空洞检测异常情况表等。

1.7.2 检测依据

《铁路工程地质勘察规范》TB 10012—2019。

《铁路混凝土与衬砌工程施工质量验收标准》TB 10424—2003。

《铁路隧道衬砌质量无损检测规程》TB 10223—2004。

《铁路隧道设计规范》TB 10003—2016。

《公路隧道检测规程》T/CECS G：J60—2020。

《公路隧道设计细则》JTG/T D70—2010。

《公路工程质量检验评定标准 第一册 土建工程》JTG F80/1—2017。

《公路工程物探规程》JTG/T 3222—2020。

1.7.3　现场检测

目前国内应用较为广泛的地质雷达主要有瑞典 impulseRadar 公司的 CrossOver 系列、美国的 GSSI 系列、加拿大的 pulse EKKO 系列、日本的 GEORADAR 系列、中国的 LLD 系列等型号。瑞典 impulseRadar 公司 CrossOver 系列的 CO4080 如图 1.7-2 所示。

图 1.7-2　瑞典 impulseRadar 公司 CrossOver 系列的 CO4080

现场检测要求如下：

（1）将地质雷达的主机、天线、电池以及显示设备（电脑、手机、平板）进行连接，确保连接顺畅，使之全部处于正常工作状态。

（2）介电常数或电磁波速现场标定，且每条隧道应不少于 1 处，每处实测不少于 3 次，取平均值为该隧道的介电常数或电磁波速。当衬砌材料或含水量变化较大时，应适当增加标定点数。

现场标定可以通过在已知厚度部位或隧道材料相同的其他预制件上测量，还可通过钻孔实测。标定目标体的厚度一般不少于 15cm，且厚度已知，并且雷达图像信号明显清晰、准确。标定的介电常数或电磁波速通过下列公式计算：

$$\varepsilon_r = \left(\frac{0.3t}{2d}\right)^2$$
$$v = \frac{2d}{t} \times 10^9$$

式中：ε_r——相对介电常数；

v——电磁波速（m/s）；

t——双程旅行时间（ns）；

d——锁定目标体厚度或距离（m）。

（3）雷达天线与衬砌表面紧密贴合，在移动的过程中尽量保持匀速、稳定，方向保持不变。

（4）现场检测过程中，需每隔 5～10m 将测距轮的检测长度与隧道里程进行校准，并进行现场标记。

（5）现场填写好检测原始记录。现场需将检测文件名、检测日期、检测测线号、检测方向、采用的天线型号、现场各种原因无法检测的部位和干扰信号等统一记录到记录表中。现场原因需要分段进行检测时，应重复检测部分相同部位，且长度不得小于 1m。

1.7.4 数据处理与解释

探地雷达探测资料的解释包括两部分内容：一为图像数据处理，二为图像解释。

1）数据处理前，应对数据进行检查。第一，检查数据数量是否满足工作量的要求。检测测线数量应符合广州地铁建设管理有限公司文件（铁建质安〔2022〕185 号）的要求。此外，还需多检测总工作量的 5%，用于质量检查。第二，检查数据质量是否合格。数据信号应该清晰、不失真，里程标记准确。不合格的原始数据不得进行处理与解释。

2）数据处理软件一般与仪器厂商进行匹配。适用厂商正式授权的软件或经鉴定合格的软件。

3）图像数据处理：由于地下介质相当于一个复杂的滤波器，介质对波的不同程度的吸收以及介质的不均匀性质，使得脉冲到达接收天线时，波幅减小，波形变得与原始发射波形有较大的差异。另外，不同程度的各种随机噪声和干扰，也影响实测数据。因此，必须提高有用信号的信噪比，为图像解释提供依据。

图像数据处理包括消除随机噪声、压制干扰、改善背景，进行自动时变增益或控制增益以补偿介质吸收和抑制杂波，进行滤波处理除去高频，突出目标体，降低背景噪声和余振影响。数据处理及解释流程如图 1.7-3 所示。

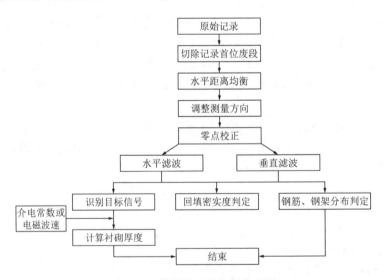

图 1.7-3　数据处理及解释流程图

4）图像解释：图像解释是一个经验积累的过程，一方面基于常见缺陷的图像特征进行判别，另一方面由工程实践成果获得。当然，在接收有效信号的同时，也不可避免地接收到各种干扰信号，产生干扰信号的原因很多，干扰波一般都有特殊形状，需要结合现场原始记录情况，在分析中要加以辨别和确认。典型的几种雷达缺陷信号如图 1.7-4 所示。

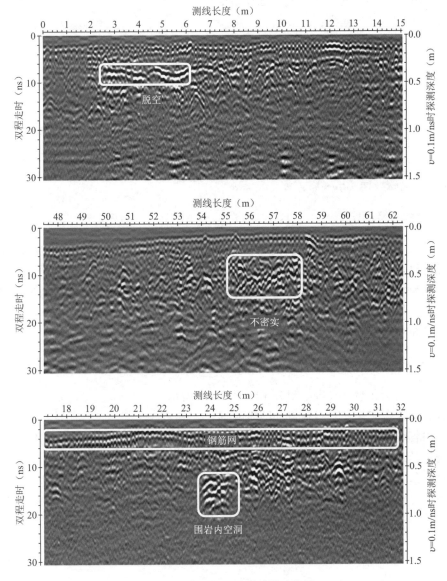

图 1.7-4　典型的几种雷达缺陷信号

5）衬砌回填密实度主要判定特征：

（1）密实：界面反射信号幅值较弱，波形均匀，甚至没有界面反射信号。

（2）回填不密实：界面反射信号为强反射，同相轴不连续、错断、杂乱，一般区域化分布。

（3）空洞：界面反射信号强，呈典型的孤立体相位特征，通常为规整或不规整的双曲线波形特征，三振相明显，在其下部仍有强反射界面信号，两组信号时程差较大。

（4）脱空：界面反射信号强，呈带状长条形或三角形分布，三振相明显，通常有多次反射信号。

（5）钢筋网：有规律的连续的小月牙形强反射信号，月牙波幅较窄。

（6）钢拱架：单个的月牙形强反射信号，月牙波幅较宽。

（7）钢格栅：连续的两个双曲线强反射信号。

衬砌厚度的计算公式为：

$$d = \frac{0.3t}{2\sqrt{\varepsilon_r}}$$

$$d = \frac{1}{2}vt \cdot 10^9$$

式中：d——衬砌厚度（m）；

ε_r——相对介电常数；

t——双程旅行时间（ns）；

v——电磁波速（m/s）。

1.7.5　质量检查及评定

（1）地质雷达法的采集数据检查应该为总工作量的 5%，检查资料与被检查资料的雷达图像应具有良好的重复性、波形基本一致、没有明显位移。

（2）衬砌背后回填密实度和衬砌混凝土强度的检查点相对误差小于 10% 为合格，衬砌混凝土厚度的检查点相对误差小于 15% 为合格。

（3）合格检查点数量大于总检查点数量的 90% 为合格。

1.7.6　原始记录及检测报告

检测原始记录和检测报告如附表 12～附表 14 所示。

检测成果报告应包含文字报告和图表两类。

报告内容应包含（不限于）：检测项目、检测方法、采用的设备仪器、工作内容、检测数量、资料处理和解释、检测结论等。

图表应包含（不限于）内容：测网布置平面图（含测线的位置、方向和里程等）、衬砌厚度及回填纵剖面图、衬砌厚度检测结果、衬砌背后回填情况统计、钢架和钢筋分布及衬砌质量汇总、空洞检测异常情况表等。

第 2 章

桥梁结构与构件

　　桥梁是一种用于车辆通行的构筑物，主要用于跨越河流、峡谷、道路等障碍物，连接两个地点，使人们和物资可以顺畅地通过，缩短交通距离和时间。桥梁一般由上部结构、下部结构、支座和附属构造物组成，上部结构又称桥跨结构，是跨越障碍的主要结构；下部结构包括桥台、桥墩和基础；支座为桥跨结构与桥墩或桥台的支承处所设置的传力装置；附属构造物则指桥头搭板、锥形护坡、护岸、导流工程等。

　　根据桥梁材质的不同，可以把桥梁分为木桥、钢桥、圬工桥（包括砖、石、混凝土桥）、钢筋混凝土桥、预应力钢筋混凝土桥、组合桥等。按照结构体系的不同，可以把桥梁分为梁式桥、拱桥、刚架桥、吊桥（斜拉桥、悬索桥）、组合体系桥等。图 2.0-1～图 2.0-6 是我国常见的桥梁。

图 2.0-1　简支梁桥

图 2.0-2　连续梁桥

图 2.0-3　双曲拱桥

图 2.0-4　斜拉桥

图 2.0-5　钢桁架桥

图 2.0-6　双层钢桁架拱桥

桥梁结构与构件检测主要介绍桥梁结构的形体测量、混凝土构件材质状况无损检测、预应力孔道质量检测、外观质量检测、内部缺陷检测、索力检测、静载试验、动载试验以及桥梁承载能力评定。

2.1 桥梁形体测量

桥梁形体测量主要包括五部分内容，分别为桥梁线形、位移（变位）、结构尺寸、竖（垂）直度、轴线偏位。

1）桥梁线形与变位

梁式结构应测量主梁的纵向线形和墩台顶的变位，主梁的纵向线形可通过测量桥面结构纵向线形的方式测定；拱结构应测定拱轴线、桥面结构纵向线形和墩台顶的变位；斜拉桥和悬索桥应测定塔顶变位、桥面结构纵向线形，悬索桥尚应测定主缆线形。

2）桥梁结构尺寸

《城市桥梁检测与评定技术规范》CJJ/T 233—2015 第 4.1.1 条规定，桥梁结构检测应包括结构几何参数。桥梁结构几何参数包括：

（1）桥梁的跨径、宽度、净空、拱矢高。

（2）构件的长度与截面尺寸。

（3）桥面铺装厚度。

（4）结构检算需采用的其他几何参数。

3）竖（垂）直度与轴线偏位

按《城市桥梁工程施工与质量验收规范》CJJ 2—2008 的要求，竖（垂）直度与轴线偏位为一般控制项目。

2.1.1 检测依据

《城市桥梁工程施工与质量验收规范》CJJ 2—2008。

《城市桥梁检测与评定技术规范》CJJ/T 233—2015。

《公路桥梁承载能力检测评定规程》JTG/T J21—2011。

2.1.2 检测数量

1）桥梁线形与变位

桥梁结构纵向线形测量时，测点应沿桥纵向在桥轴线和车行道上、下游边缘线 3 条线上分别布设，且宜布设在桥跨结构的特征点截面上。对等截面桥跨结构，可布设在桥跨或桥面结构的跨径等分点截面上；对中小跨径桥梁，单跨测量截面不宜少于 5 个；对大跨径桥梁，单跨测量截面不宜少于 9 个。结构纵向线形应按现行行业标准《城市桥梁工程施工与质量验收规范》CJJ 2—2008 规定的水准测量等级进行闭合水准测量。

墩台顶和塔顶的水平变位可采用悬挂垂球方法测量或采用极坐标法进行平面坐标测量。

拱轴线宜按桥跨的 8 等分点或其整数倍分别在拱背和拱腹布设测点；悬索桥主缆线形宜在索夹位置处的主缆顶面布设测点，测量时应记录现场温度、风向和风速。

2）桥梁结构尺寸

（1）中小跨径桥梁单跨测量断面不得少于 3 个，大跨径桥梁单跨测量断面不得少于 5 个。

（2）桥梁柱、桥塔的测量断面不宜少于 3 个，截面突变处应布设测量断面。桥面铺装层厚度可采用雷达结合钻芯修正的方法测定，检测断面宜布设在跨径 4 等分点位置。主要构件尺寸的检测数量及检测方法如表 2.1-1 所示。

桥梁结构构件尺寸检测数量及检测方法 表 2.1-1

构件类型		检测数量		检测方法
		范围	点数	
砌筑墩台	长	每个墩台身	3	用钢尺量 3 个断面
	厚		3	
现浇混凝土墩台	长	每个墩台身	2	用钢尺量
	厚		4	用钢尺量，每侧上、下各 1 点
现浇混凝土柱	长宽（直径）	每根柱	2	用钢尺量，长宽各 1 点；圆柱量 2 点
现浇混凝土挡墙	长	每 10m 墙长度	3	用钢尺量
	厚		3	
预制柱	长宽（直径）	每个柱	2	用钢尺量，长宽各 2 点；圆柱量直径
现浇混凝土盖梁	长	每个盖梁	2	用钢尺量，两侧各 1 点
	宽		3	用钢尺量，两端及中间各 1 点
	高		3	

3）竖（垂）直度与轴线偏位

桥梁结构垂直度与轴线偏位检测数量及检测方法如表 2.1-2 和表 2.1-3 所示。

垂直度检测数量及检测方法 表 2.1-2

构件类型		检测数量		检测方法
		范围	点数	
墩台	砌筑墩台	每个墩台身	4	用经纬仪测量，纵横向各 2 点
	现浇混凝土墩台	每个墩台或每个节段	2	用经纬仪测量或垂线或钢尺量
	现浇混凝土柱	每根柱	2	
	现浇混凝土挡墙	每 10m 墙长度	3	
	预制柱	每个柱	2	用经纬仪测量或垂线或钢尺量，纵横向各 1 点
	钢柱轴线	每件	2	用经纬仪测量或垂线或钢尺量
混凝土梁板	梁板安装	每孔 2 片梁	2	用垂线或钢尺量
钢梁	主梁、纵横梁盖板对腹板	有空部位 / 每件	5	用直角尺或钢尺量
		其余部位		

构件类型		检测数量		检测方法
		范围	点数	
悬臂拼接的桁架拱	拱片竖向	每跨每片拱肋	2	用经纬仪测量或垂线或钢尺量
现浇混凝土索塔	索塔	每对索距	2	用经纬仪测量或钢尺量,纵横向各1点
主索鞍	对合竖直平面与鞍体下平面	每件	1	用百分表检查每对合竖直平面
散索鞍	摆轴中心线与索槽中心片面	每件	2	用量具测量
主缆	索股轴线与锚头端面	每丝每索	1	用量具测量

轴线偏位检测数量及检测方法　　　　　　　　　　表 2.1-3

构件类型		检测数量		检测方法
		范围	点数	
墩台	砌筑墩台	每个墩台身	4	用经纬仪测量,纵横向各2点
	现浇混凝土墩台	每个墩台或每个节段	4	用经纬仪测量或垂线或钢尺量
	现浇混凝土柱	每根柱	2	
	现浇混凝土挡墙	每10m墙长度	1	
	现浇混凝土盖梁	每个盖梁	4	用经纬仪测量,纵横向各2点
	钢柱轴线	每件	2	用经纬仪测量
混凝土梁板	整体浇筑钢筋混凝土梁板	每跨	3	用经纬仪测量
	悬臂浇筑/拼接预应力混凝土梁	节段	2	用全站仪/经纬仪测量
	顶推施工梁	每段	2	用经纬仪测量
钢梁	钢梁中线	每件或每个安装段	2	用经纬仪测量
	两孔相邻横梁中线相对偏差			
拱	现浇混凝土拱板拱、肋拱	每跨每肋	5	用经纬仪测量拱脚、拱顶、$L/4$处
	劲性骨架			
	劲性骨架混凝土拱圈			
	装配式拱圈			
	悬臂拼接的桁架拱			
	钢管拱肋			
	钢管混凝土拱肋			
	转体施工拱			
	腹拱安装	每跨每肋	2	用经纬仪测量拱脚
	预制拱圈质量检验	每肋每片	3	用经纬仪测量

构件类型		检测数量		检测方法
		范围	点数	
斜拉桥	索塔地面处	每对索距	2	用经纬仪测量，纵横向各 1 点
	墩顶梁段	每段	2	用经纬仪或全站仪测量，纵横向各 1 点
	悬臂混凝土主梁	每段	2	用经纬仪测量
	预应力筋	每个孔道	1	用钢尺量
	索管	每索	1	用经纬仪测量
	钢箱梁	每段	2	用经纬仪测量
	结合梁的工字钢梁	每段	2	用经纬仪测量
悬索桥	锚锭结构	每座	4	用经纬仪或全站仪测量

2.1.3 检测结果评定

桥梁线形与变位检测主要用于设计参考，以及前后两次测量间的比较，一般不作评价。构件尺寸、垂直度及轴线偏位允许偏差评定标准如表 2.1-4～表 2.1-6 所示。原始记录模板如附表 15～附表 19 所示。

构件尺寸允许偏差评定   表 2.1-4

构件类型			允许偏差/mm
砌筑墩台	浆砌块石	长	+20, −10
		厚	±10
	浆砌料石、砌块	长	+10, 0
		厚	+10, 0
现浇混凝土墩台		长	+15, 0
		厚	+10, 8
现浇混凝土柱		长宽（直径）	±5
现浇混凝土挡墙		长	±5
		厚	
预制柱		长宽（直径）	±5
现浇混凝土盖梁		长	+20, −10
		宽	+10, 0
		高	±5

垂直度允许偏差评定   表 2.1-5

构件类型			允许偏差/mm
墩台	砌筑墩台	浆砌块石	≤0.5% H，且不大于 20
		浆砌料石、砌块	≤0.3% H，且不大于 15

续表

构件类型		允许偏差/mm
墩台	现浇混凝土墩台	≤0.25%H，且大于25
	现浇混凝土柱	≤0.2%H，且不大于15
	现浇混凝土挡墙	≤0.15%H，且不大于10
	预制柱	≤0.5%H，且不大于20
	钢柱轴线　H≤10m	10
	钢柱轴线　H>10m	≤1%H，且不大于20
混凝土梁板	梁板安装	1.2%
钢梁	主梁、纵横梁盖板　有空部位	0.5
	对腹板　其余部位	1.5
悬臂拼接的桁架拱	拱片竖向	≤H/300，且不大于20
现浇混凝土索塔	索塔	≤H/3000，且不大于30或设计要求
主索鞍	对合竖直平面与鞍体下平面	<3/7 全长
散索鞍	摆轴中心线与索槽中心片面	<3
主缆	索股轴线与锚头端面	±5

轴线偏位允许偏差评定　　　　　　　　表 2.1-6

构件类型		允许偏差/mm
墩台	砌筑墩台　浆砌块石	15
	浆砌料石、砌块	10
	现浇混凝土墩台	10
	现浇混凝土柱	8
	现浇混凝土挡墙	10
	现浇混凝土盖梁	8
	钢柱轴线	5
混凝土梁板	整体浇筑钢筋混凝土梁板	10
	悬臂浇筑/拼接预应力混凝土梁　L≤100m	10
	L>100m	L/10000
	顶推施工梁	10
钢梁	钢梁中线	10
	两孔相邻横梁中线相对偏差	5
拱	现浇混凝土拱　板拱	10
	肋拱	5
	劲性骨架安装	L/6000
	劲性骨架混凝土拱圈　L≤60m	10
	L=200m	50
	L>200m	L/4000

构件类型			允许偏差/mm
拱	装配式拱圈	$L \leqslant 60\text{m}$	10
		$L > 60\text{m}$	$L/6000$
	悬臂拼接的桁架拱	$L \leqslant 60\text{m}$	10
		$L > 60\text{m}$	$L/6000$
	钢管拱肋		$L/6000$
	钢管混凝土拱肋	$L \leqslant 60\text{m}$	10
		$L = 200\text{m}$	50
		$L > 200\text{m}$	$L/4000$
	转体施工拱		$L/6000$
	腹拱安装		10
	预制拱质量检验	肋拱	5
		箱拱	10
斜拉桥	索塔地面处		10
	墩顶梁段		跨径/10000
	悬臂混凝土主梁、钢箱梁、结合梁的工字钢梁	$L \leqslant 200\text{m}$	10
		$L > 200\text{m}$	$L/20000$
	预应力筋		10
	索管		10
悬索桥	锚锭结构	基础	20
		槽口	10

2.2　孔道摩阻试验

2.2.1　检测原理

测定孔道摩阻系数和孔道偏差系数,验证设计取值的合理性。

2.2.1.1　简支梁管道摩阻试验

简支梁管道摩阻试验时仪器按照图 2.2-1 安装。

1)预张拉

预张拉是本试验的一个重要过程。预张拉的主要作用是消除预应力筋的非弹性变形,保证千斤顶在张拉过程中有足够的行程。预张拉至最大荷载的 20%,千斤顶回零。

2)正式试验

预应力设计张拉控制力为 F,试验时主动端的初始张拉力为 $0.2F$,分八级张拉至 F。主动端加载步骤为:$0.2F$(初读)$\rightarrow 0.3F \rightarrow 0.4F \rightarrow 0.5F \rightarrow 0.6F \rightarrow 0.7F \rightarrow 0.8F \rightarrow 0.9F \rightarrow F \rightarrow 0$(卸

载）。主动加载前，被动端千斤顶油缸伸出 10～15cm，并施加不超过 0.1F 的张拉力，将预应力束调直。当达到 100%F 时持荷 5min、回零。张拉同时由两个传感器压力读数之差求出预应力损失，这样可以大大提高测试数据的精确性，且可以避免一些外界因素对测试结果的影响。

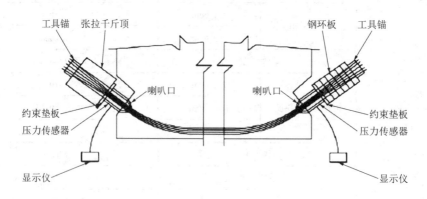

图 2.2-1　简支梁预应力管道试验装置示意图

试验过程如下：

（1）安装好设备后，由于千斤顶、穿心式传感器、对中垫板很难与钢绞线喇叭口紧密对中，可将两端油泵同时加压 4kN 左右，待到千斤顶和穿心式传感器与对中垫板贴紧后，两端油泵回油卸载至 0kN 左右，再将一端油泵锁死。

（2）每级荷载加载到位后，持荷 5min，然后记录两端读数仪读数，并测量记录两端锚塞外露值。

（3）当一端加载完回零后，将该端油泵锁死，将另外一端作为张拉端，重复（2）的步骤。

（4）完成上述步骤后，张拉端千斤顶回油到 0，记录压力值和锚塞外露值。

（5）锚固端千斤顶回油，卸下两端张拉设备。

上述试验过程测试所得预应力损失值（ΔF）包括三个部分：锚垫板的锚口 + 喇叭口损失（δ）、钢束与管道壁之间的摩擦引起的预应力损失（μ）和每米管道与其设计位置偏差对摩擦的影响系数（k）。

2.2.1.2　连续梁管道摩阻试验

在进行连续梁管道摩阻试验时，应选择具有代表性的管道进行摩阻试验且管道长度不宜小于 40m。连续梁管道摩阻试验时仪器按图 2.2-2 安装。

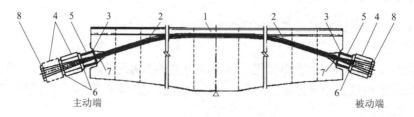

图 2.2-2　连续梁预应力管道试验装置示意图

1—实体梁；2—管道；3—锚垫板；4—千斤顶；5—传感器；6—对中垫圈；7—约束环；8—工具锚及夹片。

试验应符合下列规定：

（1）一联连续梁摩阻试验时管道数量不宜少于 6 个（含不同的弯起角及最大弯折角）。

（2）被动端千斤顶加力调直钢束时，伸长量最大不应超过千斤顶行程的 0.95 倍；对于含有多个弯起角的管道，被动端千斤顶施加调直力最大不应超过 0.3F。

（3）主动端加载至 0.5F 后被动端传感器开始承压，后续按 0.05F 每级递增加载。

2.2.1.3　锚垫板的锚口摩阻损失率 δ

根据《预应力筋用锚具、夹具和连接器》GB/T 14370—2015 附录 D 的要求进行锚口摩阻损失的试验检测。采用与测试试验相同的混凝土、锚具、预应力筋、波纹管等材料制作一个预应力构件。构件长度为 5m，如图 2.2-3 所示。

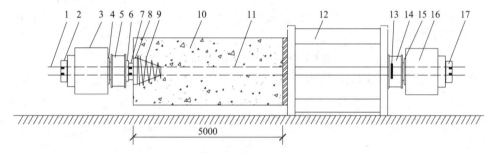

图 2.2-3　锚口摩阻损失试验装置示意图

1—预应力筋；2、17—工具锚；3—施工用张拉千斤顶；4、15—对中垫圈；5—主动端荷载传感器；
6—限位板；7—试验锚具；8—锚垫板；9—螺旋筋；10—混凝土承压构件；11—预应力筋孔道；
12—台座；13—钢制约束环；14—被动端荷载传感；16—加载用千斤顶。

试验应符合下列规定：

（1）预留管道的内径比锚垫板小口内径稍大（约大 1～2cm），以避免预应力筋与孔道壁产生摩擦。

（2）被动端的钢制约束环内径比锚垫板小口稍小，具体视现场情况确定。试验过程中可以避免预应力筋在被动端产生摩擦。

（3）试验加载速度不宜大于 200MPa/min，宜取 100MPa/min。

（4）试验时分别按 $0.75F_{ptk}$ 和 $0.8F_{ptk}$ 进行分级张拉，每级持荷时间为 2min。每级持荷时测量两端荷载读数。

（5）锚口摩阻损失率的计算

按下式分别计算荷载为 $0.75F_{ptk}$ 和 $0.8F_{ptk}$ 时的锚口摩阻损失率，取其平均值为该组装件的锚口摩阻损失率：

$$\delta = \frac{P_1 - P_2}{P_1}$$

式中：P_1、P_2——分别为主、被动端荷载传感器读数（N）。

2.2.1.4　预应力损失 μ 和影响系数 k 的计算

根据《铁路桥涵混凝土结构设计规范》TB 10092—2017，孔道摩阻预应力损失按下式计算：

$$\sigma_{l1} = \sigma_{con}\left[1 - e^{-(\mu\theta + kx)}\right] \tag{2.2-1}$$

式中：σ_{con}——预应力筋锚下控制张拉应力；

  μ——预应力筋与孔壁的摩擦系数；

  θ——若管道只是平面曲线，则是从张拉端至计算截面部分的夹角之和；若管道为三维曲线，一般包括竖弯曲线和平弯曲线，则可按 $\theta = \sqrt{\theta_H^2 + \theta_V^2}$ 计算，其中：θ_H、θ_V 分别为该段内的水平夹角和竖向夹角，以 rad（弧度）计；

  k——每米孔道对其设计位置的偏差系数；

  x——从张拉端至计算截面的孔道长度。

根据力与应力的关系，设主动端压力传感器测试值为 F_1，被动端压力传感器测试值为 F_2，其中由锚垫板引起的摩阻损失为 F_m，可以将式(2.2-1)转化为下式：

$$F_1 - F_2 - F_m = F_1\left[1 - e^{-(\mu\theta + kl)}\right]$$

由上式可得：

$$\mu\theta + kl = -\ln[(F_2 + F_m)/F_1]$$

令 $y = -\ln[(F_2 + F_m)/F_1]$，则可得

$$\mu\theta + kl = y$$

经过不同孔道的测量，可以得出一系列方程式：

$$\mu\theta_i + kl_i = y_i$$

由于存在测试误差，上式不会绝对相等，假设：

$$\mu\theta_i + kl_i - y_i = \Delta f_i$$

利用最小二乘法原理，则

$$\sum_{i=1}^{n}(\Delta f_i)^2 = \sum_{i=1}^{n}(\mu\theta_i + kl_i - y_i)^2 \tag{2.2-2}$$

当

$$\begin{cases} \dfrac{\partial \sum(\Delta f_i)^2}{\partial \mu} = 0 \\ \dfrac{\partial \sum(\Delta f_i)^2}{\partial k} = 0 \end{cases} \tag{2.2-3}$$

时，$\displaystyle\sum_{i=1}^{n}(\Delta f_i)^2$ 取得最小值。

由式(2.2-2)、式(2.2-3)可得：

$$\begin{cases} \mu\sum\theta_i^2 + k\sum l_i\theta_i - \sum y_i\theta_i = 0 \\ \mu\sum l_i\theta_i + k\sum l_i^2 - \sum y_i l_i = 0 \end{cases} \tag{2.2-4}$$

解方程组(2.2-4)得 μ 和 k 值。

孔道摩阻试验结果出来后，应及时将数值提供给设计人员核实，以便设计人员比对试验结果与设计参数的差异。

2.2.2　检测仪器

本试验需要用到的仪器设备主要有：穿心式压力传感器、综合测试仪、千斤顶及油压表、数据信号采集分析系统、单向（竖直和水平向两种）传感器、预应力混凝土梁多功能

检测仪。各仪器设备均应具有相应的检定证书且均在有效期内，其各项技术指标均应符合有关质量标准、规范和规程的要求。现场如图 2.2-4 所示。

2.2.3　检测前准备工作

（1）试验前委托单位必须提供以下资料：试验要求及目的、试验的具体位置、相关图纸资料等。

（2）检查仪器设备是否具有鉴定证书、是否在有效期内，仪器设备运行性能是否正常。

（3）检测人员是否接受过岗前培训、是否持证上岗。

（4）提前勘察现场，需要跟委托单位沟通好，指导委托单位人员安排布置好试验现场。

图 2.2-4　管道摩阻试验现场图

2.2.4　检测依据、数量及评定标准

2.2.4.1　检测依据

《预应力筋用锚具、夹具和连接器》GB/T 14370—2015。

《铁路后张法预应力混凝土梁摩阻测试方法》Q/CR 566—2017。

《预应力筋用锚具、夹具和连接器应用技术规程》JGJ 85—2010。

《铁路工程预应力筋用夹片式锚具、夹具和连接器》TB/T 3193—2016。

2.2.4.2　检测数量

（1）T 形梁选择 2 片梁，每片至少 2 个孔道，箱形梁至少选择 6 个孔道。

（2）一联连续梁/刚构桥摩阻测试时孔道数量不宜少于 5 个（含不同弯起角及最大弯折角）。

2.2.4.3　评定标准

夹片式锚具的锚口摩阻损失不宜大于 6%，预应力损失 μ 和影响系数 k 一般应接近设计值，当相差较远时，应提供给设计单位复核。

试验原始记录和报告模板参见附表 20 和附表 21。

2.3　有效预应力

2.3.1　检测原理

通过计算机控制液压泵站系统工作，使千斤顶带动绞线与夹片沿轴线移动，同时采集系统把实时的压力值和位移值传输至计算机，经过内置的分析计算程序处理，得出所检测钢绞线的锚下有效预应力值。

2.3.2　检测依据、数量及评定标准

2.3.2.1　编制依据

《广东省公路桥梁工程后张法预应力施工及检测技术指南》。

2.3.2.2 检测数量

（1）每个梁场前 2 片预制梁必检，后续生产的预制梁宜按 2%的比例抽检且不少于 2 片，抽查的构件应对所有预应力筋的有效预应力进行检测。

（2）现浇、悬浇、悬拼结构首件张拉的每类（纵向、竖向、横向）预应力筋必检 3 束。后续生产的现浇、悬浇、悬拼结构纵向预应力束抽检比例不宜少于 3%，且不少于 2 束；现浇、悬浇、悬拼结构竖向预应力束抽检比例不宜少于 5‰；现浇、悬浇、悬拼结构横向预应力束和先简支后连续结构负弯矩预应力束抽检比例不宜少于 1%。

（3）当发现有效预应力不合格时，应对同类结构加倍抽检，并按规定进行处理。

2.3.2.3 评定标准

（1）张拉锚固后的锚下有效预应力应符合设计锚下有效预应力标准值。

（2）如设计无相关规定，对长度不小于 16m 的低松弛钢绞线，张拉后的锚下有效预应力应符合表 2.3-1 的规定。

（3）预制梁板以 1 片为单元进行评价，该片梁板预应力束全部检测；现浇梁等其他结构类型，以 1 孔预应力束为单元进行评价。

（4）检测结果对照表 2.3-2 进行判定，确定类别，当不满足要求时，应采取措施进行处理，防止出现系统性质量风险。

（5）对于退索会危及结构、施工安全的特殊情况，经设计单位复核梁板的承载能力满足设计要求时，可不退索。设计未进行复核的梁板，须进行荷载试验，确认其是否满足设计使用要求。

（6）退索处理中退出的钢绞线和夹片应报废处理，不得重复使用。

锚下有效预应力大小控制要求　　　　　　　　　　　表 2.3-1

构件类型		标准值	有效预应力允许偏差/%			不均匀度/%		单点极值偏差/%
			单根	整束	断面	同束	断面	
预制梁	20m 箱形梁	173	±6	±5	±4	5	2	±7
	25m 箱形梁	175						
	30m 箱形梁	178						
	40m 箱形梁	180						
	30mT 形梁	177						
	40mT 形梁	175						
	16m 梁	162						
现浇	纵向束	174	±8	±5	±4	5	2	±9
	盖梁	168						
	扁锚	168						

预应力张拉质量评定及处理措施　　　　　　　表 2.3-2

判定类别	检测结果	处理措施	备注
I	各指标均满足控制要求	—	—
II	同束不均匀度不满足，其余指标均满足	应核查穿束、装配工艺，组织相关技术人员与班组再次进行培训交底，并形成文件资料备查	
III	力值结果不满足控制要求： ①单根力值合格率低于90%； ②单根力值超出极值要求； ③整束平均力值超出控制要求； ④断面平均力值超出控制要求	未全断面检测的，应进一步明确其不合格范围，并在 24h 内对涉及的整束力筋作退索处理后，重新穿束张拉	出现上述 4 种结果的任意一种，均视为不满足
IV	力值结果不满足控制要求（同III类）且同断面不均匀度都不满足控制要求	应停止张拉施工，核查张拉工艺并重新检定张拉设备，验证其精度和可靠性；整改后，后续采用相同施工工艺生产的 2 片预制梁（现浇梁或其他类型，按 2 倍抽检比例检测）必须进行检测，通过检测确认其效果后方可继续施工	对现浇梁等结构类型未进行全断面检测的，出现该检测结果时，将其力值结果不满足控制要求的钢束评为IV类

2.3.3　检测仪器

反拉式有效预应力检测仪见图 2.3-1。

图 2.3-1　反拉式有效预应力检测仪现场图

2.3.4　检测前准备工作

锚下有效预应力检测前，应进行安全技术交底，做好各种危险源辨识、评估及安全环保措施。

2.3.5　现场操作

（1）用反拉法检测锚下有效预应力的方式适用于后张法施工构件以及预应力筋为公称直径 15.2mm、抗拉强度 1860MPa 的低松弛预应力钢绞线。

（2）有效预应力检测应在预应力筋张拉锚固后 24h 内进行，检测前不得切割钢绞线和压浆。

（3）检测过程中，不得改变夹片与钢束的原有咬合关系和位置，不得出现错位。

（4）现场检测出现异常时，应立即停止检测并查明原因；在排除异常并具备检测条件时，可重新进行检测。

2.3.6 数据处理

1）待检构件的预应力筋逐根进行检测，测得单根预应力筋的有效预应力值进行计算，各控制指标的计算方法如下：

（1）单根力值偏差：

$$\tau_i = \frac{F_e - F_s}{F_s} \times 100 （\%）$$

式中：τ_i——第i单根锚下有效预应力偏差（%）；

F_e——单根锚下有效预应力实测值（kN）；

F_s——锚下有效预应力标准值（kN）。

（2）整束平均力值偏差：

$$\tilde{\tau} = \frac{\overline{F_j} - F_s}{F_s} \times 100 （\%）$$

式中：$\tilde{\tau}$——整束锚下有效预应力平均力值偏差（%）；

$\overline{F_j}$——第j钢束实测锚下有效预应力平均值（kN）。

（3）断面平均力值偏差：

$$\overline{\tau} = \frac{\overline{F} - F_s}{F_s} \times 100 （\%）$$

式中：$\overline{\tau}$——断面锚下有效预应力平均力值偏差（%）；

$\overline{F}$——断面锚下有效预应力平均值（kN）。

（4）同束不均匀度：

$$\theta = \frac{F_{emax} - F_{emin}}{F_{emax} + F_{emin}} \times 100 （\%）$$

式中：θ——锚下有效预应力同束不均匀度（%）；

F_{emax}——同束中单根预应力筋锚下有效预应力最大检测值（kN）；

F_{emin}——同束中单根预应力筋锚下有效预应力最小检测值（kN）。

（5）同断面不均匀度：

同断面不均匀度，应先计算同一断面之间对称孔道力值的不均匀度，再取最大值或最小值作为同断面不均匀度。即

$$\gamma_j = \frac{\overline{f}_j^{max} - \overline{f}_j^{min}}{\overline{f}_j^{max} + \overline{f}_j^{min}} \times 100 （\%）$$

$$\gamma = \max\{\gamma_1, \gamma_2, \gamma_3, \cdots, \gamma_j\}$$

式中：　γ_j——第j对称孔道钢束平均力值的不均匀度（%）；

γ——同断面不均匀度，取同断面不均匀度（对称孔道）的最大值（%）；

$\overline{f}_j^{max}$、$\overline{f}_j^{min}$——第j对称钢束实测锚下有效预应力平均值最大值和最小值（kN）。

2）预制结构

（1）预制箱形梁、空心板等结构取本梁内对称张拉两侧孔道不均匀度最大值作为同断面不均匀度指标。

（2）预制 T 形梁仅对对称孔道进行同断面不均匀度计算与评价。

3）现浇结构

（1）预制箱形梁、空心板等结构取本梁内对称张拉两侧孔道不均匀度最大值作为同断面不均匀度指标。

（2）预制 T 形梁仅对对称孔道进行同断面不均匀度计算与评价。

2.3.7　检测报告

试验报告应包括以下内容：

（1）工程概况、检测目的以及评定依据。

（2）检测仪器设备及检测原理方法及特点。

（3）预应力钢束及钢绞线检测编号规则。

（4）试验检测过程及检测数据分析。

（5）结论及建议。

2.4　孔道压浆密实性

2.4.1　检测原理

压浆密实性检测主要通过弹性波的透过、反射等特性，可以对预应力梁的孔道灌浆密实度进行定性检测和定位检测。根据受信与激发信号的初动部分的传递函数，可推测锚头附近的灌浆密实度；当灌浆密实时，钢绞线周围有灌浆材料约束，不易自由振动，受信信号初动部分频率较低；而当灌浆不密实时，钢绞线周围缺乏约束，产生自由振动，受信信号初动部分频率较高。采用该方法可以测试在锚头附近的灌浆密实度。

如图 2.4-1 所示，定性检测利用露出的锚索，在一端激发信号，另一端接收信号。通过分析在传播过程中信号的能量、频率、波速等参数的变化，从而定性地判断该孔道灌浆质量的优劣。

图 2.4-1　定性测试示意图

定性测试主要采用三种方法：全长衰减法，全长波速法，传递函数法。

（1）全长衰减法（FLEA）

如果孔道灌浆密实度较高，能量在传播过程中逸散较多、衰减大、振幅比小。反之，若孔道灌浆密实度较低，则能量在传播过程中逸散较少、衰减小、振幅比大。因此，通过精密测试能量的衰减，可以推测灌浆质量的好坏。

（2）全长波速法（FLPV）

通过测试弹性波经过锚索的传播时间，并结合锚索的距离计算出弹性波经过锚索的波速，通过波速的变化来判断预应力管道灌浆密实度情况。一般情况下波速与灌浆密实度有相关性，随着灌浆密实度增加，波速逐渐减小。当灌浆密实度达到100%时，测试锚索的P波波速接近混凝土的P波波速，如图2.4-2所示。

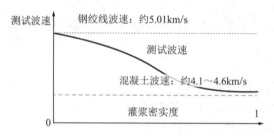

图2.4-2　全长波速法密实度判定示意图

（3）传递函数法（PFTF）

在预应力梁的一端激振，如果接收端存在不密实情况，会在接收端产生高频振荡，如图2.4-3所示。因此，通过对比接收信号与激发信号相关部分的频率变化，可以判定锚头两端附近的缺陷情况。

图2.4-3　传递函数法的测试概念

为了将测试结果定量化，引入灌浆指数I_f。当灌浆饱满时，$I_f = 1$；而完全未灌时，$I_f = 0$。因此，可得到相应的灌浆指数I_{EA}、I_{PV}和I_{TF}。同时，综合灌浆指数可以定义为：

$$I_f = (I_{EA} \cdot I_{PV} \cdot I_{TF})^{1/3}$$

2.4.2　检测依据及数量

2.4.2.1　检测依据

《公路混凝土桥梁预应力施工质量检测评定技术规程》DB35/T 1638—2017。

2.4.2.2　检测数量

对每个梁场中的各个梁型以及改变了施工工艺、压浆材料的桥梁，最初施工的3片预制预应力梁（板）或1跨（联）预应力现浇梁进行全孔道检测；后续施工的预制预应力梁（板）或预应力现浇梁按照总孔道数不少于10%的比例进行定性检测，且每座桥抽检总数不少于5个孔道，不足5个孔道的须全部进行检测。根据批次检测对象的孔道数量计算，若检测对象中不合格率超过10%时，应增加一倍的检测频率。

2.4.3 检测仪器

如图 2.4-4 所示，在预应力梁两端钢绞线（锚杆）露出端上分别固定一个传感器（S31SC），用激振导向器尖端部分紧贴钢绞线（锚杆）端面中心部位，然后用打击锤敲击激振导向器，分别记录下预应力梁两端的测试数据。

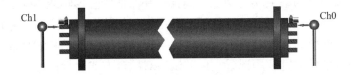

图 2.4-4　定性测试方案

主要的仪器部件有：电压电缆、电荷电缆、加速度传感器、激振导向器、激振锤、放大器、信号处理存储部件（主机），连接方式如图 2.4-5 所示。

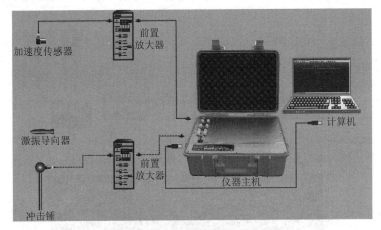

图 2.4-5　定性测试连接方式

2.4.4 评定标准

压浆密实度的评定标准按表 2.4-1 执行。通常，综合灌浆指数大于 0.95 时，一般意味着灌浆质量较好；而综合灌浆指数低于 0.80 时，则表明灌浆质量较差。

压浆密实度评价方法比较　　　　　　　　　　　　　　　　表 2.4-1

评价方法	评价参数	评价结果	说明
综合压浆指数I_r	$\geqslant 0.95$	Ⅰ类（良好）	
	$\geqslant 0.80，<0.95$	Ⅱ类	重点部位应定位复检
	<0.80	Ⅲ类（不合格）	应定位复检
压浆密实度D_e	$\geqslant 0.95$	Ⅰ类（良好）	
	$\geqslant 0.90，<0.95$	Ⅱ类（合格）	
	<0.90	Ⅲ类（不合格）	应复检

2.4.5 检测前准备工作

压浆材料的强度应达到混凝土强度的 70%以上方可进行密实度检测，一般宜按《锚杆锚固质量无损检测技术规程》JGT/T 182—2009 的规定，在压浆 7d 后进行检测工作。

检测时应保证传感器与被测体紧密耦合，且接触面无浮浆、灰尘等异物。传感器宜采用磁性卡座或机械装置与最上端的钢绞线耦合，并保证传感器轴线与钢绞线轴线平行。粘结面应无灰尘等杂质，且传感器粘结稳固。采用特制的传感器支座，传感器以均匀的力度按压在梁体表面。同时，通过合理的阻尼设计，提高传感系统的频响特性。为保证测试结果的可靠性，在有条件时宜利用混凝土标准试块对耦合方式进行检验。

2.4.6 现场操作

测试系统的频响范围不仅取决于传感器的频响范围，而且与传感器的固定方法有密切的关系。图 2.4-6 是自振频率在 30kHz 左右的传感器在不同的固定方式下测得的频响范围。

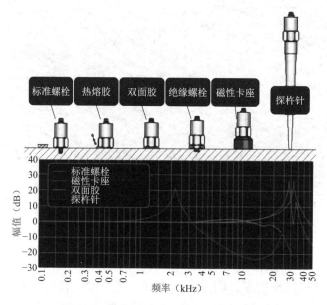

图 2.4-6　不同固定方法对频响曲线的影响

通常采用压着式作为传感器的固定方式，即采用人工或机械方式将传感器压在测试对象表面，此方法测试效率最高。

2.4.7 检测报告

试验报告应包括下列基本内容：
（1）委托单位名称。
（2）试验目的、依据、内容及方法。
（3）试验的日期及时间。
（4）仪器设备及其测量准确度，变形观测系统及其观测级别。
（5）压浆密实度评定。

2.5　内部缺陷检测

由于施工现场空间有限、工艺要求较高、振捣困难等原因，混凝土构件内部很可能存在胶结不良、孔洞及不密实区，从而影响混凝土结构的受力性能。

对怀疑存在内部缺陷的区域宜进行全数检测，当不具备全数检测条件时，可根据约定抽样原则选择下列构件或部位进行检测：①重要的构件或部位；②外观缺陷严重的构件或部位。

混凝土结构构件内部缺陷不能直接观察判断，工程上通常都是借助特定仪器进行检测，国内常见的检测方法主要有超声法、冲击回波法、雷达扫描法等。混凝土构件内部缺陷宜采用超声法进行双面对测，当仅有一个可测面时，可采用冲击回波法和雷达扫描法进行检测，对于判别有困难的区域应进行钻芯验证或剔凿验证，下面针对超声法进行详细介绍。

2.5.1　检测原理

超声法是利用脉冲波在技术条件相同（指混凝土的原材料、配合比、龄期和测试距离一致）的混凝土中传播的时间或速度、接收波的振幅和频率等声学参数的相对变化，来判定混凝土的缺陷。由于超声脉冲波传播速度的快慢与混凝土的密实程度有直接关系，对于原材料、配合比、龄期及测试距离一定的混凝土来说，声速高则混凝土密实，相反则混凝土不密实。

另外，由于空气的声阻抗率远小于混凝土的声阻抗率，脉冲波在混凝土中传播时，遇到蜂窝、空洞或裂缝等缺陷，便在缺陷界面发生反射和散射，声能被衰减，其中频率较高的成分衰减更快，因此接收信号的波幅明显降低，频率明显减小或者频率谱中高频成分明显减少。再者经缺陷反射或绕过缺陷传播的脉冲波信号与直达波信号之间存在声程和相位差，叠加后互相干扰，致使接收信号的波形发生畸变。

根据以上原理，可以利用混凝土声学参数测量值和相对变化综合分析、判别其缺陷的位置和范围，或者估算缺陷的尺寸。

2.5.2　检测依据

《混凝土结构工程施工质量验收规范》GB 50204—2015。

《混凝土结构现场检测技术标准》GB/T 50784—2013。

《超声法检测混凝土缺陷技术规程》CECS 21：2000。

2.5.3　超声法检测混凝土内部孔洞的基本方法

（1）采用平面对测法进行混凝土内部空洞的检测。

（2）结构被测部位应具有两对平行表面，在两对平行表面被测部位分别画出网格，并逐点编号，如图 2.5-1 所示。

（3）表面处理。超声测点处表面必须平整、干净。对于不符合测试条件的需要进行打磨等必要的处理。

（4）分别在两对互相平行的表面上定出相对应测点的位置，可采用一对厚度振动式换能器，然后将 T、R 换能器分别涂上耦合剂后置于对应测点上，逐点读取相应的声时、波幅、频率和测距。

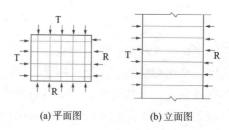

（a）平面图　　　　　　（b）立面图

图 2.5-1　平面对测法换能器布置示意图

2.5.4　数据处理及判定

即使是没有缺陷的混凝土，由于混凝土本身的不均匀性，测得的声时、波幅等声学参数值也会在一定范围波动，更何况混凝土的原材料品种、用量及混凝土的湿度和测距等因素都不同程度地影响着声学参数值。因此，不可能确定一个固定的临界指标作为判断缺陷的标准，一般都利用统计方法进行判别。

统计学方法的基本思想在于，给定一置信概率（如 0.99 或 0.95），并确定一个相应的置信范围（如 $m_x \pm \lambda_1 \cdot S_x$），凡超过这个范围的观测值，就认为它是由于观测失误或者是被测对象性质改变所造成的异常值。如果在一系列观测值中混有异常值，必然歪曲试验结果，为了能真实地反映被测对象，应剔除测试数据中的异常值。

对于超声测缺技术来讲，认为一般正常混凝土的质量服从正态分布，在测试条件基本一致，且无其他因素影响的条件下，其声速、频率和波幅观测值也基本属于正态分布。在一系列观测数据中，凡属于混凝土本身质量的不均匀性或测试中的随机误差带来的数值波动，都应服从统计规律，在给定的置信范围以内。当某些观测值超过了置信范围，可以判断它属于异常值。

在超声检测中，凡遇读数异常的测点，一般都要检查其表面是否平整、干净或是否存在别的干扰因素，必要时还要加密测点进行重复测试。因此，应该说不存在观测失误的问题，出现的异常测值，必然是混凝土本身性质改变所致。这就是利用统计学方法判定混凝土内部存在不密实和空洞的基本思想。

混凝土构件的同一测试部位声学参数的平均值和标准差应分别按下式计算：

$$m_x = \frac{1}{n} \sum x_i \tag{2.5-1}$$

$$S_x = \sqrt{\frac{\sum_{i=1}^{n} x_i^2 - nm_x^2}{n-1}} \tag{2.5-2}$$

式中：m_x、S_x——分别代表某一声学参数的平均值和标准差；

　　　　x_i——第i点某一声学参数的测量值；

　　　　n——参与统计的测点数。

2.5.4.1　异常值的判别方法

（1）将测区各测点的波幅（A_i）、频率（f_i）或由声时换算成的声速（v_i）按大小顺序排列为$x_1 \geqslant x_2 \geqslant x_3 \cdots \geqslant x_n \geqslant x_{n+1} \cdots$，视排于后面明显小的数据为异常值，将异常值中最大的一个连同其前面的数据按式(2.5-1)和式(2.5-2)进行平均值(m_x)和标准差(S_x)的计算。

（2）以$x_0 = m_x - \lambda_1 S_x$为异常值的判断值，当参与统计的异常值的最大值$x_n$小于$x_0$时，则$x_n$及排列于其后的参数值均为异常值。去掉$x_n$，再用$x_1 \sim x_{n-1}$进行计算和判断，直至判断不出异常值为止。若$x_n > x_0$，说明$x_n$是正常值，应将$x_{n+1}$重新进行计算和判别，以此类推，直至判别不出异常值为止。其中λ_1为异常值判定系数，按表 2.5-1 取值。

（3）在某些异常测点附近，可能存在处于缺陷边缘的测点，为了提高缺陷范围判定的准确性，可对异常值相邻点进行判别。按$x_0 = m_x - \lambda_2 S_x$计算异常值的判断值，进一步判别异常值（$\lambda_2$值见表 2.5-1）。

统计数的个数 n 与对应的 λ_1、λ_2、λ_3 值　　　　　　表 2.5-1

n	20	22	24	26	28	30	32	34	36	38
λ_1	1.65	1.69	1.73	1.77	1.80	1.83	1.86	1.89	1.92	1.94
λ_2	1.25	1.27	1.29	1.31	1.33	1.34	1.36	1.37	1.38	1.39
λ_3	1.05	1.07	1.09	1.11	1.12	1.14	1.16	1.17	1.18	1.19
n	40	42	44	46	48	50	52	54	56	58
λ_1	1.96	1.98	2.00	2.02	2.04	2.05	2.07	2.09	2.10	2.12
λ_2	1.41	1.42	1.43	1.44	1.45	1.46	1.47	1.48	1.49	1.49
λ_3	1.20	1.22	1.23	1.25	1.26	1.27	1.28	1.29	1.30	1.31
n	60	62	64	66	68	70	72	74	76	78
λ_1	2.13	2.14	2.15	2.17	2.18	2.19	2.20	2.21	2.22	2.23
λ_2	1.50	1.51	1.52	1.53	1.53	1.54	1.55	1.56	1.56	1.57
λ_3	1.31	1.32	1.33	1.34	1.35	1.36	1.36	1.37	1.38	1.39
n	80	82	84	86	88	90	92	94	96	98
λ_1	2.24	2.25	2.26	2.27	2.28	2.29	2.30	2.30	2.31	2.31
λ_2	1.58	1.58	1.59	1.60	1.61	1.61	1.62	1.62	1.63	1.63
λ_3	1.39	1.40	1.41	1.42	1.42	1.43	1.44	1.44	1.45	1.45
n	100	105	110	115	120	125	130	140	150	160
λ_1	2.32	2.35	2.36	2.38	2.40	2.41	2.43	2.45	2.48	2.50
λ_2	1.64	1.65	1.66	1.67	1.68	1.69	1.71	1.73	1.75	1.77
λ_3	1.46	1.47	1.48	1.49	1.51	1.53	1.54	1.56	1.58	1.59

2.5.4.2　混凝土内部空洞尺寸的估算

混凝土内部空洞尺寸的估算模型如图 2.5-2 所示，设检测距离为l，空洞中心（在一对测试面上声时最长的测点位置）距一个测试面的垂直距离为l_h，声波在空洞附近无缺陷混凝土中传播的时间平均值为m_{ta}，绕空洞最大声时值为t_h，空洞半径为r，设$X = (t_h - m_{ta})/m_{ta} \times 100\%$，$Y = l_h/l$和$Z = r/l$。根据表 2.5-2 查得空洞半径$r$与测距$l$的比值$Z$，再计算空洞的大致半径$r$。

当被测部位只有一对可供测试的表面时，只能按空洞位于测距中心考虑，空洞尺寸可按下式计算：

$$r = \frac{l}{2} \times \sqrt{\left(\frac{t_\mathrm{h}}{m_\mathrm{ta}}\right)^2 - 1}$$

式中：r——空洞半径（mm）；

$\quad\quad l$——T、R换能器之间的距离（mm）；

$\quad\quad t_\mathrm{h}$——缺陷处的最大声时值（μs）；

$\quad\quad m_\mathrm{ta}$——无缺陷区的平均声时值（μs）。

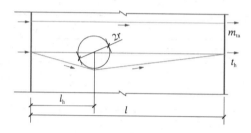

图 2.5-2　空洞尺寸估算模型示意图

空洞半径估算表（单位：mm）　　　　　　表 2.5-2

Y	Z												
	0.05	0.08	0.10	0.12	0.14	0.16	0.18	0.20	0.22	0.24	0.26	0.28	0.30
	X												
0.10（0.90）	1.42	3.77	6.26										
0.15（0.85）	1.00	2.56	4.06	5.97	8.39								
0.20（0.80）	0.78	2.02	3.18	4.62	6.36	8.44	10.90	13.90					
0.25（0.75）	0.67	1.72	2.69	3.90	5.34	7.03	8.98	11.20	13.80	16.80			
0.30（0.70）	0.60	1.53	2.40	3.46	4.73	6.21	7.91	9.38	12.00	14.40	17.10	20.10	23.60
0.35（0.65）	0.55	1.41	2.21	3.19	4.35	5.70	7.25	9.00	10.90	13.10	15.50	18.10	21.00
0.40（0.60）	0.52	1.34	2.09	3.02	4.12	5.39	6.84	8.48	10.30	12.30	14.50	16.90	19.60
0.45（0.55）	0.50	1.30	2.03	2.92	3.99	5.22	6.62	8.20	9.95	11.90	14.00	16.30	18.80
0.50	0.50	1.28	2.00	2.89	3.94	5.16	6.55	8.11	9.84	11.80	13.30	16.10	18.60

现场检测作业时填写如附表22所示的原始记录。

2.6　温度

2.6.1　检测原理

温度的监测包含对环境温度的监测和对结构温度的监测两部分。来自太阳辐射、大气循环、材料间能量传递等造成桥梁结构体系中的能量周期性变化，体现为结构的温度变化，是桥梁运营期的主要可变作用之一，影响巨大。温度作用造成的结构响应本身就是监测系统的监测内容之一；在进行结构状态评估、其他监测数据分析时，温度效应的剥离是其他参数评估的前提条件之一。《公路桥梁结构监测技术规范》JT/T 1037—2022 将箱梁内外环境温度、混凝土温度作为斜拉桥和梁桥必选监测内容。

2.6.2 检测依据

《公路桥梁结构监测技术规范》JT/T 1037—2022。

2.6.3 检测仪器

目前主流的温度传感器主要有数字温度传感器、热电偶、热敏电阻和光纤光栅温度传感器等，各类温度传感器性能对比如表 2.6-1 所示。

各类温度传感器性能对比　　　　　　　　　　　　　　　表 2.6-1

测试原理性能比较	数字温度传感器	热电偶	热敏电阻	光纤光栅温度传感器
原理	温度变化引起输出频率变化	温度变化引起输出电压变化	温度变化引起电阻变化	温度变化引起波长变化
量程范围	较小	大	大	较小
测量精度	较高	较低	较低	较高
连接方式	1-wire 总线式	独立通道	独立通道	光纤串接
分布式测量	支持	不支持	不支持	支持
同步性	较好	较差	较差	好
可维护性	易	较易	较易	较难
定期标定	不需要	需要	需要	需要
抗干扰性	好	较差	较差	好
耐久性	好	较差	较差	较好
类似应用	多	较少	较少	较多

2.6.4 检测前准备工作

检测前需做好进场准备工作，应逐一检查以下条件是否满足进场检测要求：

（1）收集被测桥梁资料：桥长、桥宽等设计施工资料。

（2）回收由委托单位填写的委托单。

（3）监理单位提供的见证记录（如需）。

（4）检测方案完整且上传监管系统（如需）。

（5）与现场相关人员沟通进场时间。

（6）拟进场检测人员在检测监管系统登记备案（如需）。

（7）在检测监管系统登记进场时间和检测内容（如需）。

（8）检测人员具备相应的合格上岗证（如需）。

（9）仪器设备正常运行且电量充足。

（10）仪器设备在正常检定或校准有效期内。

2.6.5　数据处理

当最高温度、最低温度、最大温差和最大温度梯度超过设计值时，可判定温度荷载出现异常，应进行安全二级评估。检测原始记录及报告如附表 23 所示。

2.7　风速

2.7.1　检测原理

桥梁风速检测方案基于传感器技术和数据分析算法，通过安装在桥梁上的风速传感器获取风速数据，经过数据处理和分析，实时监测桥梁风速的变化情况。该方案具有实时性、准确性和可靠性的特点，可以有效预测桥梁的受风风险，并及时发出风险预警。

2.7.2　检测依据

《公路桥梁结构监测技术规范》JT/T 1037—2022。

2.7.3　检测仪器

便携式风速风向仪，如图 2.7-1 所示。

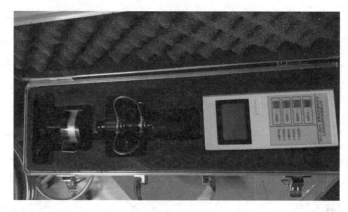

图 2.7-1　便携式风速风向仪

2.7.4　检测前准备工作

检测前需做好进场准备工作，应逐一检查以下条件是否满足进场检测要求：

（1）收集被测桥梁资料：桥长、桥宽等设计施工资料。

（2）回收由委托单位填写的委托单。

（3）监理单位提供的见证记录（如需）。

（4）检测方案完整且上传监管系统（如需）。

（5）与现场相关人员沟通进场时间。

（6）拟进场检测人员在检测监管系统登记备案（如需）。

（7）在检测监管系统登记进场时间和检测内容（如需）。

（8）检测人员具备相应的合格上岗证（如需）。

（9）仪器设备正常运行且电量充足。

（10）仪器设备在正常检定或校准有效期内。

2.7.5 数据处理

采集到的风速数据需要进行处理和分析，以便更好地理解和利用。数据处理包括数据清洗、滤波、校准等过程，旨在提高数据的准确性和可信度。数据分析则可以通过统计分析、模型计算等方法，得出桥梁风速的变化规律和趋势，有助于风险预测和预警的制定。检测原始记录见附表24。

2.8 索力

2.8.1 检测原理

振动频谱法是最主流的斜拉索和吊索索力测量方法，该方法对于柔度大的索结构内力测量特别适用，可靠方便，满足工程精度。

1）当拉索、吊索、系索的锚下或索上安装有测力传感器时，索力可直接利用测力传感器测量。

2）拉索、吊索、系索的索力测量可采用振动法。索力振动法测量应符合下列规定：

（1）索的振动可采用测振传感器测量，给出的振动特征频率不宜低于五阶。

（2）索力分析时应计入索的抗弯刚度、边界约束条件和垂度的影响。

（3）当拉索、吊索、系索的索力调整时，宜实测索的振动频率，并应建立索力与振动频率的数值对应关系。

（4）当索力偏差率超过设计值时，应分析原因，并验算其承载力。

2.8.2 检测依据

《公路桥梁结构监测技术规范》JT/T 1037—2022。

2.8.3 检测仪器

索力传感器，如图 2.8-1 所示。

图 2.8-1 索力传感器

2.8.4 检测前准备工作

检测前需做好进场准备工作，应逐一检查以下条件是否满足进场检测要求：

（1）收集被测桥梁资料：桥长、桥宽、索长、索直径等设计施工资料。

（2）回收由委托单位填写的委托单。

（3）监理单位提供的见证记录（如需）。

（4）检测方案完整且上传监管系统（如需）。

（5）与现场相关人员沟通进场时间。

（6）拟进场检测人员在检测监管系统登记备案（如需）。

（7）在检测监管系统登记进场时间和检测内容（如需）。

（8）检测人员具备相应的合格上岗证（如需）。

（9）仪器设备正常运行且电量充足。

（10）仪器设备在正常检定或校准有效期内。

2.8.5　数据处理

索力时程的数据分析，包括平均值、最大值、最小值等；应对监测索力与成桥索力、设计容许索力、破断索力进行对比分析；宜根据拉索应力计算疲劳损伤指数。以 10min 为时间间隔，计算分析在强风作用下桥梁主梁水平变形、塔顶偏位、索力和关键构件应变等的最大值、最小值和变化幅值及其随时间的变化趋势，并按规范进行安全评估。

2.9　桥梁静载试验

一般情况下，桥梁静载试验测试的参数包括：挠度、应变、裂缝。桥梁静载试验是桥梁荷载试验的核心部分，是判断桥梁承载能力的主要依据。

2.9.1　基本规定

2.9.1.1　试验计算

（1）试验控制荷载确定

桥梁荷载试验一般分为验收性荷载试验和鉴定性荷载试验。

常规桥梁验收性荷载试验的控制荷载应采用现行行业标准《城市桥梁设计规范》CJJ 11 规定的汽车和人群荷载标准值。试验控制荷载根据与设计作用（或荷载）等级相应的活荷载效应控制值或有特殊要求的荷载效应值确定。

鉴定性荷载试验的控制荷载应按原设计荷载或目标荷载选用；对结构检测和验算后认定承载能力不足的桥梁，可降低控制荷载等级。试验控制荷载可按桥梁所在的道路等级、道路修建的年代、桥梁实际的状况综合考虑。

（2）试验荷载确定

验收性静载试验荷载效率系数η_q宜介于 0.85～1.05 之间，鉴定性荷载试验效率系数η_q宜介于 0.95～1.05 之间。静载试验效率系数η_q按下式计算：

$$\eta_q = \frac{S_a}{S \times (1+\mu)}$$

式中：S_a——静载试验荷载作用下，某一加载试验项目对应的加载控制截面内力或位移的最大计算效应值；

S——控制荷载产生的同一加载控制截面内力或位移的最不利效应计算值；

μ——按规范取用的冲击系数值。

2.9.1.2　控制截面的选取

根据桥梁静载试验工况来选择测试截面。可以按照《公路桥梁荷载试验规程》JTG/T J21—01—2015 第 5.2.2 条或《城市桥梁检测与评定技术规范》CJJ/T 233—2015 第 6.2.2 条选择对应的控制截面。对于鉴定性荷载试验，其控制截面还应考虑：

（1）结构或构件验算不满足要求或存在疑问的截面。

（2）结构或构件缺损程度严重的截面。

2.9.1.3　测点布置

试验测点的布设应符合下列规定：

（1）控制测点应布设为试验测点。

（2）挠度观测点布置应考虑加载位置及荷载横向分布的影响；对宽桥，在测试截面横桥向布置不得少于 3 个测点；对多梁式桥，每片梁布置不宜少于 1 个测点。

（3）应变测点应设置在测试截面横桥向荷载分布较大的构件或部位，横桥向布置不得少于 3 个测点；构件上的应变测点应设置在构件横截面局部应力较大的部位。

（4）对允许开裂的钢筋混凝土结构中的钢筋应变测试，宜凿开混凝土保护层直接在钢筋上设置拉应力测点。

（5）测点布置应便于仪器安装和观测读数，并应保障观测人员、仪器设备的安全；当观测数据的测点或部位存在危险时，应采取妥善的安全措施。

详细的测点布置可以参照《公路桥梁荷载试验规程》JTG/T J21—01—2015 第 5.5.1 条及第 5.5.2 条。

2.9.2　静载试验仪器设备

桥梁静载试验所用到的设备按照测量参数包括三大类：挠度或变位测量设备、应变测量设备、裂缝测量设备。测试设备精度应不大于预计测量值的 5%，其量程应满足试验要求。同一次试验宜选用同种类型或规格的测试设备。试验设备技术要求参见《公路桥梁荷载试验规程》JTG/T J21—01—2015 附录 A。

（1）挠度或变位测量设备

常用的挠度或变位测量设备包括百分表、水准仪、棱镜、全站仪等，如图 2.9-1～图 2.9-4 所示。

（2）应变测量设备

常用的应变测量设备主要包括钢弦计、应变片及相应读数设备等，如图 2.9-5～图 2.9-7 所示。

图 2.9-1　百分表　　　　　　　　图 2.9-2　水准仪

图 2.9-3　棱镜　　　　　　　　　　图 2.9-4　全站仪

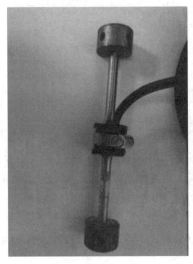
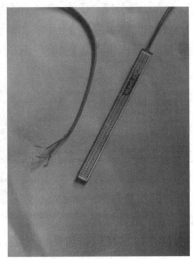

图 2.9-5　钢弦计　　　　　　　　图 2.9-6　应变片

图 2.9-7　静态应变采集仪

（3）裂缝测量设备

目前常用的裂缝测量设备为裂缝测宽仪、裂缝测深仪等，如图 2.9-8 和图 2.9-9 所示。

图 2.9-8 裂缝测宽仪

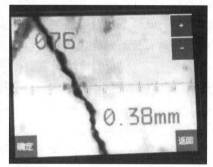

图 2.9-9 裂缝宽度自动测量

2.9.3 检测依据、数量及评定标准

2.9.3.1 检测依据

《城市桥梁工程施工与质量验收规范》CJJ 2—2008。

《城市桥梁检测与评定技术规范》CJJ/T 233—2015。

《城市桥梁检测技术标准》DBJ/T 15—87—2022。

《公路桥梁承载能力检测评定规程》JTG/T J21—2011。

《公路桥梁荷载试验规程》JTG/T J21—01—2015。

2.9.3.2 检测数量及评定标准

《城市桥梁工程施工与质量验收规范》CJJ 2—2008 第 23.0.10 条规定"当设计规定进行桥梁功能、荷载试验时，必须在荷载试验完成后进行（验收）"，应将该条作为桥梁验收的指导性规定。

依据《城市桥梁检测与评定技术规范》CJJ/T 233—2015 第 3.0.8 条，符合下列四种情况之一，应进行桥梁荷载试验：

（1）结构验算的承载能力不满足要求，需结合荷载试验实测结构响应，综合评定结构的实际承载能力。

（2）结构验算难以判定承载能力。

（3）竣工验收要求进行荷载试验。

（4）设计认为结构体系复杂应进行荷载试验。

广东省标准《城市桥梁检测技术标准》DBJ/T 15—87—2022 规定新建、改扩建的城市桥梁应进行全面检测，且特别强调了加固后的桥梁应在通车前采用相应的方法进行检测。第 3.2.3 条规定了桥梁荷载试验的周期为 5 年一次。第 3.2.4 条规定符合以下条件之一的桥梁，应进行荷载试验：

（1）新建、改扩建、加固、达到荷载试验周期以及发生突发状况造成损伤需进行荷载试验的桥梁。

（2）经外观检测技术状况评定等级为 D 级、E 级或不合格级且采用其他检测方法仍难以确定整体性能和使用功能的桥梁。

（3）验证结构设计理论的试验性桥梁。

（4）需要通过特殊、重型车辆荷载的桥梁。

（5）对于设计中动力问题突出的特大跨度桥梁，应进行特殊设计的动力荷载试验。

（6）其他需要进行荷载试验的桥梁。

市政桥梁荷载试验的检测频率，由于检测需投入大量的人力、物力，故各规范对此均未提及。但广东省标准《城市桥梁检测技术标准》DBJ/T 15—87—2022 第 3.2.6 条明确规定了单片梁在安装前应进行静力荷载试验，检测频率为 1%，该处所指单片梁包括预制混凝土梁、钢箱梁及钢-混组合梁，但不包括节段拼装的梁。目前对于市政桥梁验收时，荷载试验的检测频率有以下几种行业内通行的做法可供参考：

（1）划分为单位工程，按单位工程进行验收的桥梁。

（2）多跨结构相同的桥梁作为同一单位工程，应选择其中一跨或者一联。若左右幅结构独立，应左右幅各选一跨或者一联。

（3）同一单位工程中材质不同的桥梁，均应选择其中一跨或者一联。即钢结构桥梁和混凝土桥梁均应选择其中一跨或者一联进行荷载试验。

（4）同一单位工程中不同结构形式的桥梁，均应选择其中一跨或者一联。

（5）单跨超过 150m 的桥梁均应进行荷载试验。

对于公路桥梁，《公路桥梁承载能力检测评定规程》JTG/T J21—2011 第 3.2.4 条规定：作用效应与抗力效应的比值在 1.0～1.2 之间时，应进行桥梁荷载试验。而《公路桥梁荷载试验规程》JTG/T J21—01—2015 第 3.1.1 条规定：新建、加固、改扩建后的桥梁，可通过荷载试验来检验桥梁结构的正常使用状态和承载能力是否符合设计要求。存在下列情况之一时，可进行荷载试验：

（1）技术状况等级为四、五类。

（2）拟提高荷载等级。

（3）需要通过特殊重型车辆荷载。

（4）遭受重大自然灾害或意外事件。

（5）采用其他方法难以准确判断其能否承受预定的荷载。

对采用新技术、新工艺、新结构或新材料等设计建成的桥梁，进行荷载试验时，宜逐联或逐座进行。荷载试验宜在桥面铺装完成且达到设计强度后实施。对于桥梁荷载试验检测的频率，公路桥梁荷载试验的相关规范均未给出明确规定，可以参照市政桥梁的通行做法，但交通行业桥梁规模相对较大，检测频率可酌情降低。

桥梁静载试验评定一般依据测点的校验系数（变位校验系数及应变校验系数）及相对残余变形给出。对于试验过程中出现裂缝的桥梁，还需要依据裂缝宽度对桥梁静载试验结果进行评定。

试验数据分析时，应根据温度变化、支点沉降及仪表标定结果的影响对测试数据进行修正。当影响小于 1% 时，可不修正。

测点的校验系数及相对残余变形分别按以下两式计算：

$$\xi = \frac{S_e}{S_s}$$

$$\Delta S_p = \frac{S_p}{S_t}$$

式中：ξ——校验系数；

　　　S_e——试验荷载作用下测量的结构弹性变形；

　　　S_s——试验荷载作用下加载控制截面内力或位移的最大计算效应值；

　　ΔS_p——相对残余变形；

　　　S_p——试验荷载作用下测量的结构残余变形；

　　　S_t——试验荷载作用下测量的结构总变形值。

当结构变位或应变校验系数大于 1 时，应查明原因；当结果无误时，桥梁结构的承载能力应评定为不满足要求。当测点的相对残余变位或相对残余应变大于 20%时，应查明原因；当结果无误时，桥梁结构的承载能力应评定为不满足要求。试验荷载作用下新建桥梁裂缝宽度不应超过表 2.9-1 的规定，卸载后其扩展宽度应闭合到容许值的 1/3；在用桥梁的裂缝宽度不宜超过表 2.9-2 的规定。

新建桥梁荷载试验裂缝宽度限值　　　　　　　　　　　　　　　　表 2.9-1

环境类别	最大裂缝宽度限值/mm	
	钢筋混凝土构件、采用预应力螺纹钢筋的 B 类预应力混凝土构件	采用钢丝或钢绞线的 B 类预应力混凝土构件
Ⅰ类-一般环境	0.20	0.10
Ⅱ类-冻融环境	0.20	0.10
Ⅲ类-近海或海洋氯化物环境	0.15	0.10
Ⅳ类-除冰盐等其他氯化物环境	0.15	0.10
Ⅴ类-盐结晶环境	0.10	禁止使用
Ⅵ类-化学腐蚀环境	0.15	0.10
Ⅶ类-磨蚀环境	0.20	0.10

在用桥梁荷载试验裂缝宽度限值　　　　　　　　　　　　　　　　表 2.9-2

结构类别	裂缝部位	允许最大缝宽/mm	其他要求
钢筋混凝土梁	主筋附近竖向裂缝	0.25	
	腹板斜向裂缝	0.30	
	组合梁结合面	0.50	不允许贯通结合面
	横隔板与梁体端部	0.30	
	支座垫石	0.50	
全预应力混凝土梁	梁体竖向裂缝	不允许	
	梁体横向裂缝	不允许	
	梁体纵向裂缝	0.20	
A 类预应力混凝土梁	梁体竖向裂缝	不允许	
	梁体横向裂缝	不允许	
	梁体纵向裂缝	0.20	

结构类别	裂缝部位			允许最大缝宽/mm	其他要求
B类预应力混凝土梁	梁体竖向裂缝			0.15	
	梁体横向裂缝			0.15	
	梁体纵向裂缝			0.20	
砖、石、混凝土拱	拱圈横向			0.30	裂缝高度小于截面高度的一半
	拱圈纵向			0.50	裂缝长度小于跨径的1/8
	拱波与拱肋接合处			0.20	
墩台	墩台帽			0.30	不允许贯通墩台身截面的一半
	墩台身	经常受侵蚀性环境水影响	有筋	0.20	
			无筋	0.30	
		常年有水，但无侵蚀性影响	有筋	0.25	
			无筋	0.35	
		干沟或季节性有水河流		0.40	
		有冻结作用部分		0.20	

注：表中所列除特殊要求外适用于一般条件。对于潮湿和空气中含有较多腐蚀性气体等条件下的缝宽限值应要求更严格一些。

2.9.4　检测前准备工作

试验准备阶段工作内容应包括：

1）资料准备。应收集下列资料：

（1）设计资料：设计图纸、变更设计图纸、相关计算和作为设计依据的其他原始资料。

（2）施工和监理资料：材料性能试验报告、各分项或分部工程验收报告等。

（3）施工监控资料：施工监控报告、成桥线形、内力（应力）、索力（杆力）等。

（4）竣工资料：竣工图纸、工程验收报告等。

2）现场调查。检测人员应详细勘察桥梁现场，了解桥梁结构的现状、周围的环境条件、试验条件等状况，调查桥梁结构的总体尺寸、主要构件截面尺寸、主要部位的高程、桥面平整度、支座工作状况、材料的物理力学性能以及结构物的裂缝、缺陷、损伤和钢筋锈蚀状况等。

3）测试跨选择。对拟试验桥联（座）进行现场踏勘和外观检查，选择代表性桥跨作为测试跨。试验桥跨通常具有试验桥联（座）受力性能的代表性，即结构受力最不利、技术状况较差、损伤缺陷突出。同时宜考虑便于支架搭设或检测车操作，加载方便，仪器设备连接容易实现等。

4）方案编制。拟定试验方案是桥梁荷载试验前期准备工作中最核心的环节。通过分析收集到的有关资料，充分了解试验对象以及试验现场的情况后，根据试验目的和客观条件着手拟定试验方案。一个完整的桥梁静载试验方案应包括：

（1）工程概况：工程地点和建造年代，结构形式、跨径布置和横向布置，材料类型和强度，荷载等级和设计车速，设计、施工及监理单位。

（2）检测目的：试验目的是桥梁荷载试验之纲，如新建桥梁的竣工验收、旧桥承载力评估或改建加固等的试验目的和要求既有相似之处，又各有侧重。所以试验目的一定要非常明确，有了明确的目的才能提具体要求，才能有具体内容。

（3）检测所依据的标准及有关的技术资料。

（4）检测项目、检测方法和测点布置：试验桥跨、控制截面及控制测点的布置、加载设备、荷载工况。

（5）检测实施步骤和工作进度计划：加载、卸载程序与测试程序，试验终止条件。

（6）仪器设备的配备及规格型号：使用的仪器设备性能指标满足要求、有可靠的量值溯源途径。

（7）检测中的人员配备及所需的配合工作：试验组织框架、人员分工职责、具体协调要求。

（8）交通疏导、安全措施、应急预案和环保要求。

2.9.5　现场操作

2.9.5.1　现场准备

一般情况下，试验现场的具体准备工作要占去全部试验的大部分工作量，要保证试验的成功，这部分工作必须有条不紊地进行。

1）荷载准备

荷载（车辆荷载或重物荷载）准备工作要有专人负责。准备工作应符合下列规定：

（1）车辆加载

①落实车辆型号、数量和装载物，每次试验中车型应尽可能一致。

②车辆过秤。用地磅称重比较方便，过磅时除称总重外，还要分轴称出各车轴的轴重。

③记录下每辆车的车号、轴距、轮距和轴重指标。

④分批编号。按实际轴重和车型编号，对大型桥梁试验用车较多的情形，还要考虑多辆车横向重量的均匀性，以减少计算误差。

（2）重物加载

当确定选用重物加载，且加载仅为满足控制截面内力要求时，可采用直接在桥面堆放重物（混凝土块或者沙包袋）或设置水箱的方法加载。试验前应采取可靠的方法对加载物进行称量，采用水箱或在桥面直接堆放重物加载时，可通过测量水体积或堆放重物的体积与重度来换算加载物的重力，分级加载也一样。加载物的堆放应合理。

由于重物加载准备工作量大，加卸载所需周期一般较长，试验受温度变化、仪器稳定性等影响较大，所以实桥加载试验选用重物加载的情况不多。

2）工作脚手架和桥检车

工作脚手架可供测试人员粘贴应变计或安装其他表具等；对相对式测量变形的设备，人员工作脚手架和架设仪器脚手架要分开设置。脚手架设置要安全牢固，架设仪器脚手架不应发生沉降。

目前，桥梁检测车已经十分普及，在大型跨河桥底、跨铁路等无架设脚手架条件的地方有很大的优势。另外一些地方采用反吊，反吊需要牢固可靠，风力较大的情况下应谨慎使用。

3）测点、测站布置

实桥测点布置的具体工作就是按试验方案放样，测站布设则要根据现场情况确定。

应变测点应设置在测试截面横桥向荷载分布较大的构件或部位，横桥向测点布置不得少于3个；构件上的应变测点应设置在构件横截面局部应力较大的部位。

目前应变测量大多采用应变片进行测量，不需回收，使用方便。

应变测点准备工作包括以下内容：

（1）放样。把方案上的测点布置到桥上，在准备粘贴应变片测点上，预画定位线、线定准位置和方向（对应变花尤其重要）。

（2）布置应变计。包括对试件表面的前处理（混凝土表面去除批荡层、钢结构去除表面油漆）、贴片、焊接（宜采用一体式，不宜现场焊接）等。必须指出，钢筋混凝土及B类预应力混凝土受拉区应变测点应（凿去保护层混凝土）粘贴在钢筋上，全预应力及A类预应力混凝土构件可直接在混凝土表面粘贴。

（3）检查导线绝缘度。对钢筋测点和混凝土测点绝缘电阻有最低要求（一般 > 100Ω）。

（4）敷设测量导线。

（5）全部测点接线完成之后，调试仪器，逐点检查，对质量不好的测点，要查出原因予以更正，必要时重新贴片，贴片前应检查应变片的工作性能。

4）变形测量准备

变形测量包括挠度、支座位移、桥塔水平位移等内容，测点布置与具体采用的测量方法有关。

挠度观测点布置应考虑加载位置及荷载横向分布的影响；对宽桥，在测试截面横桥向布置不得少于3个测点；对多梁式桥，每片梁测点布置不宜少于1个。

测点布置应便于仪器安装和观测读数，并应保障观测人员、仪器设备的安全；当观测数据的测点或部位存在危险时，应采取妥善的安全措施。

5）其他准备

（1）桥上划停车线。按方案排定的工况，用醒目涂料（红色或黄色）或油漆在桥面行车道上画停车线，停车线要画得清楚、醒目。

（2）如要测裂缝，应在试验梁上画格子线。

（3）对运营中桥梁进行荷载试验时，需统筹好桥上交通和桥下航道的管制问题，做好交通管理部门的对接。夜间试验时，需做好照明。

2.9.5.2 加载试验

正式加载试验是整个实桥静载试验的核心内容，也是对试验准备工作的考核。

实桥静载试验一般安排在晚上进行，主要是考虑加载时温度变化和环境的干扰。如果这种干扰不大或对试验数据不会产生任何影响（如适逢阴天，或设置了较好的温度补偿），不一定非要安排在晚上。一般阴天，气温相差小于3℃，就可以认为温度变化较小。

宜选择昼夜温差小的阴天或温差小的时段进行试验，宜布置适量的温度测点，空载时量测结构温度场的变化，同时观测结构温度变化对测点应变及变位的影响。

对不具有温度补偿能力的传感器测点，应在同一温度中设置无应力补偿测点；在加载过程中观测受力测点测值变化的同时，扣除无应力补偿测点的测值变化。

加载试验过程如下：

1）静载初读数

静载初读数是指试验正式开始时的零荷载读数，不是准备阶段调试仪器的读数。从初读数开始整个测试系统运作，测量、读数记录人员进入状态，各司其职。

2）加载

预加载：正式加载试验前，宜对试验结构预加载，预加载的荷载宜取 1～2 级分级荷载。

正式加载：试验荷载应分级施加，加载级数应根据试验荷载总量和荷载分级增量确定，可分成 3～5 级。当桥梁的技术资料不全时，应增加分级。重点测试桥梁在荷载作用下的响应规律时，可适当加密加载分级。

加载过程中，应保证非控制截面内力或位移不超过控制荷载作用下的最不利值。

当试验条件有限时，附加控制截面可只进行最不利加载。

加载时间间隔应满足结构反应稳定的时间要求。应在前一荷载阶段内结构反应相对稳定，且进行了有效测试及记录后方可进行下一荷载阶段。当进行主要控制截面最大内力（变形）加载试验时，分级加载的稳定时间不应少于 5min；对尚未投入营运的新桥，首个工况的分级加载稳定时间不宜少于 15min。对钢筋混凝土结构宜取 15～30min，钢结构宜少于 10min。

3）加载控制

应根据各工况的加载分级，对各加载过程结构控制点的应变（或变形）、薄弱部位的破损情况等进行观测与分析，并与理论计算值对比。当试验过程中发生下列情况之一时，应停止加载，查清原因，采取措施后再确定是否进行试验：

（1）控制测点应变值已达到或超过计算值。

（2）控制测点变形（或挠度）超过计算值。

（3）结构裂缝的长度、宽度或数量明显增加。

（4）实测变形分布规律异常。

（5）桥体发出异常响声或发生其他异常情况。

（6）斜拉索或吊索（杆）索力增量实测值超过计算值。

4）卸载读零

一个工况结束，荷载退出桥面。各测点读回零值。卸载同样需要有一个稳定过程，稳定过程的时间，一般取 2 倍加载稳定的时间，试验加卸载要求稳定后读数。卸载后要观测结构残余变形或残余应变，当结构变形或应变在卸载后不能正常恢复时（即残余值超过允许），需要仔细分析原因，包括结构承载能力不足、结构进入塑性状态或其他原因。

5）重复加载要求

试验过程中必须时刻关心主要控制点数据的状况，一旦发现问题（包括数据本身规律差或仪器故障等）要重新加载测试。对一些特大桥或复杂桥型的主要加载工况，一般都会要求重复加载。

2.9.6　数据处理

对于桥梁现场试验数据的整理，仅仅有一份完整的原始记录是不够的，需要技术人员具备数据处理及桥梁专业方面的知识。总体上说，它是每个试验程序的最终环节，应充分重视。通过静载试验得到的第一手原始数据、曲线和图像等资料是非常重要且有意义的，应特别强调现场试验数据的原始记录的重要性，对每一份现场记录都应要求完整、清晰和可靠、不得随意涂改。另外，原始数据数量庞大，很不直观，不能直接用来进行结构评估，所以对它进行一定的处理分析是有必要的。

1）荷载

实际荷载的载重、加载工况、加载位置、轴距等都应在试验后进行整理，因为实际布载位置、大小等可能会与方案要求的不完全一样。整理出来的荷载数据，一方面用于结构分析，另一方面会与试验数据结果直接有关。整理结果应包括：

（1）列出试验加载效率表。

（2）制作实际载重明细表。

（3）绘制荷载的纵、横向布置图，并标明每一个具体长度、宽度。

2）应力和应变

（1）实测应变的修正

当应变计的灵敏系数不等于2时，或导线电阻不能忽略（导线过长或过细）时，需要对实测应变结果进行修正。

（2）应力、应变的换算

应变计测试结果一般为应变值，而人们感兴趣的往往是应力。钢结构的弹性模量相对比较稳定，应力和应变关系通常可以看作常数乘积关系；而钢筋混凝土、预应力混凝土结构，不管是混凝土上测得的应变还是钢筋上测得的应变换算成混凝土应力，都存在其结构实际弹性模量的取值问题。

解决这个问题的办法，一是用取芯实测数据，二是取桥梁设计规范给出的混凝土弹性模量值。有时直接以应变指标衡量。弹性模量确定以后，各种应力状态下测点应力均可按材料力学公式进行计算。

（3）实测与计算的比较

控制断面应力（应变校验系数）是衡量桥梁结构实际强度的重要指标。由于实桥试验都是正常使用阶段的承载能力，此时对钢结构或预应力混凝土结构一般都处于弹性阶段；对钢筋混凝土结构，可根据断面内力的大小并考虑断面开裂情况采用相应的计算方法。每一个控制断面应力的计算值和实测值应列在同一张表内并做成曲线，以便比较。根据需要还可绘制各加载工况下控制截面应变的分布图、截面应变沿高度分布图等。混凝土结构应力实测值有时会发生局部偏大或偏小问题，当实测值与计算值之间的差别超出正常允许误差范围时应该仔细分析，找出原因。

3）残余位移（或应变）

残余位移（或应变）是一个加卸载周期后结构上残留的位移（或应变）。静载试验数据整理中，要关注各测点实测位移与应变的残余值。

4）校验系数

关注结构变位校验系数及应变校验系数的变化。

5）裂缝

裂缝图应按试验过程中裂缝的实际开展情况进行测绘，当裂缝数量较少时，可根据试验前后观测情况及裂缝观测表对裂缝状况进行描述。当裂缝发展较多时，应选择结构有代表性部位描绘裂缝展开图，图上应注明各加载程序裂缝长度和宽度的发展。原始记录包括加载车辆信息，挠度、应变、裂缝和标高的原始记录详见附表 25～附表 28。

2.9.7 检测报告

试验报告应包括下列基本内容：

（1）委托单位名称。

（2）桥梁的概况，包括工程的名称、地点和建造年代，桥梁的类型、结构形式、跨径布置、横向布置、荷载等级和设计车速。

（3）试验目的、依据、内容及方法。

（4）试验的日期及时间。

（5）仪器设备及其测量准确度，变形观测系统及其观测级别。

（6）结构承载能力评定。

试验报告应包括下列试验情况的描述：

（1）试验桥跨的加载工况照片。

（2）加载前结构外观状态、病害现状的描述。

（3）控制荷载的选用，不同试验加载工况时的等效荷载、静载布置及对应的荷载效率。

（4）试验中出现的异常情况描述。

试验报告宜包括下列测试成果：

（1）控制截面各测点的变位或应变校验系数、相对残余变形或相对残余应变。

（2）结构典型裂缝的形态随试验荷载增加的变化开展情况。

（3）各试验加载工况下控制测点的变位或应变随试验荷载变化曲线。

2.10 桥梁动载试验

一般情况下，桥梁动载试验测试的参数包括：动应变、动挠度、模态参数（频率、振型、阻尼比）、冲击系数、速度、加速度、振幅。桥梁动载试验作为桥梁荷载试验的一部分，是静载试验的重要补充。桥梁自振特性参数包括：模态参数（频率、振型、阻尼比），其余均为受迫振动测试参数。

2.10.1 一般规定

动力荷载试验应根据试验目的和测试内容，选择跑车、跳车、刹车或移动人群作为动力荷载，测试和分析动力荷载作用下桥梁结构的动态响应。桥梁自振特性采用环境随机激励法，受迫振动可采用行车激励法、跳车激励法或其他方法。

2.10.1.1 试验计算

对于新建、改扩建或存有图纸的在役桥梁，应根据图纸计算桥梁的模态及振型，一般采用有限元软件进行。计算时应充分考虑桥梁的恒荷载状态，计算结果应与桥梁原设计单位细致核对，确保准确。

对于无图纸桥梁，首先应复原桥梁主要构件的图纸，并检测主要受力构件的材质情况。而桥梁基础情况一般无法估计，此时桥梁边界条件的选取就显得极为重要，这样的情况下，动载试验一般作为参考。

桥梁结构的模态参数一般采用有限元软件进行计算，例如 midas Civil、桥梁博士、ANSYS、ABAQUS 等。典型桥梁计算模型如图 2.10-1～图 2.10-11 所示。

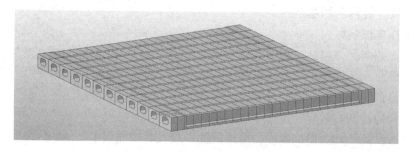

图 2.10-1　简支空心板梁桥

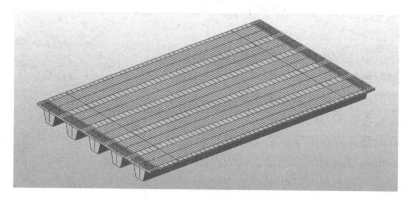

图 2.10-2　简支小箱梁桥

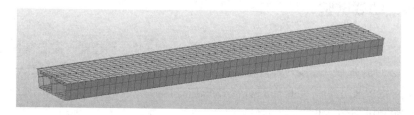

图 2.10-3　简支单跨钢箱梁桥

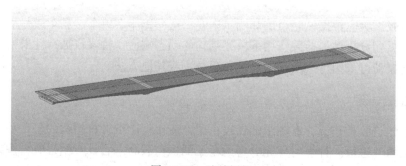

图 2.10-4　连续梁桥

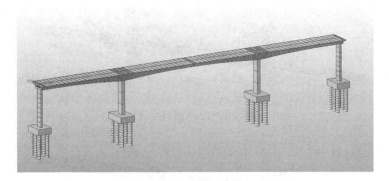

图 2.10-5　连续刚构桥

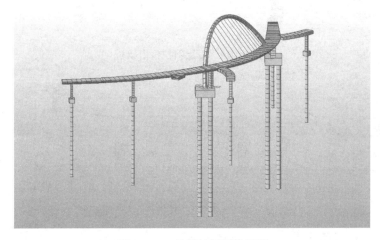

图 2.10-6　单侧外倾斜拉拱桥

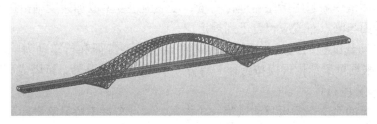

图 2.10-7　桁架拱桥

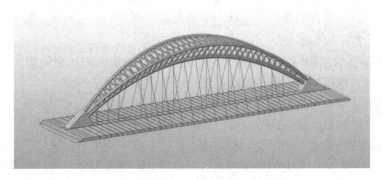

图 2.10-8　下承式多管拱桥

图 2.10-9　单层斜拉桥

图 2.10-10　双层斜拉桥桁架桥

图 2.10-11　悬索桥

2.10.1.2　测试截面与测点布置

桥梁模态测试一般采用拾振器进行测量，可采用速度型或加速度型拾振器。桥梁模态测试的测试截面与测点布置应符合下列规定：

（1）桥梁动载试验的测试截面应根据桥梁结构振型特征和行车动力响应最大的原则确定。一般可根据桥梁结构规模按跨径 8 等分或 16 等分简化布置。桥塔或高墩，宜按高度分 3～4 个节段分段布置。

（2）对常见的简支梁桥可只测试第一阶模态，测点布置于桥梁跨中即可。对常见的连续梁桥，可测试其前三阶模态。

（3）大型桥梁振型测试可将结构分成几个单元分别测试，整个试验布置一固定参考点（应避开振型节点），每次测试都应包括固定参考点。将几个单元的测试数据通过参考点关联，拟合得到全桥结构振型图。

（4）在测试桥梁结构行车响应时，应选择桥梁结构振动响应幅值最大部位为测试截面。简单结构宜选择跨中 1 个测试截面，复杂结构应增加测试截面。

（5）用于冲击效应分析的动挠度测点每个截面应至少 1 个。采用动应变评价冲击效应时，每个截面在结构最大活荷载效应部位的测点数不宜少于 2 个。

桥梁动力响应测试包括动应变、动挠度、冲击系数、速度、加速度、振幅。动力响应测点一般布置在结构响应最大的位置，也可以根据实际需求布置。当桥动挠度测试难度较大时，可仅通过测试动应变获得冲击系数。动挠度的最大值即为结构的振幅。

2.10.1.3　试验荷载

桥梁脉动试验一般采用环境随机振动，不需要加载。对于动力响应测试采用的行车试验、刹车试验及跳车试验，其加载效率没有明确规定。无障碍行车试验可采用与静载试验的加载车辆相同的载重车辆，车辆轴重产生的局部效应不应超过车辆荷载效应，避免对横系梁桥面板等局部构件造成损伤。无障碍行车试验荷载效率η_d宜取高值，但不应超过 1，可按下式计算：

$$\eta_d = \frac{S_d}{S_{l\max}}$$

式中：η_d——动载试验荷载效率；

$\quad\quad S_d$——动载试验荷载作用下控制截面的内力或变形；

$\quad\quad S_{l\max}$——控制荷载作用下控制截面的最大内力或变形（不计冲击）。

对于大型桥梁，单辆车的荷载效率可能偏低，通常采用多辆车横向并列一排同步进行行车试验，在行驶过程中宜保持车辆的横向间距不变。为保证试验的安全性，在纵桥向一般不安排车队。在实际操作中保证试验安全，荷载效率可酌情降低。有障碍行车试验和制动试验可采用与无障碍行车试验相同的单辆或多辆载重车。

2.10.2　检测依据、数量及评定标准

桥梁动载试验的检测依据、数量可以参考 2.9.3 节。一般情况下，桥梁静载试验和桥梁动载试验均应在相同的桥跨进行，即在进行桥梁静载的同时，也进行桥梁动载试验，以此完成完整的桥梁荷载试验。

桥梁动载试验经常评定的两个参数即为自振频率与冲击系数。其中自振频率通常指一阶弯曲振型对应的频率，对于高阶模态没有比较的意义，目前学术界也没有统一的意见。然而对于某些大跨度柔性桥梁，比如漂浮体系桥梁或者大跨度悬索桥，主梁若作为一个整体，其本身的纵向刚度并不重要，因此也没有必要比较。所以《城市桥梁检测与评定技术规范》CJJ/T 233—2015 对于桥梁自振频率的评定规定得较为谨慎。

刚性体系桥梁是由桥梁主要受力构件的弯曲变形提供整个桥梁的刚度（悬索桥的主缆在纵向基本上没有刚度），这种桥梁可以参考以下方法对自振频率进行评定：

（1）比较实测自振频率与计算频率，实测频率大于计算频率时可认为结构实际刚度大于理论刚度，反之则实际刚度偏小。

（2）比较自振频率、振型及阻尼比的实测值与计算数据或历史数据，可根据其变化规律初步判断桥梁技术状况是否发生变化。

对于冲击系数的评定，在没有规定桥梁动载试验加载效率的情况下，比较冲击系数也是没有意义的。

对于动载试验中测试的动应变、动挠度、振型、阻尼比、速度、加速度、振幅等一系列参数，目前还没有评定标准。

2.10.3　检测仪器

桥梁动载试验设备包括两个部分：测量系统和数据采集分析系统，前者为硬件，后者为软件。拾振器如图 2.10-12 所示，光电动挠度仪如图 2.10-13 所示。动应变一般采用电阻

应变片，采集仪如图 2.10-14 所示。

(a) 有线拾振器　　　　　　　　　　　(b) 无线拾振器（含增益天线）

图 2.10-12　拾振器

图 2.10-13　桥梁光电动挠度仪　　　　图 2.10-14　桥梁动应变采集仪

动载试验测试系统的性能应满足试验对量程、精度、分辨率、稳定性、幅频特性、相频特性的要求。传感器安装应与主体结构保持良好接触，无相对振动。用于冲击系数计算分析的动挠度、动应变信号的幅值分辨率不应大于最大实测幅值的 1%。进行数据采集和频谱分析时，应合理设置采样、分析参数，频率分辨率不宜大于实测自振频率的 1%。采样频率宜取 10 倍以上的最高有用信号频率。信号采集时间宜保证频谱分析时谱平均次数不小于 20 次。常用的采集、分析参数设置可见表 2.10-1。

动态信号采集主要参数设置及相互关系　　　　　　　　　　　　　　表 2.10-1

序号	参数名称	参数符号	单位	关系	建议取值
1	采样频率	f_s	Hz	$f_s = 1/\Delta T$ （ΔT 为采样时间间隔）	$f_s \geqslant 10 f_{max}$
2	分析带宽	f_b	Hz	$f_b = f_s / K$ （$K > 2$，采用动态信号 分析仪时仪器默认）	f_b 与 f_s 联动
3	频率分辨率	Δf	Hz	$\Delta f = \dfrac{f_b}{n_1} = \dfrac{f_s}{Kn_1} = \dfrac{f_s}{m_1}$	$\Delta f \leqslant 0.01 f_{max}$

序号	参数名称	参数符号	单位	关系	建议取值
4	数据块长度	m_1	点	$m_1 = K \times n_1 = f_s \times t$	与 n_1 联动
5	谱线数	n_1	线	$n_1 = \dfrac{f_b}{\Delta f} = \dfrac{f_s}{K \Delta f}$	由其他参数计算得到
6	样本时间长度	t	s	$t = \dfrac{m_1}{f_s} = \dfrac{n_1}{f_b}$	由其他参数导出

2.10.4　检测前准备工作

桥梁动载试验准备工作可以参考静载试验。

2.10.5　现场操作

桥梁动载试验现场主要包括以下内容：

1）正式试验前应进行预加载试验，对测试系统进行稳定性检查。桥梁空载状态下动应变、动挠度信号在预定采集时间内的零点漂移不宜超过预计最大值的 5%。

2）宜根据预加载试验具体情况对试验方案或测试设备参数设置作调整。按照调整确定的试验方案与试验程序进行加载试验，观测并记录各测试参数，并采取措施避免电磁场以及对讲机、手机等对测试结果的影响。

3）正式试验过程中，应根据观测和测试结果，实时判断结构状态是否正常，测试数据是否异常，是否需要终止试验，确保试验安全。各工况试验完成后，应对测试数据进行检查和确认。如发现幅值异常或突变、零点严重偏离、异常电磁干扰、噪声过大等，应在排除故障后重新进行试验。

4）应保证记录的试验荷载参数（传感器规格、灵敏度、编号、连接通道号，适配器、采集器采样频率、滤波频率、换算系数等信息）的完整性。

5）全部试验完成后，应在现场对主要的测试数据进行检查和初步分析，确保测试数据的准确性和完整性。

桥梁动态测试设备属弱电设备，设备需要远离电磁干扰源，因此要采取屏蔽措施。在仪器附近使用对讲机、手机等通信设备可能会产生意想不到的干扰，试验前通常进行必要验证，以控制此类干扰。

跑车试验宜采用接近运营条件的重载车以不同车速过桥，跑车速度宜按下列方式选取：

（1）当车速不大于 10km/h 时，宜按 5km/h 间隔递增选取。

（2）当车速大于 10km/h 时，宜按 10km/h 间隔递增选取并直至设计车速。

刹车试验的车速宜取 30～50km/h，刹车部位应为结构动态响应较大的位置。跳车试验可在预定激振位置设置 10～15cm 高垫木或三角块，斜边朝向汽车。一辆满载重车以后轮越过垫木或三角块落下。

跑车、刹车、跳车试验应全面记录车桥耦合振动和桥梁自由衰减振动的动态响应，记录时间宜以衰减振动波形的振幅衰减至零为止。

2.10.6　数据处理

应对测试信号进行检查和评判，并进行剔除异常数据、去趋势项、数字滤波等必要的预处理。结构自振频率可采用频谱分析法、波形分析法或模态分析法得到。自振频率宜取用多次试验、不同分析方法的结果相互验证。单次试验的实测值与均值的偏差不应超过 ±3%。桥梁结构阻尼可采用波形分析法、半功率带宽法或模态分析法得到。结构阻尼参数宜取用多次试验所得结果的均值，单次试验的实测结果与均值的偏差不应超过 ±20%。

振型参数宜采用环境激振等方法进行模态参数识别。宜采用专用软件进行分析，可同时得到振型、固有频率及阻尼比等参数。振型参数识别可采用的计算方法较多，也较复杂。研究表明，当采用环境激振法进行模态参数识别时，随机子空间法精度和效果较好，所以优先采用。

计算冲击系数时应优先采用桥面无障碍行车下的动挠度时程曲线计算。对小跨径桥梁的高速行车试验，当判断直接求取法误差较大时，应根据实际情况采用数字低通滤波法求取最大静挠度或应变。对特大跨径桥梁，受现场条件限制无法测定动挠度时，可采用动应变时程曲线计算冲击系数。冲击系数 μ 按下式计算：

$$\mu = \frac{f_{\mathrm{dmax}}}{f_{\mathrm{jmax}}} - 1 = \frac{f_{\mathrm{dmax}}}{\dfrac{f_{\mathrm{dmax}} + f_{\mathrm{dmin}}}{2}} - 1$$

式中：μ——冲击系数；

f_{dmax}——最大动挠度幅值；

f_{jmax}——取波形振幅中心轨迹的顶点值，或通过低通滤波求取；

f_{dmin}——与 f_{dmax} 对应的动挠度波谷值。

对特大跨径桥梁，目前尚缺乏实用可靠的、分辨率能较好满足要求的动挠度测试设备。因此在现场条件受限无法测定动挠度时，通常采用动应变来计算冲击系数。尽管动应变是局部指标，但相关统计资料表明，在绝大多数情况下，应变增大系数与冲击系数存在较好的一致性。试验时通常采用多点测试的平均值，以保证结果的可靠性。在动挠度或动应变时程曲线中直接求取最大静挠度，其计算结果受人为因素影响较大，这种影响在小跨径桥梁高速行车试验中尤为明显，采用数字低通滤波法求取最大静挠度或应变更为可靠。一般来讲，准静态分量的频率远低于动态分量的频率，因此可通过频谱分析选择合适的低通滤波器滤掉信号的动态分量，从而得到准静态分量。相关统计资料表明，该方法具有较高的可靠性。在实际应用时注意合理选用滤波器类型和截止频率等参数，并进行必要的对比验证，以保留完整的准静态分量。通常，采用低通滤波法求取的冲击系数略小于直接求取法。检测原始记录如附表 29 所示。

2.10.7　检测报告

试验报告除包括静载试验报告规定及基本内容外，还应包括下列试验情况的描述：

（1）结构动力分析、测试截面的选择及传感器测点布置、试验荷载选择、试验工况、试验结果及分析、动载试验结论。

（2）结构动力分析应包括结构自振频率理论计算值及振型描述。

（3）应图示说明测试截面位置及传感器在纵、横断面上的布置状况。

（4）应说明车辆数、车重等试验荷载信息。

（5）应分工况依次说明试验车辆荷载无障碍行车速度及跳车等状况。

（6）试验结果及分析应包括动力信号处理方法、结构自振频率阻尼比、冲击系数测试结果及图示，并与理论计算值进行对比。

（7）动载试验结论应包括结构动力测试关键参数及对结构状况的评价。

报告中可根据试验结果对桥梁提出针对性技术建议，如限速、限载、封闭交通、养护、维修加固或改扩建等。报告中应包括必要的附表，如典型的原始测试数据和工作照片、必要的加载试验照片、正文中需要辅助说明的其他相关支持资料等。

第 3 章

隧道主体结构

隧道工程是修建在地下、水下或山体的铺设铁路或修筑公路供机动车辆通行的构筑物。根据其所在位置可分为山岭隧道工程、水下隧道工程和城市隧道工程三大类。其中，为缩短距离和避免大坡道而从山岭或丘陵下穿越的称为山岭隧道工程，为穿越河流或海峡而从河下或海底通过的称为水下隧道工程，为适应铁路通过大城市的需要而在城市地下穿越的称为城市隧道工程。这三类隧道工程中修建最多的是山岭隧道，如图 3.0-1 所示。

图 3.0-1　山岭隧道

本章主要介绍隧道结构的基本检测参数，包括断面尺寸、锚杆拉拔及锚固质量、墙面平整度、钢筋网格尺寸、管片几何尺寸、错台、椭圆度、渗漏水等。

3.1　断面尺寸

3.1.1　检测原理

本检测采用全站仪、激光断面仪及配套测量软件完成。先利用全站仪放出待测断面中线点，将激光断面仪置于该中线点上。使用激光断面仪作为基点，按一定角度间隔测量待测隧道轮廓与基点的距离及激光线与初始水平角的夹角，即极坐标。配合测量软件，可得到实际隧道断面形状。

3.1.2　检测依据、数量及评定标准

检测依据：《公路工程质量检验评定标准　第一册　土建工程》JTG F80/1—2017。

断面尺寸检测项目包括行车道宽度、内轮廓宽度、内轮廓高度、隧道偏位等内容，其检测方法、数量及评定标准如表 3.1-1 所示。

隧道断面尺寸检测方法、数量及评定标准　　　　　　　表 3.1-1

项次	检测项目	规定值或允许偏差	检测方法及数量
1	行车道宽度	±10mm	尺量或激光断面仪：曲线每 20m、直线每 40m 抽检 1 个断面
2	内轮廓宽度	不小于设计值	
3	内轮廓高度	不小于设计值	激光测距仪、钢卷尺或激光断面仪：曲线每 20m、直线每 40m 抽检 1 个断面，每个断面测 3 点（拱顶和两侧拱腰）
4	隧道偏位	20mm	全站仪：曲线每 20m、直线每 40m 抽检 1 处

3.1.3　检测仪器

激光测距仪、钢卷尺、激光断面仪、全站仪。

3.1.4　检测前准备工作

检测前需做好进场准备工作，应逐一检查以下条件是否满足进场检测要求：

（1）收集被测隧道断面资料：桩号、设计尺寸、岩土类别等设计施工资料。

（2）回收由委托单位填写的委托单。

（3）监理单位提供的见证记录（如需）。

（4）检测方案完整且上传监管系统（如需）。

（5）与现场相关人员沟通进场时间。

（6）拟进场检测人员在检测监管系统登记备案（如需）。

（7）在检测监管系统登记进场时间和检测内容（如需）。

（8）检测人员具备相应的低应变法合格上岗证（如需）。

（9）仪器设备正常运行且电量充足。

（10）仪器设备在正常检定或校准有效期内。

3.1.5　现场操作

（1）全站仪放点

根据现场预设的基准点，对待测隧道断面中线点进行放样，打入专用螺钉。

（2）激光断面仪测量

将三脚架安放在专用螺钉标记点上，安装并调整激光断面仪，直至与标记点对中。

仪器调平且精准对中后，测量仪器高度H。

新建检测断面，输入被检隧道断面桩号。

设置激光断面仪扫描参数（起始角度及终止角度，间隔角度或扫描点数），确认待扫描断面无其他影响检测的遮挡物后，操作仪器开始检测，待自动扫描完成后退出。

3.1.6　数据处理

将检测数据导出至电脑上，在测量软件或计算机辅助设计软件帮助下，以待测断面中线点为基准点，比较设计轮廓线与实际轮廓线，量取隧道超欠挖量。检测原始记录及报告模板如附表 30 和附表 31 所示。

3.2 锚杆拉拔力

3.2.1 检测方法

本检测采用专用锚杆抗拔仪沿锚杆外延长线方向对锚杆进行分级张拉，同时使用百分表或位移传感器测量锚头位移。根据持荷过程中锚头位移的收敛情况或异常状况，确定锚杆承载力检测值。

3.2.2 检测依据、数量及评定标准

隧道锚杆的检测依据、数量及评定标准如表 3.2-1 所示。

锚杆拉拔力检测依据、数量及评定标准　　　　　　　　表 3.2-1

检测依据	检测数量	评定标准
《建筑地基基础检测规范》DBJ/T 15-60—2019 第 3.4.3 条	不应少于锚杆总数 5%，且同一土层不得少于 6 根	单根：锚杆抗拔承载力检测值不应小于锚杆验收荷载；锚杆变形处于拉力型支护锚杆或压力型支护锚杆理论变形区间内；锚杆总位移量未超出设计限值； 批次：锚杆抗拔承载力检测值的平均值不应小于锚杆验收荷载，锚杆抗拔承载力检测值的最小值不应小于 0.9 倍锚杆验收荷载；锚杆变形处于拉力型支护锚杆或压力型支护锚杆理论变形区间内；锚杆总位移量未超出设计限值
《公路工程质量检验评定标准 第一册 土建工程》JTG F80/1—2017 第 10.8.2 条	抽查 1%，且不少于 3 根	28d 抗拔力平均值≥设计值，最小抗拔力≥0.9 倍设计值

3.2.3 检测仪器

（1）拉拔仪，要求最大压力大于等于最大试验荷载的 1.2 倍。

（2）百分表，分度值 0.01mm，行程不少于 50mm。

（3）秒表，分度值 1s。

3.2.4 检测前准备工作

检测前需做好进场准备工作，应逐一检查以下条件是否满足进场检测要求：

1）收集被测锚杆资料：编号、设计抗拔力、岩土类别等设计施工资料。

2）锚固体强度达到 75%设计强度以上或设计要求的时间（例如 28d）。

3）本节主要面对验收试验，最大试验荷载取设计荷载的 1.1～1.2 倍。

4）回收由委托单位填写的委托单。

5）监理单位提供的见证记录（如需）。

6）检测方案完整且上传监管系统（如需）。

7）与现场相关人员沟通进场时间。

8）拟进场检测人员在检测监管系统登记备案（如需）。

9）在检测监管系统登记进场时间和检测内容（如需）。

10）检测人员具备相应的合格上岗证（如需）。

11）相关仪器设备正常运行且处于检定有效期内。

12）拉拔仪应固定牢靠，并有必要的安全保护措施；采用楔形垫板等方式，使拉拔仪作用力方向与锚杆轴线重合。

13）试验前，已锁定的预应力锚杆应先解除预应力，未锁定的钢绞线应先进行预紧，预紧张拉应符合以下要求：

（1）对单束或单组钢绞线进行预紧，预紧力为 $0.15F/n$（F 为设计抗拔力，n 为钢绞线束数或组数），直到连续 2 遍预紧位移变化量不大于 3mm。

（2）对整束或各组钢绞线进行共同预紧，预紧力为 0.15 倍最大试验荷载，持荷 5min 后卸载。

14）位移测量点应选择锚杆顶，沿垂直锚杆轴线方向布置 2 个；采取有效措施保证位移测量方向与锚杆变形方向平行。应设置基准梁及基准桩，基准梁应有足够刚度，且方便磁性表座稳固安放，不得使用千斤顶作为安装底座。

3.2.5　现场操作

当加载过程中出现如下情形，应立刻停止试验：

（1）锚杆杆体被拉断。

（2）某一级荷载作用下的锚头变形增量大于等于上一级荷载产生的变形增量的 5 倍。

（3）土层锚杆在 3h 内、岩层锚杆在 2h 内未能满足收敛标准要求。

（4）试验荷载已加载至最大试验荷载，且锚头位移在规定时间内达到收敛标准要求。

试验期间，人员应避开锚杆的轴线延长线方向。检测人员应在被测锚杆的侧边，并尽可能远离，且应选择非加载时间读取位移数据。

采用单循环加卸载法，加荷速度为 $0.1N/min$（N 为最大试验荷载），卸荷速度为加载速度的 2 倍。加载过程中的荷载分级及锚头观测时间见表 3.2-2。

加载过程中的荷载分级及锚头观测时间 表 3.2-2

次序	分级加载值 最大试验荷载值	累计加载值 最大试验荷载值	位移观测时间	收敛标准
1	30%	30%	间隔 5min（第 0min、5min、10min……）	当连续的两次锚头变形变化量 ≤0.01mm 时，可认为锚头变形稳定，以最后一次读取的变形量作为变形初始值，可以开始分级加载
2	20%	50%	间隔 5min，不少于 10min（第 0min、5min、10min……）	当后 5min 的变形增量小于前 5min 的变形增量时，可认为锚头变形满足收敛标准，可开始下一级荷载加载工作
3	10%	60%		
4	10%	70%		
5	10%	80%		
6	10%	90%		
7	10%	100%		

续表

次序	分级加载值	累计加载值	位移观测时间	收敛标准
	最大试验荷载值	最大试验荷载值		
8	−30%	70%		—
9	−20%	50%	第 0min、5min	—
10	−20%	30%		—

3.2.6 数据处理

3.2.6.1 锚杆抗拔力检测值

锚杆抗拔力检测值按以下要求确定：

（1）当出现 3.2.5 节中关于停止试验第（1）款～第（3）款情况中的任意一种时，取前一级荷载。

（2）当出现停止试验第（4）款情况时，取最大试验荷载。

3.2.6.2 锚杆变形验算

（1）锚杆实际弹性位移变化量等于实测锚头总位移减去卸载至初始荷载后的塑性变形。

（2）锚杆自由段理论变形值 ΔL_1 按下式计算：

$$\Delta L_1 = \frac{N_{\max} - N_{0.3}}{EA} \cdot l_{\mathrm{f}}$$

式中：ΔL_1——锚杆自由段从初始荷载加载至结束试验时的最大荷载后的理论变形量（mm）；

$N_{\max}$——结束试验时的最大荷载（kN）；

$N_{0.3}$——初始荷载，取 0.3 倍最大试验荷载（kN）；

l_{f}——锚杆自由段长度（m）；

E——锚杆材料弹性模量（MPa）；

A——锚杆公称横截面面积（m²）。

（3）拉力型锚杆应计算自由段长度和 1/2 锚固段长度的总理论变形值 ΔL_2，按下式计算：

$$\Delta L_2 = \frac{N_{\max} - N_{03}}{EA} \cdot \left(l_{\mathrm{f}} + \frac{l_{\mathrm{b}}}{2} \right)$$

式中：ΔL_2——拉力型锚杆自由段长度和 1/2 锚固段长度从初始荷载加载至结束试验时的最大荷载后的理论变形量（mm）；

l_{b}——锚杆锚固段长度（m）。

（4）拉力型锚杆允许变形区间为 $[0.8\Delta L_1, \Delta L_2]$。

（5）压力型锚杆允许变形区间为 $[0.8\Delta L_1, 1.2\Delta L_2]$。

检测原始记录模板如附表 32 所示。

3.2.7 检测报告

检测报告应包含以下内容：

（1）委托方名称，工程名称、工程地点，建设、勘察、设计、监理和施工单位，基础类型，设计要求，检测目的，检测依据，检测数量，检测日期。

（2）受检锚杆孔位对应的地质剖面图或柱状图。

（3）受检锚杆的孔径、长度、杆体直径、自由段长度和角度，受检土钉的直径、长度，杆体材料及材料强度。

（4）主要检测仪器设备。

（5）加载反力装置，锚杆试验方法，张拉方法。

（6）检测过程叙述及异常情况描述。

（7）荷载-位移（Q-s）曲线。

（8）锚杆验收标准与评定依据、抗拔承载力检测值。

（9）支护锚杆变形验算结果。

3.3　锚杆锚固质量

3.3.1　检测原理

采用冲击弹性波法检测全长粘结锚杆锚固质量，对锚杆长度及锚杆锚固密实度进行评定。通过在锚杆外露端发射一个脉冲，能量沿锚杆材料以波形式传播，到达锚杆端部后发生反射，然后沿着杆体反方向传播，此时可借助锚杆端部的传感器接收此反射波，根据波速、波幅等波形信息对锚杆锚固质量进行评定。

如果灌注的浆体与锚杆杆体、周边围岩紧密粘结，则冲击波在沿着杆体传播过程中能够通过灌浆材料向围岩扩散，使锚杆端部反射的能量较小，在锚头处传感器接收到的波会较弱或几乎接收不到；如果锚杆没有进行灌浆加固，则波仅沿杆体传递，能量损失不大，接收到的反射波信号则较强；如果浆体某处存在病害如孔洞、收缩裂缝，则接收的反射波信号的大小介于灌浆密实和无浆体灌注之间。

当锚杆灌浆存在问题时，即波传递的介质存在不连续性。在连续性发生变化的边界面上，传播的弹性波会产生波的反射和透射。该连续性的变化通常用机械阻抗 Z 来表示：

$$Z = \rho CA$$

式中：Z——机械阻抗；

ρ——阻抗率；

C——波传播速度；

A——传递界面截面。

以波垂直阻抗不同界面入射为例，如锚固不密实区，波传播路线上前后两段就存在较大的阻抗差异。对弹性波在该界面上的传播进行分析（见图 3.3-1）：

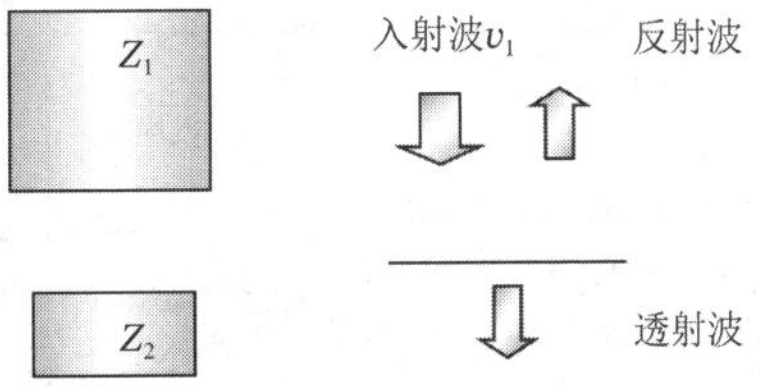

图 3.3-1　机械阻抗发生变化时波的反射和透射

波以速度 v_1 入射，传递至界面上后，由于阻抗的不同，会产生反射波和透射波，速度分别为 v_2 和 v_3，表达式如下：

反射波：$v_2 \uparrow = \dfrac{Z_1 - Z_2}{Z_1 + Z_2} v_1 \downarrow$

透射波：$\upsilon_3 \downarrow = \dfrac{2Z_1}{Z_1+Z_2}\upsilon_1 \downarrow$

通过以上两式，可得到如下性质：

（1）传播介质机械阻抗相同（$Z_1 = Z_2$）时，即使材料不同，也不会产生反射波。

（2）传播路径上相邻两部位机械阻抗差越大，反射波越大。在锚杆锚固质量检测中，锚杆的底部围岩相对锚固体越软弱，则反射信号越明显。

（3）在机械阻抗减少（$Z_1 > Z_2$）界面，反射波和入射波符号相同（相位相同），其反射信号与激振信号同向；而在阻抗增加界面（$Z_1 < Z_2$）处，其反射信号有可能与入射信号反向。

因此，可以根据锚头位置接收到的波形信息对锚杆锚固密实度进行评价，还可检测锚杆长度，如图 3.3-2 所示。

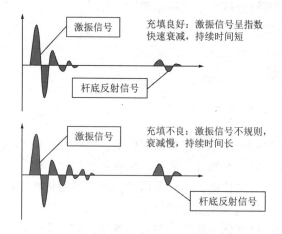

图 3.3-2　根据波形评价锚杆锚固密实度

3.3.2　检测依据、数量及评定标准

锚杆锚固质量检测依据、数量及评定标准如表 3.3-1 所示。

锚固质量检测依据、数量及评定标准　　　　表 3.3-1

检测依据	检测项目	检测数量	评定标准
《公路工程质量检验评定标准　第一册　土建工程》JTG F80/1—2017 第 10.8.1 条	锚杆长度	全检	锚杆长度应不小于设计长度，锚杆插入孔内的长度不得短于设计长度的 95%
	锚固密实度	全检	锚杆孔内灌浆密实饱满
《锚杆锚固质量无损检测技术规程》JGJ/T 182—2009	锚杆长度	单项或单元工程的整体锚杆检测抽样率不应低于总锚杆数的 10%，且每批不宜少于 20 根；重要部位或重要功能的锚杆宜全部检测	杆体长度不小于设计长度的 95%，且不足长度不超过 0.5m 的锚杆，可评定锚杆长度合格
	锚固密实度		锚固密实度达到 C 级以上，且符合工程设计要求
	综合评价	锚固密实度达到 C 级以上，杆体长度合格，评定为合格，否则应评定为不合格	

3.3.3　检测仪器

锚杆质量检测仪（包括采集器、激振器和加速度传感器）、钢卷尺。

3.3.4　检测前准备工作

检测前需做好进场准备工作，应逐一检查以下条件是否满足进场检测要求：

（1）收集被测锚杆资料：编号、设计长度、岩土类别、灌浆施工记录或缺陷等设计施工资料。

（2）现场检测宜在锚固 7d 后进行。

（3）回收由委托单位填写的委托单。

（4）监理单位提供的见证记录（如需）。

（5）检测方案完整且上传监管系统（如需）。

（6）与现场相关人员沟通进场时间。

（7）拟进场检测人员在检测监管系统登记备案（如需）。

（8）在检测监管系统登记进场时间和检测内容（如需）。

（9）检测人员具备相应的合格上岗证（如需）。

（10）相关仪器设备正常运行且处于检定有效期内。

（11）作业现场须具备充分的安全防护条件，满足检测过程关于通风、照明以及高空作业等方面的要求。

（12）锚头外露且端面平整，外露部分与孔内锚杆杆体处于同一直线上，检测前应清除锚头处灌浆料浮浆及周边喷射混凝土。

（13）测量被测锚杆外露段长度，并记录锚头部位的灌浆质量。

（14）抽检部位重点选择下列位置：工程中的关键部位、局部地质条件较差部位、施工难度较大或可能存在质量问题的锚杆。

3.3.5　现场操作

3.3.5.1　制作模拟试件

对于全长粘结型锚杆，应在建设单位委托下，制作模拟锚杆试件，同时采用现场同类型仪器设备检测。模拟锚杆试件宜选用 PVC 或 PE 管（管内径 ≤ 90mm 且套管长度大于待测锚杆长度 1m 以上），外露锚头应平整，长度与设计相同。模拟试件分为室内标准试件和现场标准试件。安放外径略小于套管内径的泡沫样或中空的橡胶套材，以预设不密实段。将设计长度的锚杆杆体安放在 PVC 或 PE 管中轴线上，然后进行注浆，室内标准试件应将非注浆口封堵。灌浆材料凝固前不能敲击、拉拔晃动锚杆，自然养护至规定龄期（3d、7d、14d、28d），并在数据采集后拆除室内试件外套管，测量缺陷位置及缺陷程度，并作为实际检测过程数据分析调整依据。

3.3.5.2　数据采集

将加速度传感器固定至锚杆外露部分，使传感器中心在锚杆中轴线延伸线上。激振器激振点应与锚杆充分紧密接触，避免与传感器接触。开始采集数据前，需先进行激振器激振方式和激振力试验，选择合适的激振方式及冲击力大小。锚杆检测仪设置完毕后，开始采集数据，激振器开始工作，待观察到底部反射信号后停止采集，并及时判断波形的有效性，保存当次试验数据，并做好检测编号记录工作。每根受检锚杆应有不少于 3 次有效试验记录，且有较好的一致性。

3.3.6 数据处理

3.3.6.1 波速确定

（1）锚杆杆体波速

对不少于 3 根同类型未灌浆锚杆进行波速测试，当任一根锚杆的波速与平均值的相对差异超过 5% 时逐次剔除，直至剩余检测结果均在 5% 差异范围内，且剩余检测锚杆不少于 3 根。以筛选后的检测数据平均值作为锚杆杆体波速值 C_b，计算式如下：

$$C_b = \frac{1}{n}\sum_{i=1}^{n} C_{bi}$$

$$C_{bi} = \frac{L_i}{2\Delta t_i} \ \text{或} \ C_{bi} = 2L_i \times \Delta f_i$$

式中：C_b——同类型未灌浆锚杆杆体波速平均值（m/s）；

C_{bi}——第 i 根未灌浆锚杆杆体波速值（m/s），且 $\frac{|C_{bi}-C_b|}{C_b} \leqslant 5\%$；

L_i——同类型未灌浆锚杆杆体长度（m）；

Δt_i——第 i 根未灌浆锚杆杆体开始激振与收到锚杆底部反射信号的时间差（s）；

Δf_i——第 i 根未灌浆锚杆杆体频谱曲线上锚杆底部相邻谐振峰的频率差（Hz）；

n——参与同类型未灌浆锚杆杆体波速平均值的锚杆数量（$n \geqslant 3$）。

（2）锚杆锚固体波速

对不少于 5 根同类型已灌浆加固锚杆进行波速测试，当任一根锚杆的波速与平均值的相对差异超过 5% 时逐次剔除，直至剩余检测结果均在 5% 差异范围内，且剩余检测锚杆不少于 5 根。以筛选后的检测数据平均值作为锚杆锚固体波速值 C_t，计算式如下：

$$C_t = \frac{1}{n}\sum_{i=1}^{n} C_{ti}$$

$$C_{ti} = \frac{L_i}{2\Delta t_i} \ \text{或} \ C_{ti} = 2L_i \times \Delta f_i$$

式中：C_t——同类型已灌浆锚杆锚固体波速平均值（m/s）；

C_{ti}——第 i 根已灌浆锚杆锚固体波速值（m/s），且 $\frac{|C_{ti}-C_t|}{C_t} \leqslant 5\%$；

L_i——同类型已灌浆锚杆杆体长度（m）；

Δt_i——第 i 根已灌浆锚杆锚固体开始激振与收到锚杆底部反射信号的时间差（s）；

Δf_i——第 i 根已灌浆锚杆锚固体频谱曲线上锚杆底部相邻谐振峰的频率差（Hz）；

n——参与同类型已灌浆锚杆锚固体波速平均值的锚杆数量（$n \geqslant 5$）。

3.3.6.2 锚杆锚固密实度评价

锚杆锚固密实度的评价标准按表 3.3-2 执行。

锚杆锚固密实度评价标准　　　　表 3.3-2

质量等级	波形特征	时域信号特征	幅频信号特征	锚固密实度 D
A	波形规则，呈指数快速衰减，持续时间短	$2L/C_m$ 时刻前无缺陷反射波，杆底反射波信号微弱或没有	呈单峰形态，或可见微弱的杆底谐振峰，其相邻频差 $\Delta f \approx 2L/C_m$	$\geqslant 90\%$

质量等级	波形特征	时域信号特征	幅频信号特征	锚固密实度D
B	波形较规则，呈较快速衰减，持续时间较短	$2L/C_m$时刻前有较弱的缺陷反射波，或可见较清晰的杆底反射波	呈单峰或不对称的双峰形态，或可见较弱的谐振峰，其相邻频差$\Delta f \geqslant 2L/C_m$	80%～90%
C	波形欠规则，呈逐步衰减或间歇衰减趋势形态，持续时间较长	$2L/C_m$时刻前可见明显的缺陷反射波或清晰的杆底反射波，但无杆底多次反射波	呈不对称多峰形态，可见谐振峰；其相邻频差$\Delta f \geqslant 2L/C_m$	75%～80%
D	波形不规则，呈慢速衰减或间歇增强后衰减形态，持续时间长	$2L/C_m$时刻前可见明显的缺陷反射波及多次反射波，或清晰的、多次杆底反射波信号	呈多峰形态，杆底谐振峰明显、连续，或相邻频差$\Delta f > 2L/C_m$	< 75%

注：当锚杆空鼓部位集中在锚杆底部或浅部时，应降低一个等级。

引自《锚杆锚固质量无损检测技术规程》JGJ/T 182—2009 第 5.6.4 条。

3.3.6.3　锚杆缺陷位置计算

当实测信号出现如下情形时，应认为出现缺陷：

（1）受检锚杆底部反射信号早于同类型锚杆，若二次反射波形与入射波形同相，则反射界面处阻抗由大变小，若两者反相，则反射界面处阻抗由小变大。

（2）缺陷处频率差值大于底部频率差值。

缺陷位置应按下式计算：

$$x_i = \frac{1}{2}\Delta t_i \times C_m$$

式中：x_i——第i根受检锚杆（m）；

　　　Δt_i——第i根受检锚杆锚固体开始激振与缺陷部位反射信号的时间差（s）；

　　　C_m——同类型锚杆平均波速值（m/s），若未采用锚杆模拟试件，应根据以下原则选取：当锚固密实度 < 30%时，取同类型未灌浆锚杆杆体波速平均值C_b；当锚固密实度 ≥ 30%时，取同类型已灌浆锚杆杆体波速平均值C_t。

3.3.6.4　锚杆长度计算

锚杆长度可以采用时间差法或频差法，计算式如下：

$$L_i = \frac{1}{2}C_m \times \Delta t_i \text{或} L_i = \frac{C_m}{2\Delta f_i}$$

式中：L_i——第i根受检锚杆杆体长度（m）；

　　　C_m——同类型锚杆平均波速值（m/s），若未采用锚杆模拟试件，应根据以下原则选取：当锚固密实度 < 30%时，取同类型未灌浆锚杆杆体波速平均值C_b；当锚固密实度 ≥ 30%时，取同类型已灌浆锚杆杆体波速平均值C_t；

　　　Δt_i——第i根受检锚杆开始激振至收到底部反射信号的时间差（s）；

　　　Δf_i——第i根受检锚杆频谱曲线上锚杆底部相邻谐振峰的频率差（Hz）。

3.3.6.5　异常情况处理

当出现下列情况之一时，宜结合其他检测方法对锚固质量判定：

（1）受检锚杆实测信号复杂，波动衰减缓慢，无法对其进行准确分析与评价。

（2）锚杆外露段过长，或外露段发生较大弯曲，或锚固体截面面积发生较大变化。

3.3.6.6 结果判定

单根锚杆锚固质量等级及评定标准按表 3.3-3 执行。检测原始记录模板及报告模板如附表 33 和附表 34 所示。

单根锚杆锚固质量等级及评定标准　　　　　　　　　　表 3.3-3

锚固质量等级	评定标准
Ⅰ	锚固密实度为 A 级，且锚杆长度合格
Ⅱ	锚固密实度为 B 级，且锚杆长度合格
Ⅲ	锚固密实度为 C 级，且锚杆长度合格
Ⅳ	锚固密实度为 D 级，或锚杆长度合格

3.4 墙面平整度

3.4.1 检测原理

利用 2m 直尺作为基准线，用楔形塞尺测量被测墙面与基准线之间的最大间隙。

3.4.2 检测依据、数量及评定标准

隧道墙面平整度检测依据、数量及评定标准如表 3.4-1 所示。

墙面平整度检测依据、数量及评定标准　　　　　　　　表 3.4-1

检测依据	检测项目	检测方法及抽检数量	评定标准
《公路工程质量检验评定标准 第一册 土建工程》JTG F80/1—2017 第 10.14.2 条	墙面平整度	2m 直尺，顺隧道轴线方向靠紧衬砌表面；每 20m 每侧连续检查 5 尺，每尺测最大间隙	施工缝、变形缝处≤20mm，其他部位≤5mm
《公路隧道施工技术规范》JTG/T 3660—2020 第 9.10.6 条	墙面平整度	2m 直尺，顺隧道轴线方向靠紧衬砌表面；每模边墙、拱腰、拱顶不少于 5 处	拱、墙部位≤5mm
《公路隧道施工技术规范》JTG/T 3660—2020 第 9.10.10 条	墙面平整度	2m 直尺，顺隧道轴线方向靠紧衬砌表面；每模边墙、拱腰、拱顶不少于 5 处	内侧：拱、墙部位≤5mm 外侧：拱、墙部位≤10mm

3.4.3 检测仪器

2m 直尺、楔形塞尺。

3.4.4 检测前准备工作

检测前需做好进场准备工作，应逐一检查以下条件是否满足进场检测要求：

（1）收集被测项目资料：编号、设计要求、施工记录或缺陷等资料。

（2）现场检测宜在附属设施安装前。

（3）回收由委托单位填写的委托单。

（4）监理单位提供的见证记录（如需）。

（5）检测方案完整且上传监管系统（如需）。

（6）与现场相关人员沟通进场时间。

（7）拟进场检测人员在检测监管系统登记备案（如需）。

（8）在检测监管系统登记进场时间和检测内容（如需）。

（9）检测人员具备相应的合格上岗证（如需）。

（10）相关仪器设备正常运行且处于检定有效期内。

（11）作业现场须具备充分的安全防护条件，满足检测过程关于通风、照明以及高空作业等方面的要求。

3.4.5　现场操作

按有关规范规定选择测试桩号，清扫墙面待测位置处的污物。将 2m 直尺沿隧道轴线方向靠紧衬砌表面，观察 2m 直尺底面与墙面之间的间隙情况，多次量测后确定该尺检测间隙最大值及位置，读数精确至 0.1mm。

3.4.6　数据处理

以每一尺的最大值作为其代表值，逐尺评定，根据要求计算合格百分率。检测原始记录和报告模板如附表 35 和附表 36 所示。

3.5　钢筋网格尺寸

3.5.1　检测原理

采用钢卷尺或钢直尺对钢筋网格尺寸进行检测。

3.5.2　检测依据、数量及评定标准

钢筋网格的检测依据、检测项目、数量及评定标准如表 3.5-1 所示。

钢筋网格尺寸检测依据、检测项目、数量及评定标准　　　　表 3.5-1

检测依据	部位	检测项目	检测方法及抽检数量	评定标准
《公路工程质量检验评定标准　第一册　土建工程》JTG F80/1—2017 第10.9 节	喷射混凝土	网格尺寸	尺量：每 100m² 检查 3 个网眼	±10mm
《公路工程质量检验评定标准　第一册　土建工程》JTG F80/1—2017 第10.13 节	衬砌	主筋间距	尺量：每模板测 3 点	±10mm
		两侧钢筋间距	尺量：每模板测 3 点	±5mm
		箍筋间距	尺量：每模板测 3 点	±20mm

检测依据	部位	检测项目	检测方法及抽检数量	评定标准
《公路隧道施工技术规范》JTG/T 3660—2020 第9.10.3 条	喷射混凝土	钢筋网格尺寸	尺量：每次铺挂分别在拱顶、边墙、仰拱抽查 2 个网格，分部施工每分部不少于 2 个点	±10mm
《公路隧道施工技术规范》JTG/T 3660—2020 第9.10.9 条	衬砌	主筋纵向间距	尺量：分别在两侧边墙、拱腰、拱顶位置逐根测量	±10mm
		两侧主筋间距	尺量：不小于 3m 检查 1 个断面，且每模衬砌不少于 2 个断面，每检查断面分别在拱脚边墙、拱腰和拱顶抽检 7 处以上	±5mm
		箍筋间距	尺量：分别在两侧边墙、拱腰、拱顶位置逐根测量	±20mm
		限（定）位钢筋间距	尺量：分别在两侧边墙、拱腰、拱顶位置逐根测量	±100mm

3.5.3 检测仪器

钢卷尺、钢直尺。

3.5.4 检测前准备工作

检测前需做好进场准备工作，应逐一检查以下条件是否满足进场检测要求：

（1）收集被测项目资料：主筋、箍筋、限（定）位钢筋设计间距要求、施工记录或缺陷等资料。

（2）喷射混凝土钢筋在初喷混凝土后铺设，其网格尺寸应在二次喷射混凝土施工前进行。

（3）衬砌钢筋网格尺寸检测应在钢筋绑扎、搭接、定位完成后，模板安装前进行。

（4）回收由委托单位填写的委托单。

（5）监理单位提供的见证记录（如需）。

（6）检测方案完整且上传监管系统（如需）。

（7）与现场相关人员沟通进场时间。

（8）拟进场检测人员在检测监管系统登记备案（如需）。

（9）在检测监管系统登记进场时间和检测内容（如需）。

（10）检测人员具备相应的合格上岗证（如需）。

（11）相关仪器设备正常运行且处于检定有效期内。

（12）作业现场需具备充分的安全防护条件，满足检测过程关于通风、照明以及高空作业等方面的要求。

3.5.5 现场操作

按照委托需求，根据检测频率，采用钢卷尺对隧道钢筋尺寸进行测量，每个网格纵向、环向各测量 2 点，测量结果精确至 1mm，记录最大间距及最小间距。

3.5.6 数据处理

根据受检钢筋种类，分别计算现场偏差值，以偏差绝对值较大值作为检测结果。偏差值计算式如下：

$$\Delta L_{zi} = L_{zi} - L_{Dzi}$$

$$\Delta L_{hi} = L_{hi} - L_{Dhi}$$

式中：ΔL_{zi}——第 i 根受检钢筋在纵向的偏差值（mm）；

$\quad\quad L_{zi}$——第 i 根受检钢筋在纵向上的实测间距（mm）；

$\quad\quad L_{Dzi}$——第 i 根受检钢筋在纵向上的设计间距（mm）；

$\quad\quad \Delta L_{hi}$——第 i 根受检钢筋在环向的偏差值（mm）；

$\quad\quad L_{hi}$——第 i 根受检钢筋在环向上的实测间距（mm）；

$\quad\quad L_{Dhi}$——第 i 根受检钢筋在环向上的设计间距（mm）。

检测原始记录及报告模板如附表 37 和附表 38 所示。

3.6　管片几何尺寸

3.6.1　检测依据、数量及评定标准

管片几何尺寸的检测依据、检测项目、评定标准及抽检数量如表 3.6-1 所示。

检测依据、检测项目、评定标准及抽检数量

表 3.6-1

检测依据	检测项目	评定标准（允许偏差）	抽检数量
《盾构隧道管片质量检测技术标准》CJJ/T 164—2011	环向缝间隙	0～+2mm	每 1000 环抽检 1 环，不足 1000 环时按 1000 环算
	纵向缝间隙	0～+2mm	
	成环后内径	±2mm	
	成环后外径	−2～+6mm	
《预制混凝土衬砌管片》GB/T 22082—2017	环向缝间隙	≤2mm	每 200 环作为一个检验批
	纵向缝间隙	≤2mm	
	成环后内径	≤6000mm 时 ±5mm；>6000mm 时 ±10mm	

3.6.2　检测仪器

塞尺（分度值 0.01～2mm）、钢卷尺（分度值 1mm）。

3.6.3　检测前准备工作

检测前需做好进场准备工作，应逐一检查以下条件是否满足进场检测要求：

（1）收集被测项目资料：设计尺寸（外径）、受检管片编号、施工记录或缺陷等资料。

（2）回收由委托单位填写的委托单。

（3）监理单位提供的见证记录（如需）。

（4）检测方案完整且上传监管系统（如需）。

（5）与现场相关人员沟通进场时间。

（6）拟进场检测人员在检测监管系统登记备案（如需）。

（7）在检测监管系统登记进场时间和检测内容（如需）。

（8）检测人员具备相应的合格上岗证（如需）。

（9）相关仪器设备正常运行且处于检定有效期内。

（10）作业现场须具备充分的安全防护条件，满足检测过程关于通风、照明以及高空作业等方面的要求。

3.6.4 现场操作

在平整的场地上选择一个中心点，按照每环管片半径向四周制作出拼装台的圆形平台，由专业人员校准水平后，使用吊机将管片吊运过来，并由现场人员配合把管片放在三个拼装台上，并使用螺栓固定管片。每次拼装随机选择三环管片进行，安装完毕后，按照钢筋混凝土管片水平拼装检验标准（见表3.6-2）进行量测检验及数据记录。

钢筋混凝土管片水平拼装检验标准　　　　　　　　　表 3.6-2

项目		试验要求	试验方法
整环拼装	环向缝间隙	每环测不少于 6 点	塞尺（分度值 0.01～2mm）
	纵向缝间隙	每条缝测不少于 2 点	塞尺（分度值 0.01～2mm）
	成环后内径	测 4 条（不放衬垫）	钢卷尺（分度值 1mm）
	成环后外径	测 4 条（不放衬垫）	钢卷尺（分度值 1mm）

3.6.5 数据处理

（1）将环向缝间隙和纵向缝间隙检测结果直接与允许值比较，超过 2mm 时该测点不合格。

（2）成环后内径、外径偏差值计算式如下：

$$\Delta D_{ni} = D_{ni} - D_{nl}$$
$$\Delta D_{wi} = D_{wi} - D_{wl}$$

式中：ΔD_{ni}——第i个内径测点偏差值（mm）；

　　　D_{ni}——第i个内径测点实测值（mm）；

　　　D_{nl}——第i个内径测点设计值（mm）；

　　　ΔD_{wi}——第i个外径测点偏差值（mm）；

　　　D_{wi}——第i个外径测点实测值（mm）；

　　　D_{wl}——第i个外径测点设计值（mm）。

当偏差值超过内径、外径偏差允许值时，该点检测不合格。

（3）检测结果评价

管片尺寸的检测结果评价如表3.6-3所示。

检测结果评价　　　　　　　　　表 3.6-3

检测依据	检测结果评价
《盾构隧道管片质量检测技术标准》CJJ/T 164—2011	当成环后内径、成环后外径、环向缝间隙、纵向缝间隙的各个检测结果均满足本标准规定的允许偏差时，应判定该检验批管片水平拼装性能合格
《预制混凝土衬砌管片》GB/T 22082—2017	受检样品中：超差点不超过检查点的20%为该项合格，三项全部合格则判定该批产品的水平拼装合格

原始记录模板见附表39。

3.7　错台

3.7.1　检测原理

利用 2m 靠尺提供的基准线，测量衬砌施工缝表面或预制管片内表面错台。

3.7.2　检测依据、数量及评定标准

错台的检测依据、检测项目、评定标准及抽检数量如表 3.7-1 所示。

检测依据、检测项目、评定标准及抽检数量　　　　　　　　表 3.7-1

检测依据	检测项目	抽检数量	评定标准
《公路隧道施工技术规范》JTG/T 3660—2020 第 9.1.6 条	施工缝表面错台	每条施工缝边墙、拱腰、拱顶不少于 5 处	±20mm
《盾构法隧道施工及验收规范》GB 50446—2017 第 9.3.5 条	衬砌错台	每环抽检 4 点	市政隧道：径向 5mm，环向 6mm
《铁路隧道工程施工质量验收标准》TB 10417—2018	管片错台	径向每环抽检 4 点，环向每环抽检 1 点	拼装：径向 6mm，环向 7mm；成型：径向 12mm，环向 17mm

3.7.3　检测仪器

2m 直尺、楔形塞尺。

3.7.4　检测前准备工作

检测前需做好进场准备工作，应逐一检查以下条件是否满足进场检测要求：

（1）收集被测项目资料：编号、设计要求、施工记录或缺陷等资料。

（2）现场检测宜在附属设施安装前。

（3）回收由委托单位填写的委托单。

（4）监理单位提供的见证记录（如需）。

（5）检测方案完整且上传监管系统（如需）。

（6）与现场相关人员沟通进场时间。

（7）拟进场检测人员在检测监管系统登记备案（如需）。

（8）在检测监管系统登记进场时间和检测内容（如需）。

（9）检测人员具备相应的合格上岗证（如需）。

（10）相关仪器设备正常运行且处于检定有效期内。

（11）作业现场须具备充分的安全防护条件，满足检测过程关于通风、照明以及高空作业等方面的要求。

3.7.5　现场操作

按有关规范规定选择测试桩号，清扫墙面待测位置处的污物。将 2m 直尺沿隧道轴线方向靠紧衬砌表面，观察 2m 直尺底面与墙面之间的间隙情况，多次量测后确定该尺检测间隙最大值及位置，读数精确至 0.1mm。

3.7.6 数据处理

以每一尺的最大值作为其代表值，逐尺评定是否合格。检测原始记录和报告模板如附表 40 和附表 41 所示。

3.8 椭圆度

3.8.1 检测原理

椭圆度是描述物体偏离正圆程度的量，用于描述物体在两个轴上的不圆程度。椭圆度等于最大直径与最小直径之差的绝对值与设计直径之比。采用激光断面仪对隧道进行扫描，获取隧道断面图，借助软件量取隧道最大直径及最小直径。

3.8.2 检测依据、数量及评定标准

椭圆度的检测依据、检测项目、评定标准及抽检数量如表 3.8-1 所示。

检测依据、检测项目、评定标准及抽检数量 表 3.8-1

检测依据	检测项目	抽检数量	评定标准
《铁路隧道工程施工质量验收标准》TB 10417—2018 第 14.2.5 条	椭圆度	每环抽检 4 点	±6‰
《盾构法隧道施工及验收规范》GB 50446—2017 第 9.3.5 条	椭圆度	每 10 环抽检 1 点	市政隧道：±5‰

3.8.3 检测仪器

激光断面仪、钢卷尺、全站仪。

3.8.4 检测前准备工作

检测前需做好进场准备工作，应逐一检查以下条件是否满足进场检测要求：
（1）收集被测隧道断面资料：桩号、设计尺寸、岩土类别等设计施工资料。
（2）回收由委托单位填写的委托单。
（3）监理单位提供的见证记录（如需）。
（4）检测方案完整且上传监管系统（如需）。
（5）与现场相关人员沟通进场时间。
（6）拟进场检测人员在检测监管系统登记备案（如需）。
（7）在检测监管系统登记进场时间和检测内容（如需）。
（8）检测人员具备相应的合格上岗证（如需）。
（9）仪器设备正常运行且电量充足。
（10）仪器设备在正常检定或校准有效期内。

3.8.5 现场操作

（1）全站仪放点
根据现场预设的基准点，对待测隧道断面中线点进行放样，量取与实际道路中心点距离。

（2）激光断面仪测量

将三脚架安放在设计中线点上，安装并调整激光断面仪，直至与标记点对中。仪器调平且精准对中后，测量仪器高度H。新建检测断面，输入被检隧道断面桩号。设置激光断面仪扫描参数（起始角度及终止角度，间隔角度或扫描点数），确认待扫描断面无其他影响检测的遮挡物后，操作仪器开始检测，待自动扫描完成后保存退出。

3.8.6　数据处理

按下式计算椭圆度：

$$P = \frac{D_{max} - D_{min}}{D} \times 1000‰$$

式中：P——椭圆度（‰）；

　　　　D——设计直径（mm）；

　　D_{max}——实测最大直径（mm）；

　　D_{min}——实测最小直径（mm）。

检测原始记录及报告模板如附表 42 和附表 43 所示。

3.9　渗漏水

3.9.1　概述

渗漏水是隧道常见的病害，原因通常为衬砌中出现裂缝、防水材料失效等。隧道衬砌发生渗漏水不仅影响衬砌结构的强度及耐久性，其造成的路面湿滑或结冰、冰锥等严重影响道路交通安全。

3.9.2　检测内容

结合隧道渗漏面或流量、隧道在道路交通中的重要程度及养护等级、委托要求等因素综合决定隧道渗漏水检测内容。隧道渗漏水检测可分为简易检测和水质检测两类。

3.9.2.1　简易检测

简易检测包括渗漏位置、影响范围、渗漏程度（状态及流量）、水中泥砂含量、pH 值、冻结检查等。

（1）渗漏位置：采用钢卷尺或激光测距仪对漏水点的位置或渗水区中心点的位置进行测量，测量内容包括相对路面或检修道高程、地面垂直点与道路中线点或道路边墙距离等。

（2）渗漏范围：渗漏水出现的面积或存在润湿痕迹的面积，以 m² 计。

（3）渗漏程度：根据漏水压力、流量等因素，将渗漏状态分为喷射、涌流、滴漏、浸渗四类，如图 3.9-1 所示。在渗漏量较大部位用大容器收集，用计量容器测量水量和秒表记录收集时间，计算漏水流量（L/min）。

（4）水中泥砂含量：渗漏水中如携带泥砂，需要测定泥砂流失速度；降雨后隧道渗漏水有泥砂析出，则需对隧道衬砌背后空洞和水源进行详细勘察，查明来源，判断需要灌浆补空范围。

（5）pH 值：渗漏水会严重影响衬砌耐久性，当水呈强酸性时，衬砌混凝土破损加速。检查时，常用 pH 试纸对水的酸碱度作简易测定。

（6）冻结检查：主要检查确定隧道挂冰、路面堆冰和结冰的位置、分布，并记录隧道最低温度值及温度变化。长隧道需测量隧道洞内沿隧道纵向的温度分布。当冻害可能对隧道衬砌材质造成损害时，需对损害情况进行检查。

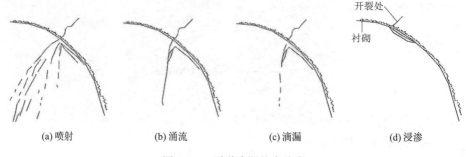

（a）喷射　　　　（b）涌流　　　　（c）滴漏　　　　（d）浸渗

图 3.9-1　隧道渗漏状态分类

3.9.2.2　水质检测

当渗漏水可能具有腐蚀性时，应进行专项水质检测，内容包括温度检测、pH 值及水质检测。

（1）温度检测：通过测量水温，可掌握各处水温的季节性变化规律，便于判定漏水与地下水、地表水的关系。

（2）pH 值：利用大容器收集渗漏水，用 pH 测定仪精确测定 pH 值。或送专业水质检测机构进行详细的水质分析，注意水样收集前应保持容器的干燥，水样收集完毕应保持容器封闭，避免水样污染。

（3）水质检测：将现场收集的水样封装后尽快委托具备资质的水质检测机构进行详细的水质分析，检测内容有：溶解物质及数量、对衬砌腐蚀评价等。

3.9.3　检测仪器

数码相机、钢卷尺、pH 试纸、量杯、激光测距仪、秒表、水样取样器、温度计、导电计等。

3.9.4　检测结果评价

根据渗漏水是否具有腐蚀性以及水量大小、形态、位置、结冰状态等，评价渗漏水对隧道衬砌结构的耐久性及隧道交通安全的影响。评价标准见表 3.9-1。

隧道渗漏水检测评价标准　　　　　　　　　　表 3.9-1

结构部位	异常状况	渗水量				是否影响交通安全		评定状况值
		喷射	涌流	滴漏	浸渗	是	否	
拱部	漏水	✓				✓		4
			✓			✓		3

结构部位	异常状况	渗水量				是否影响交通安全		评定状况值
		喷射	涌流	滴漏	浸渗	是	否	
拱部	漏水			✓		✓		2
					✓		✓	1
	挂冰					✓		3
							✓	1
侧墙	漏水	✓				✓		3
			✓			✓		2
				✓		✓		2
					✓		✓	1
	冰柱					✓		3
							✓	1
路面	砂土流出					✓		3/4
							✓	1
	积水					✓		3/4
							✓	1
	结冰					✓		3/4
							✓	1

第 4 章

桥梁及附属物

桥梁不可能永久完好，不管使用何种结构形式及采用哪些材料，桥梁或迟或早都会出现退化。影响桥梁退化特性和程度的因素有很多，如结构形式、建筑材料、施工质量、设计细部、大气环境、自然灾害、交通荷载作用、冲刷等。

桥梁技术状况评定（包括桥梁检查和评价）是桥梁管理系统的核心内容。如果说桥梁检查是我们认识桥梁的基石，那么评定就是基于现场检查对桥梁技术状况所做的定位。桥梁管理者可根据桥梁检查和评定结果制定养护对策。

中华人民共和国住房和城乡建设部于 2016 年颁布了《城市桥梁检测与评定技术规范》CJJ/T 233—2015。该规范对公路桥梁按照桥型进行分类评定，提出了更为具体的量化评价指标、统一病害判定尺度，采用分层综合评定与单项指标控制相结合的方法对桥梁技术状况进行评定。

本章首先介绍桥梁基本知识，然后主要依据《城市桥梁养护技术标准》CJJ 99—2017和《城市桥梁检测与评定技术规范》CJJ/T 233—2015，叙述桥梁检查和技术状况评定的基本内容。

4.1 桥梁基本知识

桥梁一般由上部结构（也称桥跨结构）、下部结构、支座、桥面系及附属设施等部分组成，如图 4.1-1 和图 4.1-2 所示。

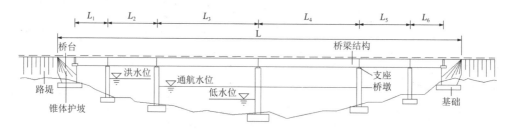

图 4.1-1 梁式桥基本组成

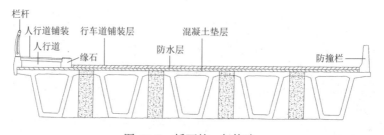

图 4.1-2 桥面的一般构造

1）上部结构

桥梁是一个受竖向支撑跨越凹地或障碍物（如水、公路或铁路）之上，具有承载交通或其他移动荷载能力的结构物。桥梁上部结构是桥梁承载和跨越的重要部分，上部结构构件支承桥面或桥梁车道以及作用在桥面上的荷载，并传递给桥梁支座，例如梁式桥中的主梁，拱桥中的拱肋（拱圈）等。

2）下部结构

桥梁下部结构是支承桥梁上部结构并将其恒荷载和车辆等荷载传至地基的构筑物，它包括支座以下的所有单元，一般由桥台、桥墩和基础组成。

桥台设在桥梁两端，桥墩则在两桥台之间。桥台的作用是为上部结构提供端点支承，此外还要与路堤衔接，并防止路堤滑塌。为保护桥台和路堤填土，桥台两侧常做一些防护和导流工程。

桥台基本类型包括：悬臂或全高度桥台，从道路水平线或航道以下延伸到道路上方。

桥墩的作用是支承桥跨结构。桥墩以对交通流量或水流形成最低障碍的方式，沿桥跨中间点为上部结构提供支承。桥墩的基本类型有实体墩、立柱墩和悬臂（锤头）墩。

3）支座

桥梁支座设于桥（墩）台顶部，是支承上部结构并将荷载传给下部结构的装置。它能保证上部结构在荷载、温度变化或其他因素作用下的位移功能。

不允许上部结构水平位移或运动的支座称为固定支座，允许结构水平位移的支座称为伸展（滑动）支座。固定和伸展支座都允许转动。

4）桥面系及附属设施

桥面系一般由桥面铺装、防撞护栏（栏杆）、人行道、伸缩缝、照明系统等组成。附属设施包括桥头搭板、护坡、导流堤等。

桥面系的作用是为通过桥梁的交通车辆提供一个顺畅和安全的车道。桥面的功能是将桥上的活荷载传递给桥梁承重构件。对大多数桥梁来说，活荷载通过桥面分散到上部结构。不过，有些桥梁（如混凝土板桥）的桥面和上部结构是一体的，它们将活荷载直接传给桥梁支座。

桥面的受力有以下两种方式：

（1）组合桥面与支承构件一起作用，可提高上部结构能力。

（2）非组合桥面不与支承桥面的构件共同作用，不参与上部结构的结构能力。

4.2 一般规定

城市桥梁必须按规定进行检测评估，及时掌握桥梁的基本状况，并采取相应的养护措施。检测评估应根据其内容、周期、评估要求分为经常性检查、定期检测、特殊检测。

城市桥梁技术状况检测评估时，对桥梁因主要构件损坏，影响桥梁结构安全的，Ⅰ类养护的城市桥梁应判定为不合格级，应立即安排修复；Ⅱ～Ⅴ类养护的城市桥梁应判定为D级，并应对桥梁进行结构检测或特殊检测。

《城市桥梁养护技术标准》CJJ 99—2017 将城市桥梁养护检查等级分为 5 类，分级标准如下：

（1）Ⅰ类养护——单孔跨径大于100m的桥梁及特殊结构的桥梁。

（2）Ⅱ类养护——城市快速路上的桥梁。

（3）Ⅲ类养护——城市主干路上的桥。

（4）Ⅳ类养护——城市次干路上的桥梁。

（5）Ⅴ类养护——城市支路和街坊路上的桥梁。

根据各类桥梁在城市中的重要性，城市桥梁养护等级划分宜符合下列规定：

（1）Ⅰ类养护的城市桥梁应为Ⅰ～Ⅲ类养护的城市桥梁和位于集会中心、繁华地区、重要生产科研区及游览地区Ⅳ、Ⅴ类养护的城市桥梁，应进行重点养护。

（2）Ⅱ类养护的城市桥梁应为集会点、商业区及旅游路线或市区之间的联络线、主要地区或重点企业所在区域Ⅳ、Ⅴ类养护的城市桥梁，应有计划地进行养护。

（3）Ⅲ类养护的城市桥梁应为除Ⅰ、Ⅱ类养护的城市桥梁以外的其他桥梁，可进行一般养护。

城市桥梁技术状况应根据完好状态、结构状况等级综合评定。针对不同养护类别，其完好状态、结构状况等级划分及养护对策应符合下列规定：

1）Ⅰ类养护的城市桥梁完好状态宜分为下列2个等级：

（1）合格级——桥梁结构完好或结构构件有损伤，但不影响桥梁安全，应进行保养小修。

（2）不合格级——桥梁结构构件损伤，影响结构安全，应立即修复。

2）Ⅱ～Ⅴ类养护的城市桥梁完好状态宜按表4.2-1的规定分为5个等级。

Ⅱ～Ⅴ类养护的城市桥梁完好状态分级 表4.2-1

等级	状态	BCI范围	养护对策
A级	完好	[90,100]	日常保养
B级	良好	[80,90)	保养小修
C级	合格	[66,80)	针对性小修或中修工程
D级	不合格	[50,66)	检测评估后进行中修、大修或加固工程
E级	危险	[0,50)	检测评估后进行大修、加固或改扩建工程

3）Ⅱ～Ⅴ类养护的城市桥梁结构状况宜按表4.2-2的规定分为5个等级。

Ⅱ～Ⅴ类养护的城市桥梁结构状况分级 表4.2-2

等级	状态	BSI范围	养护对策
A级	完好	[90,100]	日常保养
B级	良好	[80,90)	保养小修
C级	合格	[66,80)	针对性小修或局部中修工程
D级	不合格	[50,66)	检测评估后进行局部中修、大修或加固工程
E级	危险	[0,50)	检测评估后进行大修、加固或改扩建工程

4.3　检测分类及检测频率

4.3.1　经常性检查

经常性检查应对结构变异、桥梁及桥梁安全保护区域施工作业情况和桥面系、限载标志、限高标志、交通标志及其他附属设施等状况进行日常巡检。

经常性检查宜以目测检查为主，并应按《城市桥梁养护技术标准》CJJ 99—2017 附录 A 现场填写城市桥梁日常巡检报表，登记所检查桥梁病害的损坏类型、损坏程度、损坏位置等，提出相应的养护措施。

经常性检查应按城市桥梁的养护类别、养护等级、技术状况分别制定巡检周期。对重要桥梁，或遇恶劣天气、汛期、雨季、冰冻等特殊情况，周期宜缩短。特殊情况可设专人看护。巡检周期宜符合下列规定：

（1）Ⅰ类养护的城市桥梁应每日巡检。

（2）Ⅱ类养护的城市桥梁巡检周期不宜超过 3d。

（3）Ⅲ类养护的城市桥梁巡检周期不宜超过 7d。

4.3.2　定期检测

定期检测应分为常规定期检测和结构定期检测。

常规定期检测应每年 1 次，可根据城市桥梁实际运行状况和结构类型、周边环境等适当增加检测次数。

结构定期检测应按规定的时间间隔进行，Ⅰ类养护的城市桥梁宜为 3～5 年，关键部位可设仪器监控测试；Ⅱ～Ⅴ类养护的城市桥梁宜为 6～10 年。

常规定期检测宜以目测为主，并应配备照相机、裂缝观测仪、探查工具及辅助器材等必要的量测仪器和设备。

常规定期检测应包括下列内容：

（1）对照城市桥梁资料卡和设施量年报表，现场校核城市桥梁的基本数据，并应符合《城市桥梁养护技术标准》CJJ 99—2017 附录 B 和附录 C 的要求。

（2）记录病害状况，实地判断损坏原因，估计维修范围和方案。

（3）对难以判断其损坏程度和原因的构件，提出作特殊检测的建议。

（4）对损坏严重、危及安全的城市桥梁，提出限载以至暂时限制交通的建议。

（5）根据城市桥梁技术状况，确定下次检测的时间。

常规定期检测应包括下列范围：

（1）桥面系包括桥面铺装、桥头搭板、伸缩装置、排水系统、人行道、栏杆或护栏等。

（2）上部结构包括主梁、主桁架、主拱圈、横梁、横向联系、主节点、挂梁、连接件等。

（3）下部结构包括支座、盖梁、墩身、台帽、台身、基础、挡土墙、护坡及河床冲刷情况等。

下列结构桥梁开展常规定期检测时，尚应符合下列规定：

（1）Ⅰ类养护的桥梁结构变位应每年测量 1 次，拉索索力和吊杆拉力应每年测量 1 次。

（2）拱桥及软弱地基桥梁的沉降宜每年测量1次。

（3）独柱式墩桥梁墩柱的侧向倾角及梁体相对水平位移值应每年测量1次。

应根据常规定期检测的结果，进行桥梁技术状况的评估和分级。Ⅰ类养护的城市桥梁应按影响结构安全状况进行评估；Ⅱ～Ⅴ类养护的城市桥梁应按《城市桥梁养护技术标准》CJJ 99—2017附录D对桥面系、上部结构、下部结构评分等级、扣分表进行评估，并应符合该标准第4.5节的有关规定。

4.3.3 特殊检测

特殊检测应由专业人员采用专门技术手段，并辅以现场和实验室测试等特殊手段进行详细检测和综合分析，检测结果应提交书面报告。

城市桥梁在下列情况下应进行特殊检测：

（1）城市桥梁遭受洪水冲刷、流冰、漂流物、船舶或车辆撞击、滑坡、地震、风灾、火灾、化学剂腐蚀、车辆荷载超过桥梁限载的车辆通过等特殊灾害造成结构损伤。

（2）城市桥梁定期检测中难以判明安全的桥梁。

（3）为提高或达到设计承载等级而需进行修复加固、改建、扩建的城市桥梁。

（4）超过设计使用年限，需延长使用的城市桥梁。

（5）常规定期检测中桥梁技术状况评定时，Ⅰ类养护的城市桥梁被评定为不合格级的桥梁，Ⅱ～Ⅴ类养护的城市桥梁被评定为D级或E级的桥梁。

（6）常规定期检测发现加速退化的桥梁构件需补充检测的城市桥梁。

特殊检测应根据检测目的、病害情况和性质，采用仪器设备进行现场测试和其他辅助试验，针对桥梁现状进行验算分析，形成评定结论，提出建议措施。

实施特殊检测前，应充分收集桥梁设计资料、竣工资料、材料试验报告、施工资料、历次检测报告及维修资料等，并现场复核。

4.4 桥面系检测内容

桥面系检测应包括下列内容：

（1）桥面铺装层纵、横坡是否顺适，有无脱皮露骨、骨料松散、泛油、裂缝、破碎、坑槽、洞穴、波浪、防水层漏水。

（2）伸缩缝是否平整、顺直、伸缩自如，是否有异常变形、响动、松动、破损、脱落、漏水，是否嵌入杂物，是否存在高差，槽口铺装层是否啃边。

（3）防撞护栏、人行护栏、防撞垫、防撞墙、防撞墩是否完整、牢固，有无撞坏、断裂、错位、松动、缺件、锈蚀、剥落。

（4）人行道是否完整，有无裂缝、碎烂、残缺、塌陷。

（5）桥头搭板是否完好，是否出现滑移、开裂、碎烂、坑洞，桥头是否平顺，台背是否下沉、开裂、倾斜。

（6）桥面、桥头引道排水是否顺畅，排水设施是否完好，是否破坏、损伤、脱落、堵塞。

（7）桥梁绿化设施结构是否完好、牢固，支架是否锈蚀、变形、脱落，花盆是否锈蚀、开裂、失稳、坠落，外饰面板是否松动、脱落，绿化排水设施是否完整、排水顺畅，有无漏水现象。

（8）防撞架是否完好，构件是否变形、松动、脱焊、螺栓松脱，防腐涂层是否完好，限高标志是否完好。

（9）分隔设施、隔离栅、防护网和声屏障等防护设施是否完整，是否锈蚀、破损、断裂、松动、缺失、剥落。

4.5　桥梁上部结构检测内容

4.5.1　钢筋混凝土和预应力混凝土梁桥上部结构的检测

钢筋混凝土和预应力混凝土梁桥上部结构的检测应包括下列内容：

（1）梁端头、底面是否损坏，箱形梁内是否有积水、白蚁，通风是否良好。

（2）混凝土有无裂缝、渗水、蜂窝、空洞、剥落、露筋锈蚀，有无碱骨料反应引起的整体龟裂现象。

（3）预应力混凝土梁锚固端的封端混凝土是否出现裂缝、剥落、渗漏、穿孔。

（4）预应力钢束锚固区段混凝土有无开裂，沿预应力筋的混凝土表面有无纵向裂缝。

（5）梁式结构的跨中、支点及变截面处、悬臂端牛腿或中间部位、刚构的固接处和桁架节点及其他重点部位的混凝土是否开裂、缺损，钢筋是否锈蚀。

（6）组合梁的桥面板与梁的结合部位及预制桥面板之间的接头处混凝土有无开裂、渗水。

（7）横向连接构件是否开裂，连接钢板的焊缝有无锈蚀、断裂，边梁有无横移或向外倾斜。

（8）梁体是否出现明显的位移、变形，梁段之间是否存在错台、错位。

4.5.2　拱桥上部结构的检测

拱桥上部结构的检测应包括下列内容：

（1）主拱圈的拱板或拱肋是否开裂，钢筋混凝土拱有无露筋、钢筋锈蚀，圬工拱桥砌块有无风化、压碎、掉块，砌缝有无脱离或脱落、渗水，表面有无苔藓、草木滋生，拱铰工作是否正常，空腹拱的小拱有无变形、开裂、错位。

（2）拱上立墙、立柱、盖梁和横系梁有无倾斜、开裂、剥落、露筋、钢筋锈蚀；吊杆上下锚固区的混凝土有无开裂、渗水，吊杆有无锈蚀，外罩是否有裂纹，锚头夹片、楔块是否发生滑移，吊杆钢索有无断丝，吊杆有无弯折和磨损，套管口是否存在啃咬吊杆的现象。

（3）拱的侧墙与主拱圈间有无脱落，侧墙有无鼓突变形、开裂，实腹拱拱上填料有无沉陷，肋拱桥的肋间横向连接是否开裂、剥落、露筋、钢筋锈蚀。

（4）双曲拱桥拱肋间横向连接拉杆是否松动、断裂，拱波与拱肋结合处是否开裂、脱开，拱波之间砂浆有无松散、脱落，拱波是否开裂、渗水。

（5）薄壳拱桥壳体是否出现裂缝。

（6）系杆拱的系杆是否开裂，无混凝土包裹的系杆是否有锈蚀。

（7）钢管混凝土拱桥的钢管及构件检测参见钢桥检测有关内容。

4.5.3　钢桥上部结构的检测

钢桥上部结构的检测应包括下列内容：

（1）构件有无裂纹、穿孔、扭曲变形、损伤。

（2）铆钉、螺栓有无松动、脱落、断裂，节点是否滑动、错位。

（3）焊缝有无裂纹、脱开。

（4）防腐涂层有无裂纹、起皮、脱落，构件有无锈蚀。

4.5.4　钢-混凝土组合梁桥上部结构的检测

钢-混凝土组合梁桥上部结构的检测应包括下列内容：

（1）钢-混凝土组合梁桥除按本小节规定进行检查外，还应根据本章 4.5.1 节要求进行检查。

（2）桥面板是否出现裂缝、碎裂、磨损、渗水。

（3）组合梁结合面是否出现相对滑移、开裂。

（4）压型钢板组合桥面板支撑处及板肋是否变形，板肋与连接件附近的混凝土是否出现裂缝。

4.5.5　悬索桥和斜拉桥上部结构的检测

悬索桥和斜拉桥上部结构的检测应包括下列内容：

（1）悬索桥和斜拉桥除按本小节规定进行检查外，还应根据本章4.5.1节要求进行检查。

（2）塔柱、梁体是否有异常变位。

（3）悬索桥的锚锭及锚杆有无异常拨动，锚头、散索鞍有无锈蚀破损，锚室、锚洞有无开裂、变形、积水。

（4）主缆、吊杆及拉索的防护是否完好，有无破损、老化。

（5）悬索桥的索鞍是否有错位、卡死、辐轴歪斜，构件是否有锈蚀、破损，主缆跨过索鞍部分是否有挤扁现象。

（6）悬索桥吊杆上端与主缆的索夹是否有松动、移位、破损，下端与梁连接的螺栓有无松动。

（7）索体是否开裂、鼓胀、变形。必要时可检查索内干湿情况和钢索的锈蚀情况。

（8）锚具是否渗水、锈蚀，锚具周围混凝土是否开裂。必要时可抽查锚杯内是否积水、潮湿，防锈油是否结块、乳化失效，锚杯是否锈蚀。

（9）钢护筒是否松动脱落、锈蚀、渗水。必要时可检查筒内是否潮湿积水，防水垫圈是否老化失效。

（10）必要时可检查索塔的爬梯、检查门、工作电梯是否可靠、安全，塔内的照明系统是否完好。

4.6　桥梁支座检测内容

桥梁支座的检测应包括下列内容：

（1）支座是否缺失。支座组件是否安装正确、完好、清洁，有无断裂、错位、脱空。

（2）活动支座是否灵活，实际位移量、转角量是否正常；固定支座的锚销是否完好。

（3）垫层支座是否老化、破裂、失效。

（4）板式橡胶支座是否老化、开裂，有无剪切变形或压缩变形，各夹层钢板之间的橡胶层外凸是否均匀，支座垫石是否开裂、缺损、碎烂。

（5）四氟滑板支座是否脏污、老化，四氟乙烯板是否完好，橡胶块是否滑出钢板。

（6）盆式橡胶支座的固定螺栓是否剪断，螺母是否松动、锈蚀，钢盆外露部分是否锈蚀，防尘罩是否完好。

（7）球形支座的地脚螺母是否松动、剪断、锈蚀，钢件是否锈蚀，橡胶密封圈是否老化、龟裂。

（8）组合式钢支座是否干涩、锈蚀，固定支座的锚栓是否紧固，销板或销钉是否完好。

（9）摆柱支座各组件相对位置是否准确。混凝土摆柱的柱体有无破损、开裂、露筋。钢筋及钢板有无锈蚀。活动支座滑动面是否平整。

（10）辊轴支座的辊轴是否出现爬动、歪斜。摇轴支座是否倾斜。轴承是否有裂纹、切口或偏移。

（11）支承垫石是否开裂、破损。

（12）简易支座的油毡是否老化、破裂或失效。

（13）支座螺栓、螺母是否松动，锚螺杆有无剪切变形，上下座板（盆）的锈蚀状况。

（14）支座封闭材料是否老化、开裂、脱落。

（15）斜拉桥、悬索桥的纵向和横向限位支座的检测，应按本节执行。

4.7　桥梁下部结构检测内容

桥梁下部结构的检测应包括下列内容：

（1）墩台及基础有无位移、倾斜、下沉。

（2）桥台翼墙、侧墙、耳墙有无破损、裂缝、位移、鼓肚、砌体松动。台背填土有无沉降或挤压隆起。

（3）混凝土墩身、台身、盖梁、台帽及系梁有无开裂、蜂窝、麻面、剥落、露筋、空洞、孔洞、钢筋锈蚀等。

（4）石砌墩台有无风化、砌块断裂、通缝脱开，砌体泄水孔是否堵塞，防水层是否损坏。

（5）墩台、盖梁的顶面、侧面是否长苔。

（6）基础是否发生冲刷、掏空，桩基有无冲刷磨损、颈缩、露筋，是否受到污水、咸水或生物的腐蚀。必要时，可对水下构件进行专项检测。

4.8　桥梁技术状况等级评定

根据常规定期检测结果，根据《城市桥梁养护技术标准》CJJ 99—2017 附录 D 中的扣分标准和计算方法，对每座桥梁进行技术状况等级评定，根据评定结果及各座桥梁的实际状况，对各座桥梁采取进一步的维护、维修措施，如图 4.8-1 所示。

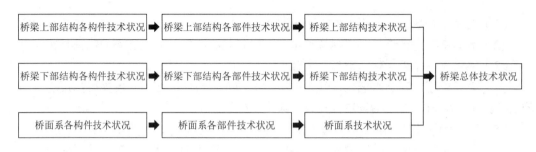

图 4.8-1　桥梁技术状况评定指标

桥梁技术状况等级评定方法如下：

1）桥面系的技术状况应采用桥面系状况指数BCI_m表示；桥面系的结构状况应采用桥面系结构指数BSI_m表示。根据桥面铺装、桥头平顺、伸缩装置、排水系统、人行道和栏杆等要素的损坏扣分值，BCI_m和BSI_m应按下列公式计算：

$$BCI_m = \sum_{i=1}^{a}(100 - MDP_h) \cdot \omega_h \tag{4.8-1}$$

$$BSI_m = \min(100 - MDP_h) \tag{4.8-2}$$

$$MDP_h = \sum_i DP_{hi} \cdot \omega_{hi} \tag{4.8-3}$$

$$\omega_{hi} = 3.0\mu_{hi}^3 - 5.5\mu_{hi}^2 + 3.5\mu_{hi} \tag{4.8-4}$$

$$\mu_{hi} = \frac{DP_{hi}}{\sum_i DP_{hi}} \tag{4.8-5}$$

式中：h——桥面系的评估要素，i表示桥面铺装、桥头平顺、伸缩装置、排水系统、人行道和栏杆；

a——桥面系的评估要素的总数；

MDP_h——桥面系第h类要素中损坏的总扣分值，当$MDP_h < \max(DP_h)$时，取值为$\max(DP_h)$；当$MDP_h > 100$时，取值为100；

ω_h——桥面系第h类要素的权重，按表4.8-1取值；

DP_{hi}——桥面系第h类要素中第i项损坏的扣分值，按《城市桥梁养护技术标准》CJJ 99—2017附录D-1取值；

ω_{hi}——桥面系第h类要素中第i项损坏的权重；

μ_{hi}——桥面系第h类要素中第i项损坏的扣分值占桥面系第h类要素中所有损坏扣分值的比例。

桥面系各要素的权重值　　　　　　　　　　　　　　表 4.8-1

评估要素	权重	评估要素	权重
梁式桥、桁架桥、拱桥、刚构桥、悬臂+挂梁			
桥面铺装	0.30	排水系统	0.10
桥头平顺	0.15	人行道	0.10
伸缩装置	0.25	栏杆或护栏	0.10

评估要素	权重	评估要素	权重
人行天桥			
桥面铺装	0.40	排水系统	0.20
伸缩装置	0.15	栏杆或护栏	0.25

注：在计算BCI_m时，未出现的要素其权重应按剩余要素权重的比例关系重新分配给剩余要素。

2）桥梁上部结构技术状况的评估应逐跨进行，然后再计算整座桥梁上部结构的技术状况指数BCI_s。桥梁上部结构的结构状况应采用上部结构的结构状况指数BSI_s表示。BCI_s和BSI_s应按下列公式计算：

$$BCI_s = \frac{1}{b}\sum_{i=1}^{b} BCI_{si} \tag{4.8-6}$$

$$BSI_s = \min(BCI_{si}) \tag{4.8-7}$$

$$BCI_{si} \sum_{j=1}^{c} (100 - SDP_{ij}) \cdot \omega_{ij} \tag{4.8-8}$$

$$SDP_{ij} = \sum_{k} DP_{ijk} \cdot \omega_{ijk} \tag{4.8-9}$$

$$\omega_{ijk} = 3.0\mu_{ijk}^3 - 5.5\mu_{ijk}^2 + 3.5\mu_{ijk} \tag{4.8-10}$$

$$\mu_{ijk} = \frac{DP_{ijk}}{\sum_{k} DP_{ijk}} \tag{4.8-11}$$

式中：BCI_{si}——第i跨上部结构技术状况指数；

　　b——桥梁跨数；

　　SDP_{ij}——第i跨上部结构中第j类构件损坏的综合扣分值，当$SDP_{ij} < \max(DP_{ijk})$时，取值为$\max(DP_{ijk})$；当$SDP_{ij} > 100$时，取值为100；

　　ω_{ij}——第i跨上部结构第j类构件的权重，按表4.8-2取值；

　　c——第i跨上部结构的桥梁构件类型数；

　　DP_{ijk}——第i跨上部结构中第j类构件第k项损坏的扣分值，按《城市桥梁养护技术标准》CJJ 99—2017附录D-2取值；

　　ω_{ijk}——第i跨上部结构中第j类构件第k项损坏的权重；

　　μ_{ijk}——第i跨上部结构中第j类构件第k项损坏的扣分值占第j类构件所有损坏扣分值的比例。

桥梁上部结构各构件的权重值　　　　　　　　表 4.8-2

评估要素	构件类型	权重	评估要素	构件类型	权重
梁桥	主梁	0.60	桁架桥	桁片	0.50
				主节点	0.10
	横向联系	0.40		纵梁	0.20
				横梁	0.10

续表

评估要素	构件类型	权重	评估要素	构件类型	权重
悬臂＋挂梁	悬臂梁	0.60	桁架桥	连接件	0.10
	挂梁	0.20	钢结构拱桥圬工拱桥（无拱上构造）	主拱圈（桁）	0.70
	挂梁支座	0.10		横向联系	0.30
	防落梁装置	0.10	刚构桥	主梁	0.80
钢筋混凝土拱桥圬工拱桥（有拱上构造）	主拱圈（桁）	0.50		横向联结	0.20
	拱上构造	0.20	人行天桥（钢桁架桥）	桁片	0.48
	横向联系	0.30		主节点	0.08
人行天桥（梁桥）	主梁	0.55		纵梁	0.18
	横向联系	0.35		横梁	0.08
	外部装饰板	0.10		连接件	0.08
				外部装饰板	0.10

注：在计算BCI_s时，未出现的构件类型其权重应按剩余构件类型权重的比例关系重新分配给剩余构件类型。

3）桥梁下部结构技术状况的评估应逐墩（台）进行，然后再计算整个桥梁下部结构的技术状况指数BCI_x；桥梁下部结构的结构状况应采用下部结构的结构状况指数BSI_x表示。BCI_x和BSI_x应按下列公式计算：

$$BCI_x = \frac{1}{b+1} \sum_{j=0}^{b} BCI_{xj} \qquad (4.8\text{-}12)$$

$$BSI_x = \min(BCI_{xj}) \qquad (4.8\text{-}13)$$

$$BCI_{xj} = \sum_{k=1}^{d} \left(100 - SDP_{jk}\right) \cdot \omega_{jk} \qquad (4.8\text{-}14)$$

$$SDP_{jk} = \sum_l DP_{jkl} \cdot \omega_{jkl} \qquad (4.8\text{-}15)$$

$$\omega_{jkl} = 3.0\mu_{jkl}^3 - 5.5\mu_{jkl}^2 + 3.5\mu_{jkl} \qquad (4.8\text{-}16)$$

$$\mu_{jkl} = \frac{DP_{jkl}}{\sum_l DP_{jkl}} \qquad (4.8\text{-}17)$$

式中：BCI_{xj}——第j号墩（台）下部结构技术状况指数；

$\quad b$——桥梁跨数；

SDP_{jk}——第j号墩（台）下部结构中第k类构件损坏的综合扣分值，当$SDP_{jk} <$ $\max(DP_{jkl})$时，取值为$\max(DP_{jkl})$；当$SDP_{jk} > 100$时，取值为100；

ω_{jk}——第j号墩（台）下部结构第k类构件的权重，按表4.8-3取值；

$\quad d$——第j号墩（台）下部结构的构件类型数；

DP_{jkl}——第j号墩（台）下部结构中第k类构件第l项损坏的扣分值，按《城市桥梁养护技术标准》CJJ 99—2017附录D-3取值；

ω_{jkl}——第j号墩（台）下部结构中第k类构件第l项损坏的权重；

μ_{jkl}——第 j 号墩（台）下部结构中第 k 类构件第 l 项损坏的扣分值占第 k 类构件所有损坏扣分值的比例。

桥梁下部结构各构件的权重值　　　　表 4.8-3

评估要素	构件类型	权重	评估要素	构件类型	权重
梁式桥、桁架桥、拱桥、刚构桥、悬臂＋挂梁					
桥墩	盖梁	0.15	桥台	台帽	0.15
	墩身	0.30		台身	0.20
	基础	0.40		基础	0.40
	支座	0.15		耳墙（翼墙）	0.10
				支座	0.15
拱桥					
桥墩	盖梁	0.10	桥台	台帽	0.10
	墩身	0.30		台身	0.30
	基础	0.45		基础	0.35
	拱脚	0.15		耳墙（翼墙）	0.10
				支座	0.15
人行天桥					
桥墩	盖梁	0.18	桥台	台帽	0.20
	墩身	0.34		台身	0.40
	基础	0.20		基础	0.20
	外部装饰板	0.10		支座	0.20
	支座	0.18			

注：在计算 BCI_x 时，未出现的构件类型其权重应按剩余构件类型权重的比例关系重新分配给剩余构件类型。

4）整个桥梁的技术状况指数 BCI 根据桥面系、上部结构和下部结构的技术状况指数，由下式计算：

$$\mathrm{BCI} = \mathrm{BIC_m} \cdot \omega_m + \mathrm{BCI_s} \cdot \omega_s + \mathrm{BCI_x} \cdot \omega_x \tag{4.8-18}$$

式中：ω_m、ω_s、ω_x——分别为桥面系、上部结构和下部结构的权重，按表 4.8-4 取值。

桥梁结构组成部分的权重值　　　　表 4.8-4

桥梁类型	桥梁部位	权重	桥梁类型	桥梁部位	权重	桥梁类型	桥梁部位	权重
梁式桥桁架桥刚构桥悬臂＋挂梁	桥面系	0.15	拱桥	桥面系	0.10	人行天桥	桥面系	0.15
	上部结构	0.40		上部结构	0.45		上部结构	0.45
	下部结构	0.45		下部结构	0.45		下部结构	0.40

5）按分层加权法根据定期检查的桥梁技术状况记录，对桥面系、上部结构和下部结构

分别进行评估，再综合得出整个桥梁技术状况的评估。

6）桥梁上部结构、下部结构、桥面系以及整座桥梁结构的完好状况可按表 4.8-5 所示的标准评估。

桥梁完好状况评估标准

表 4.8-5

BCI*	100 ≥ BCI* ≥ 90	90 > BCI* ≥ 80	80 > BCI* ≥ 66	66 > BCI* ≥ 50	BCI* < 50
评估等级	A	B	C	D	E

注：BCI*表示BCI、BCI_m、BCI_s或BCI_x。BCI的计算可应用BCI软件进行。

7）桥梁上部结构、下部结构、桥面系的结构状况可按表 4.8-6 所示的标准评估。

桥梁结构状况评估标准

表 4.8-6

BSI*	100 ≥ BSI* ≥ 90	90 > BSI* ≥ 80	80 > BSI* ≥ 66	66 > BSI* ≥ 50	BSI* < 50
评估等级	A	B	C	D	E

注：BSI*表示BSI、BSI_m、BSI_s或BSI_x。BSI的计算可应用BSI软件进行。

8）各种类型桥梁有下列情况之一时，即可直接评定为不合格级桥和 D 级桥：

（1）预应力梁产生受力裂缝且裂缝宽度超过《城市桥梁养护技术标准》CJJ 99—2017 表 5.3.2 限值。

（2）拱桥的拱脚处产生水平位移或无铰拱拱脚产生较大的转动。

（3）钢结构节点板及连接铆钉、螺栓损坏在 20%以上，钢箱梁开焊，钢结构主要构件有严重扭曲、变形、开焊，锈蚀削弱截面面积 10%以上。

（4）墩、台、桩基出现结构性断裂缝，裂缝有开合现象，倾斜、位移、沉降变形危及桥梁安全。

（5）关键部位混凝土出现压碎或压杆失稳、变形现象。

（6）结构永久变形大于设计规范值。

（7）结构刚度达不到设计标准要求。

（8）支座错位、变形、破损严重，已失去正常支承功能。

（9）基底冲刷面达 20%以上。

（10）当通过桥梁验算检测，承载能力下降达 25%以上。

（11）人行道栏杆累计残缺长度大于 20%或单处大于 2m。

（12）上部结构有落梁和脱空趋势或梁、板断裂。

（13）预应力钢筋锚头严重锈蚀失效。

（14）特大桥、特殊结构桥除上述情况外，钢-混凝土组合梁、桥面板发生纵向开裂；支座和梁端区域发生滑移或开裂；斜拉桥拉索、锚具损伤；吊桥钢索、锚具损伤；吊杆拱桥钢丝、吊杆和锚具损伤。

（15）其他各种对桥梁结构安全有较大影响的部件损坏。

检测原始记录及报告模板如附表 44～附表 47 所示。

第 5 章

桥梁支座

桥梁支座包括板式橡胶支座、盆式支座、球型支座三种类型，其中板式橡胶支座、盆式支座如图 5.0-1 和图 5.0-2 所示。桥梁支座的检测参数主要有外观质量、尺寸偏差、内在质量以及支座的各项力学性能。

图 5.0-1 板式橡胶支座

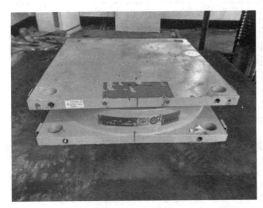 

图 5.0-2 盆式支座

5.1 外观质量与尺寸偏差

5.1.1 检测依据

《公路桥梁板式橡胶支座》JT/T 4—2019。
《公路桥梁盆式支座》JT/T 391—2019。
《桥梁球型支座》GB/T 17955—2009。

5.1.2 检测数量

有下列情况之一时，应进行型式检验：

（1）新产品或老产品转厂生产的试制定型鉴定。

（2）正常生产后，如设备、胶料配方、工艺、材料有改变，影响产品性能时。

（3）正常生产时，每两年定期进行一次检验。

（4）产品停产一年以上，恢复生产时。

（5）重要桥梁工程或用量较大的桥梁工程用户提出要求时。

（6）国家质量监督机构提出进行型式检验要求时。

存在下列情况时，应进行出厂检验：

（1）支座出厂检验为每批产品交货前应进行的检验。

（2）出厂检验应由工厂质检部门进行，确认合格后方可出厂。

（3）出厂时应附有产品质量合格证明文件，并附有支座的规格、胶种、单层橡胶和钢板厚度、钢板层数、橡胶总厚度，以便使用单位验收和抽检。

5.1.3 检测技术要求

（1）板式橡胶支座

板式橡胶支座的外观应满足表 5.1-1 的要求，平面尺寸允许偏差应满足表 5.1-2 的要求，厚度尺寸允许偏差应满足表 5.1-3 的要求。

板式橡胶支座外观要求　　　　　　　　　　　　　　　　表 5.1-1

名称	成品质量标准
气泡、杂质	总面积不应超过支座平面面积的 0.1%，且每一处面积不应大于 $50mm^2$，最大深度不应超过 2mm
凹凸不平	当支座平面面积小于 $0.15m^2$ 时，不应多于 2 处；面积大于 $0.15m^2$ 时，不应多于 4 处；且每处凹凸高度不应超过 0.5mm，面积不应超过 $6mm^2$
四侧面裂纹、钢板外露	不允许
掉块、崩裂、机械损伤	不允许
钢板与橡胶粘结处开裂或剥离	不允许
滑板表面	应光滑、平整，不应有裂纹、气泡、分层和机械损伤；不允许有划痕、碰伤、敲击痕迹
支座表面平整度	普通支座：表面不平整度应不大于平面最大长度的 0.4%； 滑板支座：表面不平整度应不大于滑板平面最大长度的 0.2%
滑板与支座粘贴错位	不应超过橡胶支座短边或直径尺寸的 0.5‰

板式橡胶支座平面尺寸允许偏差（单位：mm）　　　　　　表 5.1-2

矩形		圆形	
边长 l	允许偏差	直径 d	允许偏差
$l \leqslant 300$	+2, 0	$d \leqslant 300$	+2, 0
$300 < l \leqslant 500$	+4, 0	$300 < d \leqslant 500$	+4, 0
$l > 500$	+5, 0	$d > 500$	+5, 0

板式橡胶支座厚度尺寸允许偏差（单位：mm）　　　　表 5.1-3

矩形		圆形	
厚度t	允许偏差	厚度t	允许偏差
$t \leqslant 49$	+1，0	$t \leqslant 49$	+1，0
$49 < t \leqslant 100$	+2，0	$49 < t \leqslant 100$	+2，0
$100 < t \leqslant 150$	+3，0	$100 < t \leqslant 150$	+3，0
$t > 150$	+4，0	$t > 150$	+4，0

（2）盆式支座

支座外壳表面应平整、美观，焊缝均匀，涂装表面应光滑，不应有脱落、流痕、褶皱等现象。

支座组装后顶板与钢盆应平行。纵向活动支座、减震型纵向活动支座、横向活动支座及减震型横向活动支座的 SF-1 三层复合板导向滑条和侧向冷轧不锈钢条应保持平行。

成品支座组装后高度偏差应满足表 5.1-4 的要求。量测时，可对支座加载 50～100kN 的竖向荷载，以消除各部件缝隙及空气夹层。

成品支座组装后高度差　　　　表 5.1-4

支座竖向设计承载力/MN	组装后高度偏差/mm
1～20	±3
22.5～60	±4
65～80	±5

（3）球型支座

支座外露表面应平整，上支座板与下支座板应平行，平行度应不大于盆内直径的 2‰。上支座板和下支座板的中心线应重合。单向活动支座上、下导向块应保持平行，最大交叉角不应大于 5′。

支座高度偏差应满足表 5.1-5 的要求。

支座高度偏差　　　　表 5.1-5

支座承载力/kN	高度偏差/mm
1500～9000	±2
10000～25000	±3
27500～60000	±4

5.2　内在质量

内在质量的检测依据及检测数量按 5.1 节确定。

5.2.1　检测设备

内在质量需要用到的检测设备有电锯及钢直尺。

5.2.2 检测技术要求

1）板式橡胶支座

（1）板式橡胶支座内部质量应符合表 5.2-1 的要求。

板式橡胶支座内部质量要求　　　　表 5.2-1

名称	允许偏差
锯开后胶层厚度	胶层厚度应均匀，t_1 为 5mm 或 8mm 时，其允许偏差为 ±0.4mm；t_1 为 11mm 时，其允许偏差为 ±0.7mm；t_1 为 15mm 时，其允许偏差为 ±1.0mm；上下保护层厚度允许偏差为 (+0.5,0)mm
钢板与橡胶粘结	钢板与橡胶粘结应牢固，且无离层现象，其平面尺寸允许偏差为 ±1mm

（2）支座内部质量试验应进行解剖，抽取一块橡胶层数大于三层的支座，将其沿中心部位垂直锯开，从中间胶层取样，测量胶层厚度，观察钢板与橡胶粘结情况。

（3）支座剥离胶层后测定橡胶性能，拉伸强度下降不应大于 15%，拉断伸长率下降不应大于 20%。

2）盆式支座

（1）不锈钢冷轧钢板

①不锈钢冷轧钢板不应有分层，表面不应有裂纹、气泡、杂质、结疤等影响使用的缺陷。

②大吨位支座用不锈钢冷轧钢板宽度如超出市场供应尺寸，允许有一道经过抛光处理的沿轧制方向用不锈钢焊条焊接的对接焊缝。

③不锈钢冷轧钢板表面加工应符合《不锈钢冷轧钢板和钢带》GB/T 3280—2015 规定的 8 号表面加工要求。

④不锈钢冷轧钢板厚度为 2～3mm：长度不大于 1200mm 时，厚度为 2mm；长度大于 1200mm 时，厚度为 3mm。纵向活动支座和横向活动支座侧向不锈钢条厚度均为 2mm。

（2）橡胶板

①橡胶板容许设计压应力为 30MPa。橡胶板尺寸偏差及装配间隙应满足表 5.2-2 的要求。

橡胶板尺寸偏差及装配间隙（单位：mm）　　　　表 5.2-2

橡胶板直径D	直径容许偏差	厚度容许偏差	与钢盆内径装配间隙
$D \leqslant 600$	+0.50	+2.00	≤1.0
$600 < D \leqslant 1200$	+1.00	+2.50	≤1.5
$1200 < D \leqslant 1500$	+1.50	+3.00	≤2.0
$D > 1500$	+2.00	+3.50	≤3.0

②橡胶板外表面不应有裂纹、掉块、损伤及鼓泡。不允许有表 5.2-3 中三项以上缺陷同时存在。橡胶板成品允许修补，但修补处应平整。

橡胶板表观要求　　　　表 5.2-3

缺陷名称	要求
气泡	面积小于 100mm²，深度小于 2mm，不多于 2 处

续表

缺陷名称	要求
凹凸不平	面积小于 100mm²，深度小于 2mm，不多于 3 处
明疤	
杂质	
压偏	不大于橡胶板直径的 0.2%

（3）高性能滑板

①高性能滑板表面应光滑平整，且整体颜色均匀一致，不应有裂纹、气泡、分层及影响使用的机械损伤。

②高性能滑板厚度不应小于 7mm，其中嵌放在中间钢板凹槽内深度不应小于板厚的 1/2，凸出中间钢板高度不应小于 3m。量测温度 23℃±2℃时，高性能滑板尺寸偏差应满足表 5.2-4 的要求。

高性能滑板尺寸偏差（单位：mm）　　　　　　　　表 5.2-4

高性能滑板直径d	直径容许偏差	厚度容许偏差
$d \leqslant 600$	+0.40	+0.40
$600 < d \leqslant 1200$	+0.60	+0.50
$d > 1200$	+0.80	+0.60

③支座装配时，高性能滑板和嵌放在中间钢板凹槽之间的间隙应满足表 5.2-5 的要求。

高性能滑板装配间隙（单位：mm）　　　　　　　　表 5.2-5

高性能滑板直径d	装配间隙
$d \leqslant 600$	$\leqslant 0.6$
$600 < d \leqslant 1200$	$\leqslant 0.8$
$d > 1200$	$\leqslant 1.0$

④高性能滑板滑动面应设有存放 5201-2 硅脂的储脂坑，储脂坑不应用机械方法成型。储脂坑应布满高性能滑板表面，储脂坑边缘至高性能滑板边缘最小距离不应大于 10mm。为避免发生安装方向错误，高性能滑板宜在中心位置用双箭头标出主要滑移方向，要求箭头无棱角和毛刺。

（4）黄铜密封圈

黄铜密封圈由 2～3 层开口圆环组成。铜环开口间隙不大于 0.5mm。各层铜环密封圈截面尺寸和数量应满足表 5.2-6 的要求。

黄铜密封圈截面尺寸和层数　　　　　　　　表 5.2-6

黄铜密封圈直径D_1/mm	最小截面尺寸/mm	黄铜密封圈层数
$D_1 \leqslant 330$	6×1.5	2
$330 < D_1 \leqslant 715$	10×1.5	2

续表

黄铜密封圈直径D_1/mm	最小截面尺寸/mm	黄铜密封圈层数
$715 < D_1 \leqslant 1500$	10×1.5	3
$D_1 > 1500$	10×2.0	3

3）球型支座

（1）聚四氟乙烯板材

①支座采用的平面及球面聚四氟乙烯板可采用整体板或分片镶嵌板两种形式，其厚度应不小于7mm，嵌入深度应不小于厚度的1/2，尺寸偏差应满足表5.2-7的要求。聚四氟乙烯板的粘贴表面，应进行表面活化处理后，再与基体钢板粘贴。若采用中心圆盘与周边环带组合时，中心圆盘直径不应小于1000mm，环带宽度不应小于50mm，环带最多可分为四等份。

聚四氟乙烯板尺寸偏差（单位：mm）　　　　　表 5.2-7

直径d	直径偏差	厚度偏差	外露厚度偏差	组装间隙
$d \leqslant 600$	+1.20	+0.40	+0.30	+0.50
$600 < d \leqslant 1200$	+1.80	+0.70	+0.50	+0.80
$d > 1200$	+2.50	+1.00	+0.70	+1.10

②聚四氟乙烯板表面的储存硅脂润滑剂储脂槽应采用热压成型，热压时温度不应超过200℃。

③聚四氟乙烯板模压表面的平面度公差及曲面的面轮廓度公差应符合：当直径$d \leqslant 670$mm 时，公差应不大于 0.2mm；当直径$d > 670$mm 时，公差应不大于 $0.0003d$mm。

（2）不锈钢板

支座使用的不锈钢板与基层钢板宜采用惰性气体保护焊连续焊接，焊接后不锈钢板与基层钢板应密贴。不锈钢板的厚度及焊接后平面的平面度及球面度最大偏差应满足表5.2-8的要求。

不锈钢板尺寸偏差（单位：mm）　　　　　表 5.2-8

长度L	厚度	平面度偏差
$L \leqslant 1500$	2	$\leqslant 0.0003d$
$L > 1500$	3	$\leqslant 0.0003d$

注：d为聚四氟乙烯板直径。

（3）钢件

支座钢件的机加工公差配合应满足设计图纸的要求。未标注公差尺寸的部件，其公差应按《一般公差 未注公差的线性和角度尺寸的公差》GB/T 1804—2000 的 M 级取值；未注形状和位置的部件，其公差应按 L 级取值。

（4）支座铸钢件

支座铸钢件，应逐个进行超声波检测，其探测方法及质量评级方法应按《铸钢件 超声

检测 第 1 部分：一般用途铸钢件》GB/T 7233.1—2023 的规定进行，铸钢件质量要求为 2 级，不应有裂纹及蜂窝状孔洞。

5.3　力学性能

桥梁支座力学性能的检测依据及检测数量按 5.1 节确定。桥梁支座的力学性能包括竖向压缩变形、抗压弹性模量、极限抗压强度、盆环径向变形、抗剪弹性模量、抗剪粘结性能、抗剪老化、承载力、摩擦系数、转动性能、尺寸偏差、转角试验等。

5.3.1　检测设备

试验设备应满足下列要求：

（1）微机控制，能自动、平稳连续加载、卸载，且无冲击和颤动现象，自动持荷（试验荷载满负荷保持时间不少于 4h，且试验荷载的示值变动不应大于 0.5%），自动采集数据，自动绘制应力-应变图，自动储存试验原始记录及曲线图，自动打印结果。

（2）试验用承载板应具有足够的刚度，其厚度应大于其平面最大尺寸的 1/2，且不能用分层垫板代替。平面尺寸应大于被测试样的平面尺寸，在最大荷载下不应发生挠曲。

（3）进行剪切试验时，其剪切试验机的水平油缸、负荷传感器的轴线应和中间钢拉板的对称轴相重合，确保被测试样水平轴向受力。试验机示值相对误差最大允许值为 +1.0%，试验机正压力和水平力的使用宜在最大力值的 20%～80% 范围内。

（4）测量支座试样变形量的仪表量程应满足测量支座试样变形量的需要，测量转角变形量分度值为 0.001mm，测量竖向压缩变形量和水平位移变形量分度值为 0.01mm，其示值误差和相关技术要求应按相关检验规程进行检定。

试验用压剪试验机如图 5.3-1 所示。

图 5.3-1　压剪试验机

5.3.2　力学性能技术要求

板式橡胶支座力学性能要求见表 5.3-1，盆式支座力学性能要求见表 5.3-2，球型支座力学性能要求见表 5.3-3。

板式橡胶支座成品力学性能要求　　　　　　　　　　表 5.3-1

项目	指标	
	JT/T 4—2019	GB 20688.4—2023
实测极限抗压强度 R_u/MPa	≥70	
实测抗压弹性模量 E_1/MPa	$E \pm E \times 20\%$	$E \pm E \times 30\%$
实测抗剪弹性模量 G_1/MPa	$G \pm G \times 15\%$	
实测老化后抗剪弹性模量 G_2/MPa	$G_1 \pm G \times 15\%$	$G_1 \pm G \times 15\%$
抗剪粘结性能（$\tau = 2$MPa 时）	无橡胶开裂和脱胶现象	

续表

项目		指标	
		JT/T 4—2019	GB 20688.4—2023
实测转角正切值tan θ	混凝土桥	≥1/300	
	钢桥	≥1/500	
实测四氟板与不锈钢板表面摩擦系数μ_f（加硅脂时）		≤0.03	

注：表中板式支座抗压弹性模量E和支座形状系数S应按下列公式计算：

$$E = 5.4G \cdot S^2$$

矩形板式橡胶支座：

$$S = \frac{a' \cdot b'}{2t_1(a' + b')}$$

圆形板式橡胶支座：

$$S = \frac{d'}{4t_1}$$

式中：E——板式支座抗压弹性模量（MPa）；

G——板式支座抗剪弹性模量（MPa）；

S——板式支座形状系数；

a'——矩形板式橡胶支座加劲钢板短边尺寸（mm）；

b'——矩形板式橡胶支座加劲钢板长边尺寸（mm）；

t_1——板式支座中间单层橡胶片厚度（mm）；

d'——圆形板式橡胶支座加劲钢板直径（mm）。

盆式支座成品力学性能要求 表 5.3-2

项目	指标		
	压缩变形	径向变形	残余变形
竖向承载力	在竖向设计承载力作用下支座压缩变形不大于支座总高度的2%	在竖向设计承载力作用下盆环上口径向变形不得大于盆环外径的0.05%	卸载后，支座残余变形小于设计荷载下相应变形的5%
水平承载力	固定支座、纵向活动支座和横向活动支座		减震型固定支座、减震型纵向活动支座和减震型横向活动支座
	不小于支座竖向承载力的10%或15%		不小于支座竖向承载力的20%
转角	支座设计竖向转动角度不小于0.02rad		
摩擦系数（加5201硅脂润滑后）	常温型活动支座		耐寒型活动支座
	不大于0.03		不大于0.05

球型支座成品力学性能要求 表 5.3-3

项目	指标	
	压缩变形	径向变形
竖向承载力	在竖向设计承载力作用下支座的竖向压缩变形不应大于支座总高度的1%	在竖向设计承载力作用下盆环径向变形不应大于盆环外径的0.05%

续表

项目	指标	
水平承载力	固定支座	单向活动支座
	不小于支座竖向承载力的 10%	
支座实测转动力矩	应小于支座设计转动力矩	
摩擦系数 （加 5201 硅脂润滑后）	常温型活动支座	耐寒型活动支座
	不大于 0.03	不大于 0.05

注：表中球型支座设计转动力矩按下列公式计算：

$$M_\theta = R_{ck} \cdot \mu_f \cdot R$$

式中：M_θ——支座设计转动力矩（N·m）；

　　　R_{ck}——支座竖向设计承载力（kN）；

　　　μ_f——球面镀铬钢衬板的镀铬层与球面聚四氟乙烯板间的设计摩擦系数；

　　　R——球面镀铬钢衬板的球面半径（mm）。

5.3.3　试验操作步骤

5.3.3.1　抗压弹性模量试验

1）抗压弹性模量按下列步骤进行试验：

（1）将试样置于试验机的承载板上（见图 5.3-2），上、下承载板与支座接触面不应有油渍；对准中心，精度应小于 1%的试件短边尺寸或直径。缓缓加载至压应力 1.0MPa，稳压后，在承载板四角对称安置四只位移传感器，确认无误后，开始预压。

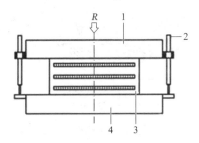

图 5.3-2　压缩试验示意

1—上承载板；2—位移传感器；3—支座试样；4—下承载板。

（2）预压：将压应力以 0.03～0.04MPa/s 的速率连续增至平均压应力 σ 为 10MPa，持荷 2min，然后以相同速率将压应力卸载至 1.0MPa，持荷 5min，记录初始值，绘制应力-应变图。预压三次。

（3）正式加载：每一加载循环自 1.0MPa 开始，将压应力以 0.03～0.04MPa/s 的速率均匀加载至 4MPa，持荷 2min 后，采集支座变形值，然后以同样速率每 2MPa 为一级逐级加载，每级持荷 2min 后，采集支座变形数据直至平均压应力 σ 为止，绘制的应力-应变图应呈线性关系，然后以同样速率卸载至压应力为 1.0MPa。加载过程连续进行三次，每一次间隔 10min。

（4）以承载板四角所测变化值的平均值作为各级荷载下试样累计竖向压缩变形Δc，按试样橡胶层的总厚度t_s，求出在各级试验荷载作用下试样的累计压缩应变：

$$\varepsilon_1 = \frac{\Delta c}{t_s}$$

2）试样实测抗压弹性模量按下式计算（采用支座有效面积）：

$$E_1 = \frac{\sigma_{10} - \sigma_4}{\varepsilon_{10} - \varepsilon_4}$$

式中：E_1——试样实测的抗压弹性模量计算值，精确至 1MPa；

σ_4、ε_4——4MPa 级试验荷载下的压应力和累计压缩应变值；

σ_{10}、ε_{10}——10MPa 级试验荷载下的压应力和累计压缩应变值。

3）结果：每一块试样的抗压弹性模量E，为三次加载过程所得的三个实测结果的算术平均值。但单项结果和算术平均值之间的偏差不应大于算术平均值的3%，否则可对该试样重新复核试验一次，如果仍超过 3%，应由试验机生产厂专业人员对试验机进行检修和检定，合格后再重新进行试验。

5.3.3.2　抗剪弹性模量试验

1）抗剪弹性模量按下列步骤进行试验：

（1）在试验机承载板上（见图 5.3-3），应使支座顺其短边方向受剪，将试样及中间钢拉板按双剪组合配置好，使试样和中间钢拉板的对称轴与试验机承载板中心轴处在同一垂直面上，精度应小于 1%的试件短边尺寸。为防止出现打滑现象，应在上、下承载板和中间钢拉板上粘贴防滑摩擦板，以确保试验的准确性。

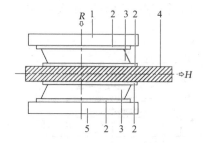

图 5.3-3　剪切试验示意

1—上承载板；2—防滑摩擦板；3—支座试样；4—中间钢拉板；5—下承载板。

（2）将压应力以 0.03～0.04MPa/s 的速率连续增至平均压应力σ，绘制应力-时间图，并在整个抗剪试验过程中保持不变。

（3）调整试验机的剪切试验部件，使水平油缸、负荷传感器的轴线和中间钢拉板的对称轴重合。

（4）预加水平力：以 0.002～0.003MPa/s 的速率连续施加水平力至剪应力$\tau = 1.0$MPa，持荷 5min，然后以同样速率卸载至剪应力为 0.1MPa，持荷 5min，记录初始值，绘制应力-应变图。预加载三次。

（5）正式加载：每一加载循环自$\tau = 0.1$MPa 开始，每级剪应力增加 0.1MPa，持荷 1min后，采集支座变形数据，至$\tau = 1.0$MPa 为止，绘制的应力-应变图应呈线性关系。然后以同样速率卸载至剪应力为 0.1MPa。加载过程连续进行三次，每一次间隔 10min。

（6）在各级试验荷载作用下，试样累计剪切应变按下式计算：

$$\gamma_i = \frac{\Delta_s}{t_s}$$

式中：Δ_s——各级水平荷载下位移传感器所测得试样的累计水平剪切变形（mm）；

t_s——橡胶层的总厚度（mm）。

2）试样的实测抗剪弹性模量按下式计算（采用支座平面毛面积）：

$$G_1 = \frac{\tau_{1.0} - \tau_{0.3}}{\gamma_{1.0} - \gamma_{0.3}}$$

式中：G_1——试样的实测抗剪弹性模量计算值（MPa），精确至 1%；

$\tau_{1.0}$、$\gamma_{1.0}$——1.0MPa 级试验荷载下的剪应力（MPa）和累计剪切应变值；

$\tau_{0.3}$、$\gamma_{0.3}$——0.3MPa 级试验荷载下的剪应力（MPa）和累计剪切应变值。

3）结果：每对检验支座所组成试样的综合抗剪弹性模量 G 为该对试件三次加载所得到的三个结果的算术平均值。但各单项结果与算术平均值之间的偏差应不大于算术平均值的 3%，否则可对该试样重新复核试验一次，如果仍超过 3%，应请试验机生产厂专业人员对试验机进行检修和检定，合格后再重新进行试验。

5.3.3.3　抗剪粘结性能试验

整体支座抗剪粘结性能试验方法与抗剪弹性模量试验方法相同，将压应力以 0.03～0.04MPa/s 的速率连续增至平均压应力 σ，绘制应力-时间图，并在整个试验过程中保持不变。然后以 0.002～0.003MPa/s 的速率连续施加水平力，当剪应力达到 2MPa，持荷 5min 后，水平力以相同的速率连续卸载，在加、卸载过程中绘制应力-应变图。试验中随时观察试件受力状态及变化情况，观察水平力卸载后试样是否出现脱胶、裂纹和其他粘结缺陷。

5.3.3.4　抗剪老化试验

将抗剪弹性模量试验后的试样置于老化箱内，在 70℃温度下经 72h 后取出，将试样在标准温度 23℃±5℃下停放 48h，再在标准实验室温度下进行剪切试验，试验步骤与标准抗剪弹性模量试验方法相同。老化后抗剪弹性模量 G 的计算方法与标准抗剪弹性模量计算方法相同。

5.3.3.5　摩擦系数试验

1）摩擦系数按下列步骤进行试验：

（1）将滑板支座与不锈钢板试样摆好（见图 5.3-4），对准试验机承载板中心位置，精度应小于 1% 的试件短边尺寸。试验时应将滑板试样的储脂坑内注满 5201-2 硅脂。

（2）将压应力以 0.03～0.04MPa/s 的速率连续增至平均压应力 σ，绘制应力-时间图，并在整个摩擦系数试验过程中保持不变。其预压时间为 1h。

（3）以 0.002～0.003MPa/s 的速率连续施加水平力，直至不锈钢板与滑板试样接触面间发生滑动为止，记录此时的水平剪应力作为初始值。试验过程连续进行三次。

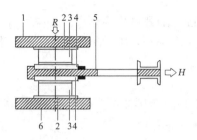

图 5.3-4　摩擦系数试验示意

1—试验机上承载板；2—防滑摩擦板；3—滑板支座试样；4—不锈钢板试样；5—中间钢拉板；6—试验机下承载板。

2）摩擦系数按下式计算：

$$\mu_f = \frac{\tau}{\sigma}$$

$$\tau = \frac{H}{A}$$

$$\sigma = \frac{R}{A}$$

式中：μ_f——滑板与不锈钢板表面的摩擦系数，精确至 0.01；

τ——接触面发生滑动时的平均剪应力（MPa）；

σ——支座的平均压应力（MPa）；

H——支座承受的最大水平力（kN）；

R——支座最大承压力（kN）；

A——支座毛面积（mm^2）。

3）结果：每对试样的摩擦系数为三次试验结果的算术平均值。

5.3.3.6　转角试验

1）试验原理

施加压应力至平均压应力σ，则试样产生垂直压缩变形；然后用千斤顶对中间工字梁施加一个向上的力P，工字梁产生转动，上、下试样边缘产生压缩及回弹两个相反变形。由转动产生的支座边缘的变形必须小于由垂直荷载和强制转动共同影响下产生的压缩变形。转角试验装置和计算图示分别见图 5.3-5 和图 5.3-6。

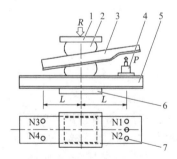

图 5.3-5　转角试验装置示意

1—试验机上承载板；2—试样；3—中间工字梁（假想梁体）；4—千斤顶；5—承载梁（板）；
6—试验机下承载板；7—传感器。

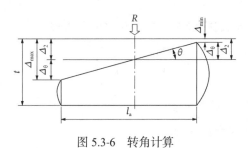

图 5.3-6　转角计算

2）试验步骤

转角按下列步骤试验：

（1）将试样按图 5.3-5 规定摆好，对准中心位置，精度应小于 1% 的试件短边尺寸。在距试样中心 L 处，安装使梁产生转动用的千斤顶和测力计，并在承载梁（或板）四角对称安置四只高精度位移传感器（精度 0.001mm）。

（2）进行预压。将压应力以 0.03~0.04MPa/s 的速率连续增至平均压应力 σ，绘制应力-时间图，维持 5min，然后以同样速率卸载至压应力为 1.0MPa，如此反复三遍。检查传感器是否灵敏准确。

（3）正式加载。将压应力按照抗压弹性模量试验要求增至 σ，采集支座变形数据，绘制应力-应变图，并在整个试验过程中维持 σ 不变。用千斤顶对中间工字梁施加一个向上的力 P，使其达到预期转角的正切值（偏差不大于 5%），停 5min 后，记录千斤顶力 P 及传感器的数值。

3）计算

（1）实测转角的正切值按下式计算：

$$\tan\theta = \frac{\Delta_1^2 + \Delta_3^4}{2L}$$

式中：$\tan\theta$——试样实测转角的正切值；

　　　　Δ_1^2——传感器 N1、N2 处的变形平均值（mm）；

　　　　Δ_3^4——传感器 N3、N4 处的变形平均值（mm）；

　　　　L——转动力臂。

（2）各种转角下，由于垂直承压力和转动共同影响产生的压缩变形值按下式计算：

$$\Delta_2 = \Delta_c - \Delta_1$$

$$\Delta_1 = \frac{\Delta_1^2 + \Delta_3^4}{2}$$

式中：Δ_2——垂直承压力和转动共同影响下试样中心处产生的压缩变形值（mm）；

　　　　Δ_c——支座最大承压力 R 时试样累计压缩变形值（mm）；

　　　　Δ_1——转动试验时，试样中心平均回弹变形值（mm）。

（3）各种转角下，试样边缘换算变形值按下式计算：

$$\Delta_\theta = \frac{l_a}{2}\tan\theta$$

式中：Δ_θ——实测转角产生的变形值（mm）；

　　　　l_a——矩形支座试样的短边尺寸（圆形支座采用直径 d）（mm）。

（4）各种转角下，支座边缘最大、最小变形值按下列公式计算：

$$\Delta_{\max} = \Delta_2 + \Delta_\theta$$
$$\Delta_{\max} = \Delta_2 - \Delta_\theta$$

5.3.3.7 极限抗压强度试验

极限抗压强度试验按下列步骤进行：

（1）将试样放置在试验机的承载板上，上、下承载板与支座接触面不应有油污，对准中心位置，精度应小于1%的试件短边尺寸。

（2）以0.1MPa/s的速率连续加载至试样极限抗压强度R不小于70MPa为止，绘制应力-时间图，并随时观察试样受力状态及变化情况。在最大荷载作用时，支座侧面凸鼓沟纹应均匀，不应出现橡胶开裂、脱胶和其他粘结缺陷。

5.3.3.8 支座竖向承载力试验

1）试样

支座竖向承载力试验应采用实体支座进行。受试验设备能力限制时，经与用户协商，可选用小型支座进行试验。试验支座的材质、支座各部件及支座外形尺寸应符合设计要求。

2）试验内容

支座竖向承载力试验测试内容包括：

（1）支座竖向压缩变形曲线。

（2）盆环径向变形曲线。

3）试验方法

成品支座竖向承载力按下列步骤进行试验：

（1）支座检验荷载为支座竖向设计承载力的1.5倍，并将检验荷载均分为10级，逐级对支座加载。

（2）在支座顶、底板间对称安装四只百分表，测试支座竖向压缩变形。在盆环上口相互垂直的直径方向安装四只千分表，测试支座盆环径向变形。

（3）加载试验前，应对支座进行预压，预压荷载为支座竖向设计承载力，预压次数为三次。

（4）试验时以支座竖向设计承载力的1.0%作为初始压力，然后逐级加载。每级荷载持荷2min后读取百分表和千分表数据，加载至检验荷载时持荷3min后卸载至初始压力，测定残余变形，一个加载程序完毕。一个支座需往复加载三次。

试验条件许可时，也可采用自动化设备进行试验。试验时，加载速率为10～15min一个加载过程。

4）试验结果

试验结果选取应符合下列规定：

（1）支座竖向压缩变形取每级加载四只百分表的算术平均值作为该次该级加载测试结果，取三次测试结果的平均值作为该支座的测试结果。

（2）盆环径向变形取每级加载同一直径方向的两只千分表实测结果的绝对值之和作为该直径方向的变形，两个直径方向变形的平均值作为该次该级加载的测试结果，取三次测试结果的平均值，作为该支座的测试结果。

（3）根据每级加载的实测结果，绘制荷载-竖向压缩变形曲线和荷载-盆环径向变形曲线。实测的荷载-竖向压缩变形曲线和荷载-盆环径向变形曲线呈线性关系，且卸载后支座竖向压缩的残余变形小于支座设计荷载下相应变形的 5%。

5）试验报告

试验结束后，测试单位应提交试验报告。试验报告应包括以下内容：

（1）试验装置及试验概况：试验设备、试验荷载、实验室温度、试验支座形式及规格、实测支座高度及盆环外径。

（2）描述试验过程及试验结果，记录试验过程中的异常情况。

（3）提供支座在设计荷载作用下竖向压缩变形与支座高度的百分比、盆环上口径向变形与盆环外径的百分比，以及支座卸载至初始压力时的竖向压缩残余变形、残余变形与设计荷载下相应变形的百分比，并对试验结果作出评定。

（4）试验照片：包括试验支座加载及试验中的异常情况。

5.3.3.9　支座水平承载力试验

1）试验条件

实验室的标准温度为 23℃±2℃。试验前将试样直接暴露在标准温度下，停放 24h。

2）试验方法

按图 5.3-7 放置试样后，标定试验装置在设计竖向承载力下的滚动摩擦力。按下列步骤进行支座水平承载力试验：

（1）将试样置于试验机的承载板上，将自平衡反力架及水平力试验装置组合配置好。最大试验荷载为支座水平承载力的 1.2 倍。加载至水平承载力的 0.5%后，核对水平方向百分表及水平千斤顶数据，确认无误后，进行预推。

（2）预推。将支座竖向承载力加至设计承载力的 50%，用水平承载力的 20%进行预推，反复进行三次。

（3）正式加载。将试验荷载由设计水平力的 0.5%至最大试验荷载均匀分为 10 级。试验时先将竖向承载力加至 50%后，再以支座设计水平力的 0.5%作为初始推力，然后逐级加载，每级荷载稳压 2min 后，记录百分表数据，待设计水平力达到 90%后，再将竖向承载力加至设计承载力，然后将水平承载力加至最大试验荷载，稳压 3min 后卸载。加载过程连续三次。

（4）水平力作用下变形分别取两个百分表的平均值，绘制荷载-水平变形曲线。变形曲线应呈线性关系。

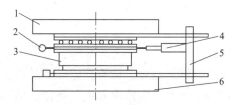

图 5.3-7　支座水平承载力试验装置

1—上承载板；2—百分表；3—试样；4—水平力加载装置；5—自平衡反力架；6—下承载板。

3）试验报告

试验报告应包括下列内容：

（1）试件概况描述：包括支座型号、设计承载力、转角、位移，并附简图。

（2）试验机性能及配置描述。

（3）试验过程中出现异常现象描述。

（4）试验记录与评定试验结果。

（5）试验照片。

5.3.3.10 支座摩擦系数试验

1）试样

成品支座摩擦系数试验应采用实体支座，如受试验设备限制，经与用户协商，可选用小型支座。

2）试件数量

为测试方便，试件选用两个同规格的双向活动支座。

3）试验方法

成品支座摩擦系数按下列步骤进行试验：

（1）成品支座摩擦系数试验应在专用试验机上进行，试验装置见图5.3-8。

（2）试验前将试件储脂坑内涂满5201-2硅脂。支座对中后，先对支座进行预压，预压荷载为支座竖向设计承载力，预压三次，每次加载持荷3min后卸载至初始荷载，初始荷载为支座设计承载力的1.0%或由试验机的精度确定。

（3）试验时，试验机对支座加载至竖向设计承载力，然后用千斤顶对支座施加水平力，并用专用压力传感器记录水平力大小，支座发生滑移即刻停止施加水平力，同时计算出支座的初始摩擦系数。然后重复以上试验，记录每次施加的水平力。至少重复三次，将各次测试平均值作为支座实测摩擦系数。

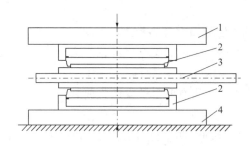

图 5.3-8　支座摩擦系数试验装置

1—试验机上承压板；2—试验支座；3—水平力加载装置；4—试验机下承压板。

4）试验报告

试验报告应包括下列内容：

（1）试验概况：试验设备、试验温度、试验支座规格及试验荷载等。

（2）试验过程描述，试验中如有异常情况发生，应详细描述异常情况的发生过程。

（3）给出每次试验的实测结果，并计算出支座的平均摩擦系数。

（4）试验现场照片。

5.3.3.11　支座转动试验

1）试样

成品支座转动试验应采用实体支座，如受试验设备限制，经与用户协商，可选用小型支座。

2）试件数量

为测试方便，试件选用两个同规格的固定支座，也可选用两个双向活动支座。

3）试验方法

支座转动试验应在专用试验机上进行，试验装置见图 5.3-9。试验方法如下：

（1）试验时将试件按图 5.3-9 所示位置摆放在试验机台座上，并对准中心位置。在距试件中心一定距离处，安装使加载横梁产生转动的千斤顶和测力计。在试验台座上与加载横梁两端对应的适当位置，分别安装两只位移传感器或千分表。

（2）转动试验前，应对支座进行预压，预压荷载为试验支座的竖向设计承载力，预压三次。每次加载持荷 3min 后卸载至初始荷载。初始荷载为支座设计承载力的 1.0%或由试验机的精度确定。

（3）试验机对试验支座加载至设计荷载时，顶起加载横梁，使支座分别产生 0.010rad、0.015rad、0.020rad 转角，每次达到要求的转角后，稳压 30min。加到最大转角时，稳压 30min 后卸载。

（4）支座卸载后，将支座各部件拆解，观察高性能滑板、黄铜密封圈、橡胶板、钢件等各部件有无永久变形及损坏。

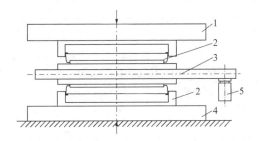

图 5.3-9　成品支座转动试验装置

1—试验机上承压板；2—试验支座；3—加载横梁；4—试验机下承压板；5—加载千斤顶。

4）试验报告

试验报告应包括下列内容：

（1）试验概况：试验设备、试验荷载、试验温度及试验支座规格等。

（2）试验过程有无异常情况，如有异常，描述异常发生的过程。

（3）实测支座转动试验结果及各部件变形、损伤情况。

（4）试验现场照片。

5.3.3.12　竖向承载力试验

1）试验条件

实验室的标准温度为 23℃±5℃。

2）试样停放

试验前将试样直接暴露在标准温度下，停放 24h。

3）试验方法

按图 5.3-10 放置试样后，按下列步骤进行支座竖向承载力试验：

（1）将试样置于试验机的承载板上，试样中心与承载板中心位置对准，偏差小于 1% 球型支座直径。最大试验荷载为支座竖向承载力的 1.5 倍。加载至设计承载力的 0.5% 后，核对承载板四边的位移传感器和千分表，确认无误后进行预压。

（2）预压。将支座竖向设计承载力以连续均匀的速度加满，反复三次。

（3）正式加载。将试验荷载由零至最大试验荷载均匀分为 10 级。试验时以设计承载力的 0.5% 作为初始荷载，然后逐级加载。每级荷载稳压 2min 后记录位移传感器和千分表数据，直至最大试验荷载，稳压 3min 后卸载。加载过程连续进行三次。

（4）竖向压缩变形分别取 4 个位移传感器读数的算术平均值，绘制荷载-竖向压缩变形曲线。盆环径向变形分别取 4 个千分表读数的算术平均值，绘制荷载-盆环径向变形曲线。变形曲线应呈线性关系。

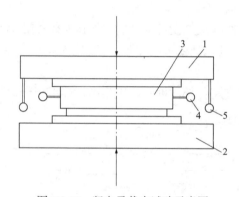

图 5.3-10　竖向承载力试验示意图

1—上承载板；2—下承载板；3—试样；4—千分表；5—位移传感器。

4）试验报告

试验报告应包括以下内容：

（1）试件概况描述：包括支座型号、设计竖向承载力、转角、位移，并附简图。

（2）试验机性能及配置描述。

（3）试验过程中出现异常现象描述。

（4）试验记录完整，并计算支座在试验荷载作用下，竖向压缩变形值与支座总高度的百分比；计算支座盆环径向变形与盆环外径的百分比，评定试验结果。

（5）附试验照片。

5.3.3.13　水平承载力试验

1）试验条件与试样停放

实验室的标准温度为 23℃ ± 5℃，试验前将试样直接暴露在标准温度下，停放 24h。

2）试验方法

按图 5.3-11 放置试样后，按下列步骤进行支座水平承载力试验：

（1）将试样置于试验机的承载板上，将自平衡反力架及水平力试验装置组合配置好。最大试验荷载为支座水平承载力的 1.2 倍。加载至水平承载力的 0.5% 后，核对水平方向百分表及水平千斤顶数据，确认无误后，进行预推。

（2）预推。将支座竖向承载力加至设计承载力的 50%，用水平承载力的 20% 进行预推，反复进行 3 次。

（3）正式加载。将试验荷载由零至最大试验荷载均匀分为 10 级。试验时先将竖向承载力加至 50% 后，再以支座设计水平力的 0.5% 作为初始推力，然后逐级加载，每级荷载稳压 2min 后，记录百分表数据，待设计水平力达到 90% 后，再将竖向承载力加至设计承载力，然后将水平承载力加至最大试验荷载，稳压 3min 后卸载。加载过程连续进行三次。

（4）水平力作用下变形分别取 2 个百分表的平均值，绘制荷载-水平变形曲线。变形曲线应呈线性关系。

（5）支座水平承载力试验，在拆除装置后，检查支座变形是否恢复。变形不能恢复的产品为不合格。

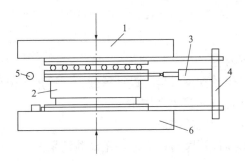

图 5.3-11　水平承载力试验示意图

1—上承载板；2—试样；3—水平力试验装置；4—自平衡反力架；5—百分表；6—下承载板。

3）试验报告

试验报告应包括以下内容：

（1）试件概况描述：包括支座型号、设计承载力、转角、位移，并附简图。

（2）试验机性能及配置描述。

（3）试验过程中出现异常现象描述。

（4）试验记录完整，评定试验结果。

（5）附试验照片。

5.3.3.14　摩擦系数试验

1）试验条件与试样停放

实验室的标准温度为 23℃±5℃，试验前将试样直接暴露在标准温度下，停放 24h。

2）试验方法

按图 5.3-12 放置试样后，按下列步骤进行支座摩擦系数试验：

（1）将试样按双剪组合置于试验机的承载板上，试样中心与承载板中心位置对准，精度小于 1% 球型支座直径。

（2）将支座竖向设计荷载以连续均匀的速度加满，在整个摩擦系数试验过程中保持不变。其预压时间为 1h。

（3）正式加载。用水平力加载装置连续均匀地施加水平力，由专用的压力传感器记录水平力大小，支座一旦发生滑动即停止施加水平力，由此计算出支座的初始摩擦系数。试验过程连续进行五次。

（4）以实测第二次至第五次滑动摩擦系数的平均值，作为支座的实测摩擦系数。

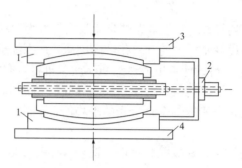

图 5.3-12　摩擦系数试验示意图

1—试样；2—水平力加载装置；3—上承载板；4—下承载板。

3）试验报告

试验报告应包括以下内容：

（1）试件概况描述：包括支座型号、设计承载力、转角、位移，并附简图。

（2）试验机性能、配置及加载速度描述。

（3）试验过程中出现异常现象描述。

（4）试验记录完整，并计算摩擦系数，评定试验结果。

（5）附试验照片。

5.3.3.15　转动性能试验

1）试验条件与试样停放

实验室的标准温度为 23℃ ± 5℃，试验前将试样直接暴露在标准温度下，停放 24h。

2）试验方法

按图 5.3-13 放置试样后，按下列步骤进行支座转动性能试验：

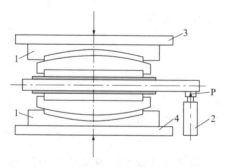

图 5.3-13　转动性能试验示意图

1—试样；2—加载装置；3—上承载板；4—下承载板。

（1）将试样按图 5.3-13 置于试验机的承载板上，试样中心与承载板中心位置对准，精度小于 1%球型支座直径。

（2）将支座竖向设计荷载以连续均匀的速度加满，并在整个转动试验过程中保持不变。

（3）正式加载。用千斤顶以 5kN/min 的速率施加转动力矩，直至支座发生转动后千斤顶卸载，记录支座发生转动瞬间的千斤顶最大荷载。试验过程连续进行 3 次。

（4）支座实测转动力矩为 $M_\theta = P \cdot l/2$，取其三次的试验平均值。

3）试验报告

试验报告应包括以下内容：

（1）试件概况描述：包括支座型号、设计承载力、转角、位移，并附简图。

（2）试验机性能及配置描述。

（3）试验过程中出现异常现象描述。

（4）试验记录完整，并计算转动力矩，评定试验结果。

（5）附试验照片。

相关试验报告及原始记录见附表 48～附表 51。

第 6 章

桥梁伸缩装置

　　根据《公路桥梁伸缩装置通用技术条件》JT/T 327—2016，常用的伸缩装置按伸缩结构可以分成三类，包括模数式伸缩装置（代号为 M）、梳齿板式伸缩装置（代号为 S）和无缝式伸缩装置（代号为 W）。其中模数式伸缩装置根据橡胶密封带的数量可分为单缝式以及多缝式两类，代号分别为 MA 与 MB；梳齿板式伸缩装置根据梳齿板受力状况可分为悬臂与简支两类，代号分别为 SC 与 SS。简支梳齿式伸缩装置按活动梳齿板的齿板与伸缩缝的位置关系分为两类：活动梳齿板的齿板位于伸缩缝一侧的 SSA、活动梳齿板的齿板跨越伸缩缝的 SSB。伸缩缝如图 6.0-1 所示。

图 6.0-1　伸缩缝

6.1　外观质量与尺寸偏差

6.1.1　检测依据

　　《公路桥梁伸缩装置通用技术条件》JT/T 327—2016。
　　《一般公差　未注公差的线性和角度尺寸的公差》GB/T 1804—2000。
　　《橡胶制品的公差　第 1 部分：尺寸公差》GB/T 3672.1—2002。

6.1.2　检测数量

　　每批伸缩缝装置的检测频率为 100%。

6.1.3 检测内容

1）外观质量

桥梁伸缩装置的外观质量检测采用目测法和相应精度的量具逐件进行检测。不同类型的伸缩缝装置，其外观质量检测应包含以下内容：

（1）模数式伸缩装置

①外观表面是否平整洁净，有无机械损伤、毛刺、锈蚀。产品铭牌是否标记清晰。

②橡胶表面是否光滑平整，有无缺陷。

③焊缝是否均匀，有无气孔、夹渣等缺陷。

④涂装表面是否平整，有无脱落、流痕、褶皱等现象。

（2）梳齿板式伸缩装置

①外观表面是否平整洁净，有无机械损伤、毛刺、锈蚀。产品铭牌是否标记清晰。

②橡胶表面是否光滑平整，有无缺陷。

③涂装表面是否平整，有无脱落、流痕、褶皱等现象。

④外露螺栓是否连接可靠。

（3）无缝式伸缩装置

外观表面是否平整洁净，有无机械损伤、毛刺。

2）尺寸检测

桥梁伸缩装置的尺寸检测应采用标定的钢直尺、游标卡尺、平整度仪、水准仪等测量，每 2m 取断面测量后，按平均值取用。

对于伸缩装置钢构件，应按设计图纸要求加工制造，其偏差应符合设计要求。未注公差尺寸的钢构件，其极限偏差应符合《一般公差 未注公差的线性和角度尺寸的公差》GB/T 1804—2000 中 V 级的规定；未注形状和位置的公差应符合 L 级的规定。

对于伸缩装置弹性支承元件，应按设计图纸要求加工制造，其偏差应符合设计要求。未注公差尺寸的弹性支承元件，其高度公差应符合《橡胶制品的公差 第 1 部分：尺寸公差》GB/T 3672.1—2002 中 M2 级的规定，其他尺寸公差应符合 M3 级的规定。

6.1.4 正式检测报告

检测报告模板及原始记录模板如附表 52 和附表 53 所示。

6.2 装配公差

6.2.1 检测依据

《公路桥梁伸缩装置通用技术条件》JT/T 327—2016。

6.2.2 检测数量

每批伸缩缝装置的检测频率为 100%。

6.2.3 装配公差要求

不同类型的伸缩装置，其装配公差应符合下列要求：

1）模数式伸缩装置：

（1）当完全压缩时，在任意位置同一断面，以两边纵梁顶平面为准，每根中纵梁顶面和边纵梁顶面相对高差不应大于 1.5mm；每单元的纵向偏差应在 ±2mm 范围内。

（2）平面总宽度的偏差应符合表 6.2-1 的要求。

平面总宽度的偏差要求（单位：mm）　　　　　　　　表 6.2-1

项目	伸缩量e		
	$80 \leqslant e \leqslant 400$	$400 < e \leqslant 800$	$e > 800$
平面总宽的偏差值	−5～5	−10～10	−15～15

2）梳齿板式伸缩装置：

梳齿板式伸缩装置的装配公差应符合表 6.2-2 的要求。

梳齿板式伸缩装置的装配公差要求（单位：mm）　　　　　表 6.2-2

序号	项目		SC	SSA、SSB		
				$80 \leqslant e \leqslant 720$	$720 < e \leqslant 1440$	$e > 1440$
1	伸缩范围内任一位置，同一断面两边齿板高差		$\leqslant 1.0$	$\leqslant 1.0$	$\leqslant 1.5$	$\leqslant 2.0$
2	最大压缩量时	纵向间隙	$\geqslant 15$	$\geqslant 30$		
		横向间隙	$\geqslant 5$	$\geqslant 2$		
3	最大拉伸量时齿板搭接长度		$\geqslant 10$			

6.2.4　试验步骤

桥梁伸缩装置的装配公差检测应采用标定的钢直尺、游标卡尺、平整度仪、水准仪等测量，每 2m 取断面测量后，按平均值取用。

6.2.5　正式检测报告

检测报告模板及原始记录模板如附表 54 和附表 55 所示。

6.3　焊缝尺寸

6.3.1　检测依据

焊缝尺寸检测应符合国家、行业、地方等标准以及建设单位、政府文件的相关规定。以建筑工程行业为例，目前广东省广州市的焊缝尺寸检测依据主要有：

（1）国家标准《钢结构工程施工质量验收标准》GB 50205—2020。

（2）国家标准《钢结构焊接规范》GB 50661—2011。

6.3.2　检测数量

根据现行国家标准《钢结构工程施工质量验收标准》GB 50205，承受静荷载的二级焊缝每批同类构件抽查 10%，承受静荷载的一级焊缝和承受动荷载的焊缝每批同类构件抽查 15%，且不应少于 3 件；被抽查构件中，每种焊缝应按条数各抽查 5%，但不应少于 1 条；每条应抽查 1 处，总抽查数不应少于 10 处。

6.3.3　检测前准备工作

检测前需做好准备工作，应逐一检查以下条件是否满足进场检测要求：

（1）应确认是否需要专用的检测工艺规程，了解母材和焊缝材料的类型和名称、焊接工艺、被检焊缝的部位和范围等情况。

（2）被检区域应无氧化皮、机油、油脂、焊接飞溅、污物、厚实或松散的油漆和任何能影响检测灵敏度的外来杂物。必要时，可用砂纸或局部打磨来改善表面状况。

6.3.4　检测技术

直接使用焊接检验尺测量焊缝尺寸。

6.3.5　检测结果判断

检测结果判断按表 6.3-1 及表 6.3-2 执行。

无疲劳验算要求的钢结构对接焊缝与角焊缝
外观尺寸允许偏差（单位：mm）　　　　　　　　　　表 6.3-1

序号	项目	示意图	外观尺寸允许偏差	
			一级、二级	三级
1	对接焊缝余高 C		$B < 20$ 时，C 为 $0 \sim 3.0$；$B \geqslant 20$ 时，C 为 $0 \sim 4.0$	$B < 20$ 时，C 为 $0 \sim 3.5$；$B \geqslant 20$ 时，C 为 $0 \sim 5.0$
2	对接焊缝错边 Δ		$\Delta < 0.1t$，且 $\Delta \leqslant 2.0$	$\Delta < 0.15t$，且 $\Delta \leqslant 3.0$
3	角焊缝余高 C		$h_f \leqslant 6$ 时，C 为 $0 \sim 1.5$；$h_f > 6$ 时，C 为 $0 \sim 3.0$	
4	对接和角接组合焊缝余高 C		$h_k \leqslant 6$ 时，C 为 $0 \sim 1.5$；$h_k > 6$ 时，C 为 $0 \sim 3.0$	

注：B 为焊缝宽度；t 为对接接头较薄件母材厚度。

有疲劳验算要求的钢结构焊缝外观尺寸允许偏差 表 6.3-2

项目	焊缝种类	外观尺寸允许偏差
焊脚尺寸	对接与角接组合焊缝h_k	0 +2.0mm
	角焊缝h_f	−1.0mm +2.0mm
	手工焊角焊缝h_f（全长的10%）	−1.0mm +3.0mm
焊缝高低差	角焊缝	≤2.0mm（任意25mm范围高低差）
余高	对接焊缝	≤2.0mm（焊缝宽b≤20mm）
		≤3.0mm（b > 20mm）
余高铲磨后表面	横向对接焊缝	表面不高于母材0.5mm
		表面不低于母材0.3mm
		粗糙度50μm

6.3.6 检测结果简报

为满足各方对检测结果的及时掌握，及时发现和处理可能存在的焊缝质量，避免工期延误，应相关方要求可出具检测结果简报。焊缝尺寸检测的初步检测报告应至少包括项目名称、委托单位、检测日期、检测方法、检测结果等。检测记录及简报如附表56和附表57所示。

6.3.7 正式检测报告

焊缝尺寸检测的正式检测报告应符合现行国家标准《钢结构工程施工质量验收标准》GB 50205的相关要求，正式检测报告的主要内容包括以下方面：

（1）焊缝类型、焊接方式、焊缝等级。

（2）表面状态、观测条件等。

（3）检测结果。

正式检测报告模板与简报一致。

6.4 焊缝探伤

本节所述焊缝探伤仅限于磁粉探伤，其他形式的探伤方法请参考本丛书中《钢结构检测》。磁粉探伤适用于铁磁性材料对接焊缝、T形焊接焊缝和角接焊缝以及铁磁性材料制成的板材、复合板材、管材、管件和锻件等表面或近表面缺陷的检测，不适用于非铁磁性材料的检测。

6.4.1 检测原理

铁磁性材料工件被磁化，是指由于不连续性的存在，工件表面和近表面的磁感应线发生局部畸变产生漏磁场，致使吸附在工件表面的磁粉在合适的光照下形成目视可见的磁痕，从而显示出不连续性的位置、大小、形状和严重程度。磁粉检测的基础是不连续性处漏磁场与磁粉的磁相互作用。

磁粉检测只能用于检测铁磁性材料的表面或近表面的缺陷，由于不连续的磁痕堆积于被检测表面上，所以能直观地显示出不连续的形状、位置和尺寸，并可大致确定其性质。磁粉检测的灵敏度可检出的不连续宽度可达到 0.1μm。综合使用多种磁化方法，磁粉检测几乎不受工件大小和几何形状的影响，能检测出工件各个方向的缺陷。

根据施加磁粉的载体分类，磁粉检测可以分为干法（荧光、非荧光）、湿法（荧光、非荧光）；根据施加磁粉的时机分类，磁粉检测可以分为连续法、剩磁法；根据磁化方法的分类，磁粉检测可以分为轴向通电法、触头法、线圈法、磁轭法、中心导体法、偏心导体法、复合磁化法（交叉磁轭法或交叉线圈法）。应根据被测工件的形状、尺寸和表面状态选择合适的磁化方法。建设工程领域推荐采用连续磁轭法。

磁粉检测无损，操作简单方便，检测成本低，对铁磁性材料表面及近表面缺陷的检测灵敏度高，是表面缺陷检测的首选方法。但是磁粉检测对被检测件的表面光滑度要求高，对检测人员的技术和经验要求高，检测范围小，检测速度慢。

6.4.2　检测依据

不同行业的磁粉检测依据不尽相同，但应符合国家、行业、地方等标准以及建设单位、政府文件的相关规定。以建筑工程行业为例，目前磁粉检测依据主要有：

（1）国家标准《钢结构工程施工质量验收标准》GB 50205—2020。

（2）国家标准《焊缝无损检测　磁粉检测》GB/T 26951—2011。

（3）国家标准《焊缝无损检测　焊缝磁粉检测　验收等级》GB/T 26952—2011。

（4）国家标准《钢结构现场检测技术标准》GB/T 50621—2010。

（5）国家标准《无损检测　磁粉检测　第 1 部分：总则/第 2 部分：检测介质/第 3 部分：设备》GB/T 15822.1～3—2024。

（6）团体标准《民用建筑钢结构检测技术规程》T/CECS 1503：2023。

6.4.3　检测数量

根据现行国家标准《钢结构工程施工质量验收标准》GB 50205，有疲劳验算的焊缝磁粉检测数量应符合：承受静荷载的二级焊缝每批同类构件抽查 10%，承受静荷载的一级焊缝和承受动荷载的焊缝每批同类构件抽查 15%，且不应少于 3 件；被抽查构件中，每一类型焊缝应按条数抽查 5%，且不应少于 1 条；每条应抽查 1 处，总抽查数不应少于 10 处。磁粉检测的检测数量或者比例也可以按设计要求或者委托方的要求确定。

6.4.4　检测前准备工作

检测前需做好准备工作，应逐一检查以下条件是否满足进场检测要求：

（1）应确认是否需要专用的检测工艺规程，了解母材和焊缝材料的类型和名称、焊接工艺、被检焊缝的部位和范围等情况。

（2）焊缝的磁粉检测及最终验收结果的评定应由有资格和能力的人员来完成，人员资格的鉴定推荐按现行国家标准《无损检测　人员资格鉴定与认证》GB/T 9445 或等效标准、法规进行。

（3）被检区域及其相邻至少25mm范围内应干燥，并不得有氧化皮、机油、油脂、焊接飞溅、机加工刀痕、污物、厚实或松散的油漆和任何能影响检测灵敏度的外来杂物，必要时可用砂纸或局部打磨来改善表面状况，以便准确解释显示，任何清理或表面准备都不应影响磁粉显示的形成。

6.4.5 检测技术

磁粉检测应按照预处理、磁化、施加磁悬液、磁痕观察与记录、缺陷评级、退磁（有需要时）、后处理等步骤进行。

磁粉检测装置应根据被测工件的形状、尺寸和表面状态选择，并应满足检测灵敏度的要求。磁粉检测装置应符合现行国家标准《无损检测 磁粉检测 第 3 部分：设备》GB/T 15822.3 的有关规定，通常使用电磁轭、带触头的通电设备、电磁感应设备（近体导体或穿过导体或线圈）等磁粉检测设备，建筑工程行业使用最广泛的磁粉检测设备是电磁轭，如图 6.4-1 所示。

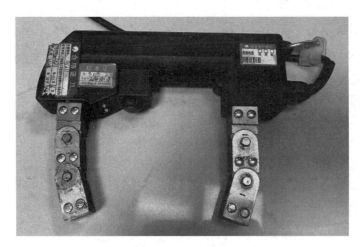

图 6.4-1 电磁轭

常用的电磁轭分为交流电磁轭及直流电磁轭，当使用磁轭最大间距时，交流电磁轭的提升力不小于 45N，直流电磁轭的提升力不小于 177N，提升力通常采用提升力试块验证。

磁粉检测可选用油剂或水剂磁悬液，磁悬液施加装置应能把磁悬液均匀地喷洒到试件上。磁悬液浓度应根据磁粉种类、粒度、施加方法和被检工件表面状态等因素确定，测定前应对磁悬液进行充分的搅拌，磁悬液浓度范围应符合表 6.4-1 的规定。用荧光磁悬液检测时，应采用黑光灯照射装置。当照射距离试件表面为 380mm 时，测定黑光辐照度不应小于 $1000\mu W/cm^2$。

磁悬液浓度 表 6.4-1

磁粉类型	配制浓度/（g/L）	沉淀浓度（含固体量）/（mL/100mL）
非荧光磁粉	10～25	1.2～2.4
荧光磁粉	0.5～3.0	0.1～0.4

在现场检测时，应在现场对每个工艺规程的系统灵敏度进行综合性能测试。性能测试

用于确保设备、磁场强度和方向、表面特性、检测介质和照明等系列参数的特定功能。最可靠的测试是使用带有已知类型、部位、尺寸和尺寸分布的真实缺陷的具有代表性的试件，若无此试件，则可采用带有人工缺陷的试件，也可用试片进行测试。

所述的试片，即《无损检测　磁粉检测用试片》GB/T 23907—2009 所规定的磁粉检测用试片，主要用于验证磁粉检测综合性能（系统灵敏度）。A 型试片适用于在较宽大或平整的被检表面上使用；C 型和 D 型试片适用于在较窄小或弯曲的被检表面上使用。高灵敏度的试片用于验证要求有较高系统灵敏度的磁粉检测综合性能；低灵敏度的试片用于验证要求有较低系统灵敏度的磁粉检测综合性能。只有符合要求的磁粉检测综合性能，相应的磁粉检测结果才是有效和可靠的。

磁粉检测时宜选用 A1：30/100 型标准试片。

A 型灵敏度试片应采用 100μm 厚的软磁材料制成；型号有 1 号、2 号、3 号三种，其人工槽深度应分别为 15μm、30μm 和 60μm，A 型灵敏度试片的几何尺寸应符合图 6.4-2 的规定。

当磁粉检测中使用 A 型灵敏度试片有困难时，可用与 A 型材质和灵敏度相同的 C 型灵敏度试片代替。C 型灵敏度试片厚度应为 50μm，人工槽深度应为 15μm，其几何尺寸应符合图 6.4-3 的规定。

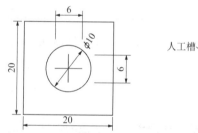

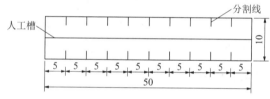

图 6.4-2　A 型灵敏度试片的尺寸　　　　　图 6.4-3　C 型灵敏度试片的尺寸

应根据检测对象及现场条件选择合适的检测介质及磁化方法，在建筑工程领域检测介质通常采用黑水（油）磁悬液，磁化方法通常使用电磁轭磁化。磁化装置在被检部位放稳后方可接通电源，移去时应先断开电源。检测时，应有覆盖区，相邻两次移动的磁化区域应在 10～20mm 之间。

磁化时，应先在试件表面放置灵敏度试片，检验磁场强度和方向以及操作方法是否正确，磁场方向宜与探测的缺陷方向垂直、与检测面平行，当无法确定缺陷方向或有多个方向的缺陷时，应采用两次不同方向的磁化方法。采用两次不同方向的磁化时，两次磁化方向间应近似垂直。在磁化前和磁化的同时立即通过喷、浇或洒施加检测介质。磁化时间一般为 1～3s，应使得显示充分形成，同时用磁悬液时，应在工件上保持磁场直至大多数磁悬液从工件表面流走，以防止已形成的显示被破坏。

磁痕观察应在磁化状态下进行，以避免已形成的缺陷磁痕遭到破坏。非荧光磁粉检测时，缺陷磁痕的评定应在可见光下进行，且工件被检表面可见光照度应大于等于 1000lx，现场检测时，由于条件所限可见光照度应不低于 500lx；荧光磁粉检测时，缺陷磁痕的评定应在暗黑区黑光灯激发的黑光下进行，工件被检表面的黑光辐照度应大于等于

$1000\mu W/cm^2$，暗黑区域或暗处可见光照度应不大于20lx。

应对磁痕进行分析判断，区分缺陷磁痕和非缺陷磁痕，可采用照相、绘图等方法记录缺陷的磁痕。

检测完成后，应清除被测部位的磁粉，并清洗干净，必要时应进行防锈处理；被测试件因剩磁而影响使用时，应及时进行退磁。

检测记录可以采用附表58。

6.4.6 检测结果判断

磁粉检测可允许有线形缺陷和圆形缺陷存在。当缺陷磁痕为裂纹缺陷时，应直接评定为不合格。当缺陷磁痕判断为非裂纹缺陷时，根据缺陷磁痕类型和长度对检测到的缺陷按表6.4-2的规定进行验收评定。相邻且间距小于其中较小显示主轴尺寸（或显示长度）的显示，应作为单个的连续显示评定，其组合长度应按表6.4-2进行评定。

缺陷磁痕等级   表6.4-2

磁痕显示类型	验收等级		
	I	II	III
线形显示长度l/mm	$l \leqslant 1.5$	$1.5 < l \leqslant 3.0$	$3.0 < l \leqslant 6.0$
圆形显示主轴直径d/mm	$d \leqslant 2.0$	$2.0 < d \leqslant 3.0$	$3.0 < d \leqslant 5.0$

评定为不合格时，应对其进行返修，返修后应进行复检。返修复检部位应在检测报告的检测结果中标明。

6.4.7 检测结果简报

为满足各方对检测结果的及时掌握、及时发现和处理可能存在的焊缝质量问题、避免工期延误，应相关方要求可出具检测结果简报。磁粉法检测的初步检测报告应至少包括项目名称、委托单位、检测日期、检测方法、检测结果等，检测结果简报模板参考附表59。

6.4.8 正式检测报告

磁粉检测正式检测报告应符合现行国家标准《钢结构工程施工质量验收标准》GB 50205、《焊缝无损检测 磁粉检测》GB/T 26951、《焊缝无损检测 焊缝磁粉检测 验收等级》GB/T 26952、《钢结构现场检测技术标准》GB/T 50621等相关标准的要求，正式检测报告的主要内容包括以下方面：

（1）磁粉检测装置型号、生产厂家。

（2）磁粉的类型、粒度及颜色。

（3）磁悬液种类及浓度。

（4）检测灵敏度（试片型号）。

（5）检测件的材质、规格、尺寸。

（6）检测工艺规程标识号和采用参数的描述，包括磁化类型、电流类型、检测介质、观察条件。

（7）验收等级。

（8）所有记录显示的描述和部位。

（9）根据验收等级的检测结果。

6.5 涂层厚度

6.5.1 检测原理

本节所述涂层厚度检测，适用于钢铁表面涂层、不锈钢表面涂层和铝合金表面涂层厚度检测。通过测量涂层厚度，可以检查涂层是否达到设计要求、是否均匀分布以及是否存在过厚或过薄的区域，从而确保涂层的质量、性能和耐用性。

磁测法采用涂层测厚仪（见图 6.5-1），该仪器采用电磁感应法测量涂（镀）层的厚度。位于部件表面的探头产生一个闭合的磁回路，随着探头与铁磁性材料间的距离的改变，该磁回路将不同程度地改变，引起磁阻及探头线圈电感的变化。利用这一原理可以精确地测量探头与铁磁性材料间的距离，即涂（镀）层厚度。

图 6.5-1　涂层测厚仪

6.5.2 检测依据与数量

6.5.2.1 检测依据

目前涂层厚度检测依据主要有：

（1）施工验收按照《钢结构工程施工质量验收标准》GB 50205—2020。

（2）钢箱梁按照《城市桥梁工程施工与质量验收规范》CJJ 2—2008。

（3）水管按照《给水排水管道工程施工及验收规范》GB 50268—2008。

（4）金属热喷涂按照《热喷涂涂层厚度的无损测量方法》GB/T 11374—2012。

6.5.2.2 检测数量

根据《钢结构工程施工质量验收标准》GB 50205—2020 的要求，涂层厚度检测数量应符合：按检验批构件数量抽查 10%，且同类构件不应少于 3 件；钢结构防腐涂装工程检验批的划分应符合：钢箱梁钢结构，以一座桥的表面积为一个检验批，以 10m² 为一个单元计算数量。

6.5.3 检测前准备工作

检测前需做好进场准备工作，应逐一检查以下条件是否满足进场检测要求：

（1）收集被检构件设计施工资料。

（2）确定试验方法、数量。

（3）与现场相关人员沟通进场时间和需要准备事项。

（4）检查仪器设备在正常检定或校准有效期内。

6.5.4 现场检测操作

涂层厚度检测应按照试验要求、试验步骤等内容实施，并填写《钢结构防腐涂层厚度检测记录》（见附表 60）。

涂层厚度检测应包括下列内容：

（1）配备在检定期内的涂层测厚仪，并选用与涂层厚度相应量程的测厚仪。

（2）开机：根据电池仓盖指示的方向打开电池仓，然后按照机壳后面的正负极指示装入两节 1.5V 电池，压好电池仓盖。取探头线插在仪器上，然后按动"ON/OFF"键，可以直接进行测量。如果测量数据偏差较大，可以进行校准后再测量。

（3）校准：铁基校准（零点校准）在仪器标准基体金属上测三处值，调"0"；用相应量程试片调校仪器。如果显示的样片值和真实值不符，可以通过"▲▼"键来进行加 1 或减 1 操作。按住"▲"或"▼"键不动可以连续加或减，直到调整到显示值和真实值相同为止。

（4）钢结构普通防腐涂料涂装工程应在钢结构构件组装、预拼装或钢结构安装工程检验批的施工质量验收合格后进行。

（5）检测前应进行外观检查：涂层应均匀，无明显皱皮、流坠、针眼、气泡和裸露母材的斑点等。

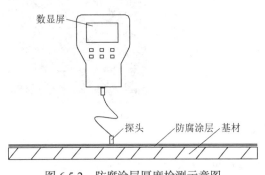

图 6.5-2　防腐涂层厚度检测示意图

（6）选定已实干的检测部位涂层，将磁测仪的探头放在涂层表面（见图 6.5-2），读取仪器显示的涂层厚度值，按不同标准要求的多个位置上重复测量，记录所测数值。比如按《钢结构工程施工质量验收规范》的要求，用干漆膜测厚仪检查时，每个构件检测 5 处，每处应当在构件两头及中间分别取 3 个相距 50mm 的测点，取 3 个测点涂层干漆膜厚度的平均值。漆膜厚度的允许偏差应为 25μm。

6.5.5　检测结果判断

测量平均值达到设计值要求。

6.5.6　检测结果简报

为满足各方对检测结果的及时掌握，避免工期延误，应相关方要求可出具检测结果简报。初步检测报告应至少包括项目名称、委托单位、检测日期、检测方法、检测结果等，检测结果简报模板参考附表 61。

6.5.7　正式检测报告

涂层厚度正式检测报告应符合施工验收标准，按照《钢结构工程施工质量验收标准》GB 50205—2020 等标准的相关要求，正式检测报告的主要内容包括以下方面：

（1）委托方名称，建设、勘察、设计、监理和施工单位，设计要求。

（2）工程名称、地点。

（3）检测目的，检测依据，检测数量，检测日期。

（4）检测人员，质量监督站，监督号。

（5）检测方法，检测仪器设备，检测过程。

（6）检测数据包括图片显示数值。

（7）检测结果表格及检测结论。

正式检测报告模板参考附表 62。

6.6　涂层附着力

本节所述涂层附着力检测方法包括划格法和拉开法，适用于钢铁表面涂层、不锈钢表面涂层和铝合金表面涂层附着力检测，但不适用于涂膜厚度大于 250μm 与有纹理的涂层附着力检测。划格法和拉开法可用于现场定性评判单层涂膜或多层涂膜与基底面附着力的大小，也可用于评定多涂层体系中各道涂层从其他底层涂层脱离的抗性。涂装工程中，对于防腐蚀涂料的涂层附着力检测是涂层保护性能相当重要的指标。

6.6.1　检测原理

划格法（见图 6.6-1）：在涂层中切 6 道平行切口，并在垂直于第一次切割处切另外 6 道平行切口。清除所有疏松的涂膜碎片。目视检查切割区域，并将其与六级分级标准进行对比。

拉开法（见图 6.6-2）：涂层体系干燥、固化后，用胶粘剂将试柱直接粘结到涂层的表面上。胶粘剂固化后，将粘结的试验组合置于适宜的拉力试验机上，粘结的试验组合经可控的拉力试验（拉开法试验），测出破坏涂层、底材间附着所需的拉力。用破坏界面间（附着破坏）的拉力或自身破坏（内聚破坏）的拉力来表示试验结果，附着和内聚破坏有可能同时发生。观察涂层脱离的程度，依据标准评定是否达到设计要求。

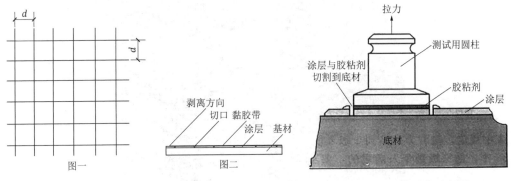

图 6.6-1　划格法示意图　　　　　　图 6.6-2　拉开法示意图

6.6.2　检测依据与数量

6.6.2.1　检测依据

目前涂层附着力检测依据主要有：

（1）《漆膜划圈试验》GB/T 1720—2020。

（2）《色漆和清漆　拉开法附着力试验》GB/T 5210—2006。

（3）《色漆和清漆　划格试验》GB/T 9286—2021。

6.6.2.2　检测数量

涂层附着力在《钢结构工程施工质量验收标准》GB 50205—2020 没有强制性检验相关

条款。当设计有附着力要求时，检测数量由有关方决定。

6.6.3 检测前准备工作

检测前需做好进场准备工作，应逐一检查以下条件是否满足进场检测要求：

（1）收集被检构件设计施工资料。

（2）确定试验方法、数量。

（3）与现场相关人员沟通进场时间和需要准备事项。

（4）检查仪器设备在正常检定或校准有效期内。

6.6.4 现场检测操作

涂层附着力现场检测应按照试验要求、试验步骤等内容实施，并填写《钢结构涂层附着力（拉力试验）检测记录》或《钢结构涂层附着力检测（划格法/栅格法）原始记录》。

6.6.4.1 划格法

划格法检测涂层附着力应包括下列内容：

（1）配备符合 DIN/ISO 标准、A-5126 型划格试验器刀头（刀齿间距为 2mm，用于 61～120μm 的硬质和软质底材）和 A-5128 型划格试验器刀头（刀齿间距为 3mm，用于 121～250μm 的硬质和软质底材）。如图 6.6-3 所示。

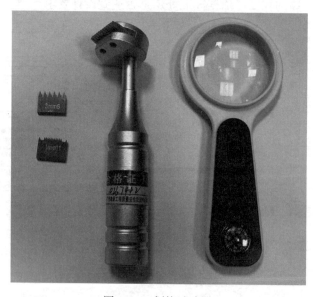

图 6.6-3 划格试验器

（2）清洁用刷子和钢直尺。

（3）特氟龙黏胶带宽 25mm，黏着力（10±1）N/25mm。

（4）目视放大镜手持式，放大倍数为 2 倍或 3 倍。

（5）选定的检测部位涂层已实干，并离边缘或不同检测部位的间距均不小于 5mm，具有代表性、针对性。每件待测构件的检测部位不少于 3 处。

（6）在检查刀具的切割刀刃保持良好状态后，即可开始切割。采用钢直尺导向，手握住切割刀，使刀垂直于涂层表面，对切割刀具均匀施力，切割出适宜的间距切割线，且所有的切割都应划透至涂层基材。

（7）重复上述操作，再作相同数量的平行切割线，与原先切割线成 90°角相交，以形成方格状图形。用软毛刷沿方格状图形的每一对角线，轻轻地向后扫几次，再向前扫几次。

（8）以均匀的速度拉出一段黏胶带，除去最前面的一段，然后剪下长约 75mm 的黏胶带，把该黏胶带的中心放在方格的上方，方向与一组切割线平行，然后用手指把黏胶带的各个部位压平，黏胶带长度至少超过方格 20mm。用手指尖用力蹭黏胶带，使其紧粘涂层。在贴上黏胶带的 5min 内，拿住胶带悬空的一端，使其与涂层表面成 60°夹角，在 0.5～1.0s 内平稳地撕离黏胶带。

在良好的照明环境中，对切割区刷扫后，直接目视或借助放大镜仔细检查粘贴后的切割部位，通过将切割区涂层的完整性与表 6.6-1 中图示比较，评定附着力等级。

6.6.4.2 拉开法

拉开法检测涂层附着力应包括下列内容：

（1）检测设备：拉力试验机（见图 6.6-4）、铝合金圆柱、切割装置、胶粘剂（环氧树脂胶粘剂和快干型氰基丙烯酸酯胶粘剂）。

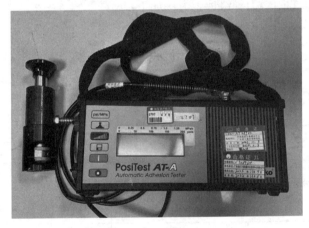

图 6.6-4 拉力试验机

（2）原则上，认真选择装置试验拉头的区域，此区域的表面需要平整，进而保证表面与拉头充分接触，且面积大于试验仪脚的尺寸，一般以长宽各 10cm 以上的面积为宜。

（3）用适当的溶剂去除待测物面的油脂、灰尘，用细砂纸轻轻打磨涂层表面，以促进试验拉头的附着，但不要过多磨损涂膜。用溶剂清洗并轻轻打磨试验拉头的较薄测试面，使其表面粗化。

（4）按适当比例混合胶粘剂，要求粘结力极强，如环氧类双组分结构胶，需要谨慎保证胶粘剂与试验涂层相容，粘结的强度大于试验涂层的强度。

（5）在试验区涂一层薄胶，同时也在试验拉头的结合面涂上相同的一层薄胶，将试验拉头压紧在试验区涂胶处，并轻微转动拉头，进而保证全部接触、用一平整重物压在试验拉头上。

（6）粘结固化后采用配套的切刀，套住拉头，刻画出透达基体的圆，用以除去过多的胶粘剂，同时不影响试验拉头。

（7）将试验仪下部的夹子滑向并嵌入拉头的沟槽内，操作者需要保证仪表平稳垂直地安置在涂膜表面。

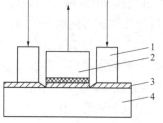

图 6.6-5　拉力试验示意图

1—外圆环；2—涂有胶粘剂的试柱；
3—涂层；4—底材。

（8）在进行拉开操作之前，将拉力指示器调到"0"读数，拉头脱开为止，计数。仍不能拉开时，采用最大拉力计数。

（9）胶粘剂固化后，立即把试验组合置于拉力试验机下，如图 6.6-5 所示。小心地在中心放置试柱，使拉力均匀地作用于试验面积上而没有任何扭曲动作。在与涂漆底材平面垂直的方向上施加拉伸应力，以不超过 1MPa/s 的速率稳步增加。试验组合的破坏应从施加应力起 90s 内完成，记录破坏试验组合的拉力。在准备的每个试验组合上重复进行拉力试验。

6.6.5　原始记录。

现场检测作业时填写原始记录表，如附表 63 和附表 64 所示。

6.6.6　检测结果判断

划格法和拉开法的附着力等级评定方法如下：

（1）划格附着力等级评定按表 6.6-1 执行。

划格附着力检测等级评定分级表　　　　　　　　　表 6.6-1

分级	说明	发生脱落的交叉切割区域的表面外观（六道平行切割线示例）
0	切割边缘完全平滑，网格内无脱落	
1	在切口交叉处有少许涂层脱落，但受影响的交叉切割面积不大于 5%	
2	在切口交叉处和/或沿切口边缘有涂层脱落，受影响的交叉切割面积大于 5%，但不大于 15%	
3	涂层沿切割边缘部分或全部以大碎片脱落和/或在格子不同部位上部分或全部脱落，受影响的交叉切割面积大于 15%，但不大于 35%	
4	涂层沿切割边缘大碎片脱落和/或一些方格部分或全部脱落，受影响的交叉切割面积大于 35%，但不大于 65%	
5	脱落的程度超过 4 级的情况	

注：附图是划格后每一个分级的示例。规定的百分比是根据图像给出的视觉印象得到的，同样的百分比不一定会与数字图像一起重现。

（2）拉拔附着力检测等级评定方法：

描述涂层拉拔后的破坏状态如下：通过目测破坏表面来确定破坏性质，按以下方式评定破坏类型：

A——底材的内聚力破坏。

A/B——底材与第一道涂层间的附着力破坏。

B——第一道涂层的内聚力破坏。

B/C——第一道涂层与第二道涂层间的附着力破坏。

N——多道涂层中第 n 道涂层的内聚力破坏。

N/M——多道涂层系统中第 n 道涂层与第 m 道涂层系统间的附着力破坏。

–/Y——最后一道涂层与胶粘剂间的附着力破坏。

Y——胶粘剂的内聚力破坏。

Y/Z——胶粘剂与试柱间的附着力破坏。

对每种破坏类型，估计破坏面积的百分数，精确至 10%。当破坏不一致时，应重复试板的处理和涂漆过程，至少在 6 个试验组合上重复进行系列试验。计算平均值，精确到整数。附着力的强度以 N/mm^2（MPa）表示，Elcometer 108 上面显示的是 MPa。举例：某个涂层系统的拉开应力为 20MPa，试柱与第一道涂层上有 30% 的涂层内聚力破坏，第一道涂层与第二道涂层的附着力破坏达到 70% 的圆柱面积，其可以表示为：20MPa，30%B，70%B/C。

6.6.7　检测结果简报

为满足各方对检测结果的及时掌握，避免工期延误，应相关方要求可出具检测结果简报。初步检测报告应至少包括项目名称、委托单位、检测日期、检测方法、检测结果等，检测结果简报模板参考附表 65 和附表 66。

6.6.8　正式检测报告

附着力正式检测报告应符合《色漆和清漆　拉开法附着力试验》GB/T 5210—2006、《色漆和清漆　划格试验》GB/T 9286—2021 的相关要求，正式检测报告的主要内容包括以下方面：

（1）委托方名称，建设、勘察、设计、监理和施工单位，设计要求。

（2）工程名称、地点。

（3）检测目的，检测依据，检测数量，检测日期。

（4）检测人员，质量监督站，监督号。

（5）检测方法，检测仪器设备，检测过程。

（6）检测数据包括图片显示数值、胶带。

（7）检测结果表格及检测结论。

正式检测报告模板参考附表 67 和附表 68。

6.7　橡胶密封带夹持性能

6.7.1　检测依据

《公路桥梁伸缩装置通用技术条件》JT/T 327—2016。

6.7.2　检测数量

每批伸缩装置的检测数量不少于两件。

6.7.3　试验步骤

6.7.3.1　试验准备

试件宜取 0.2m 长的组装构件。试验前应将试件直接置于标准温度 23℃±5℃下，静置 24h，使试件内外温度一致，且不应有腐蚀性气体及影响检测的振动源。

6.7.3.2　试验步骤

伸缩装置橡胶密封带夹持性能按下列步骤进行试验：

（1）在试验机的承载板上固定异型钢，使异型钢型腔处于同一水平面上，高差应小于 1mm；水平油缸、负荷传感器的轴线和橡胶密封带的对称轴重合。

（2）以 0.05～0.10kN/s 的速度连续均匀加载水平力，使水平力加载至 0.2kN，持荷 15min，观察橡胶密封带是否脱落、是否产生细裂纹。

（3）以连续、均匀速度卸载至无水平力，静置 5min。

（4）重复上述两步骤，加载过程连续进行 3 次。

（5）若 3 次夹持性能试验均未出现橡胶密封带脱落和细裂纹，则橡胶密封带的夹持性能符合要求。

6.7.4　正式检测报告

原始记录及报告模板见附表 69 和附表 70。

试验报告应包含以下内容：

（1）试件概况：包括对应的伸缩装置型号、试件编号，并附简图。

（2）试验机性能及配置描述。

（3）试验过程中出现的异常现象描述。

（4）完整的试验记录，包括试验评定结果，并附试验照片。

6.8　变形试验

6.8.1　检测依据

《公路桥梁伸缩装置通用技术条件》JT/T 327—2016。

6.8.2　检测数量

每批伸缩装置的检测数量不少于两件。

6.8.3　变形性能要求

为了满足桥梁纵、横、竖三向变形要求，伸缩装置的变形性能应满足表 6.8-1 的相关要求。当桥梁变形使伸缩装置产生显著的横向错位和竖向错位时，宜通过专题研究确定伸缩装置的平面转角要求和竖向转角要求，并进行变形性能检测。

伸缩装置变形性能要求　　　　　　　　　　　　　　表 6.8-1

装置类型	项目			要求
MB	拉伸、压缩时最大水平摩阻力/（kN/m）			$\leqslant 4 \times n$
	拉伸、压缩时变形均匀性	每单元最大偏差/mm		$-2 \sim 2$
		总变形最大偏差/mm	$80 \leqslant e \leqslant 400$	$-5 \sim 5$
			$400 < e \leqslant 800$	$-10 \sim 10$
			$e > 800$	$-15 \sim 15$
	拉伸、压缩时每个单元最大竖向变形偏差/mm			$\leqslant 2.0$
	符合水平摩阻力和变形均匀性条件下的错位性能	纵向错位		伸缩装置的扇形变形角度 $\geqslant 2.5°$
		横向错位		伸缩装置两端偏差 $\geqslant 20 \times n$
		竖向错位		顺桥向坡度 $\geqslant 5°$
SC	拉伸、压缩时最大竖向变形偏差/mm			$\leqslant 1.0$
SSA SSB	拉伸、压缩时最大水平摩阻力/（kN/m）			$\leqslant 5.0$
	拉伸、压缩时最大竖向变形偏差/mm	$80 \leqslant e \leqslant 720$		$\leqslant 1.0$
		$720 < e \leqslant 1440$		$\leqslant 1.5$
		$e > 1440$		$\leqslant 2.0$
W	拉伸、压缩时最大竖向变形/mm			$\leqslant 6.0$

注：n 为多缝模数式伸缩装置中橡胶密封带的个数。

6.8.4　试验步骤

6.8.4.1　试验准备

试件应按 6.1.2 节的规定进行取样，试验前应将试件直接置于标准温度 23℃±5℃下，静置 24h，使试件内外温度一致，且不应有腐蚀性气体及影响检测的振动源。

6.8.4.2　试验步骤

伸缩装置变形性能按下列步骤进行试验：

（1）试件按图 6.8-1 布置在试验台座上。试验台、固定台座和移动台座应具有足够的刚度，避免对试验结果产生不良的影响。

（2）试验过程中，应采用不超过 1mm/s 的速度施加纵向位移。

（3）在横向错位和竖向错位为零的状态下，使伸缩装置完成一次最大闭合和最大开口；在横向错位取最大、竖向错位为零的状态下，使伸缩装置完成一次最大闭合和最大开口；在横向错位为零、竖向错位取最大的状态下，使伸缩装置完成一次最大闭合和最大开口；横向错位和竖向错位归零，使伸缩装置处于最大开口状态。

（4）以 25%最大伸缩量为步长，每步变形完成后，静置 5min，由最大开口变形至最大闭合，测量变形、变位和摩阻力。

（5）上一步骤重复进行 3 次，将测量结果的平均值与 6.1.1 节不同标准的规范值比较，符合要求为合格。

（6）施加最大横向错位，以 25%最大伸缩量为步长，每步变形完成后，静置 5min，由最大开口变形至最大闭合，测量变形、变位和摩阻力。

（7）上一步骤重复进行 3 次，将测量结果的平均值与 6.1.1 节不同标准的规范值比较，符合要求为合格。

（8）横向错位归零、施加最大竖向错位，以 25%最大伸缩量为步长，每步变形完成后，静置 5min，由最大开口变形至最大闭合，测量变形、变位和摩阻力。

（9）上一步骤重复进行 3 次，将测量结果的平均值与 6.1.1 节不同标准的规范值比较，符合要求为合格。

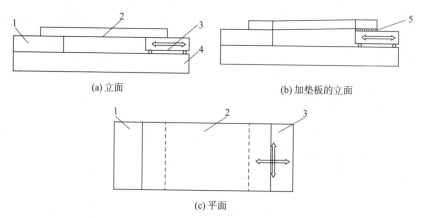

(a) 立面　　　　　　　　　　　　　(b) 加垫板的立面

(c) 平面

图 6.8-1　变形性能试验试件布置示意

1—固定台座；2—伸缩装置试件；3—移动台座；4—试验台；5—垫块。

6.8.5　正式报告

原始记录及试验报告模板见附表 71 和附表 72。

6.9　防水性能

6.9.1　检测依据

《公路桥梁伸缩装置通用技术条件》JT/T 327—2016。

6.9.2　检测数量

每批伸缩装置的检测数量不少于两件。

6.9.3　试验步骤

6.9.3.1　试验准备

试件应按 6.1.2 节的规定进行取样，试验前应将试件直接置于标准温度 23℃±5℃下，静置 24h，使试件内外温度一致，且不应有腐蚀性气体及影响检测的振动源。

6.9.3.2　试验步骤

伸缩装置防水性能按下列步骤进行试验：

（1）使伸缩装置处于最大开口状态，并固定。

（2）对伸缩装置试样进行封头处理，封头应高出伸缩装置顶面 30mm。

（3）使伸缩装置处于水平状态，注水，使水面高出伸缩装置顶面 10mm；若 24h 后，未出现渗水、漏水现象，则伸缩装置的防水性能符合要求。

6.9.4　正式报告

原始记录及试验报告模板见附表 73 和附表 74。

试验报告应包含以下内容：

（1）试件概况：包括对应的伸缩装置型号、试件编号，并附简图。

（2）试验机性能及配置描述。

（3）试验过程中出现的异常现象描述。

（4）完整的试验记录，包括试验评定结果，并附试验照片。

6.10　承载性能

6.10.1　检测依据

《公路桥梁伸缩装置通用技术条件》JT/T 327—2016。

6.10.2　检测数量

每批伸缩装置的检测数量不少于两件。

6.10.3　试验步骤

6.10.3.1　试验准备

试件应按 6.1.2 节的规定进行取样，试验前应将试件直接置于标准温度 23℃±5℃下，静置 24h，使试件内外温度一致，且不应有腐蚀性气体及影响检测的振动源。

6.10.3.2　试验步骤

伸缩装置的承载性能按下列步骤进行试验：

（1）试件按图 6.10-1 固定在试验台座上，移动移动台座，使伸缩装置处于最大开口状态并固定。试验台、固定台座和移动台座应具有足够的刚度，避免对试验结果产生不良的影响。

（2）使用钢加载板和橡胶板模拟轮载作用，加载板尺寸采用轮载的着地尺寸。

（3）模拟轮载的静力作用时，α 取 16.7°；以设计轮载 P_d 的 10% 为步长，以 1kN/s 的速度加载，每步加载完成后，静置 5min；测量伸缩装置的应力和竖向挠度。

（4）上一步骤重复进行 3 次，将测量结果的平均值与规范值的要求比较，符合要求为合格。

（5）模拟轮载的疲劳作用时，α 取 0°；以 0～P_d 为循环幅，施加 2×10^6 次，测量伸缩装置的应力变化情况，并观察伸缩装置是否开裂；若未出现疲劳裂缝，伸缩装置的疲劳性能符合要求。

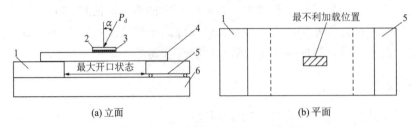

图 6.10-1　承载性能试验试件布置示意

1—固定台座；2—钢加载板；3—橡胶板；4—伸缩装置试件；5—移动台座；6—试验台。

6.10.4　正式报告

原始记录及试验报告模板见附表 75 和附表 76。

试验报告应包含以下内容：

（1）试件概况：包括对应的伸缩装置型号、试件编号，并附简图。

（2）试验机性能及配置描述。

（3）试验过程中出现的异常现象描述。

（4）完整的试验记录，包括试验评定结果，并附试验照片。

第 7 章

隧道环境

本章主要介绍隧道内环境的检测方法、所用检测设备等内容。主要包括隧道内照明、通风、噪声、各类气体浓度、粉尘浓度等检测内容。

7.1 照度检测

7.1.1 检测原理

隧道照明直接影响隧道运营安全与运营节能。为保障隧道视觉满足使用要求及隧道行车安全，节约能源和保护环境，需对隧道照度进行测量，本项目采用照度计对隧道照度进行检测，取各个测点多次测量的平均值。

7.1.2 检测依据

《照明测量方法》GB/T 5700—2023。
《公路隧道照明设计细则》JTG/T D70/2-01—2014。
《建筑照明设计标准》GB/T 50034—2024。

7.1.3 检测仪器

隧道照明测量，应采用分辨力 ≤ 0.11x 的光照度计（见图 7.1-1），测量用光照度计的计量性能应满足以下条件：

（1）相对示值误差绝对值：≤ ±4%。
（2）$V(\lambda)$匹配误差绝对值：≤ 6%。
（3）余弦特性（方向性响应）误差绝对值：≤ 4%。
（4）换挡误差绝对值：≤ ±1%。
（5）非线性误差绝对值：≤ ±1%。

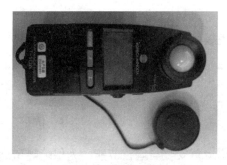

图 7.1-1　光照度计

7.1.4 检测前准备工作

检测前需做好进场准备工作，应逐一检查以下条件是否满足进场检测要求：

（1）收集被检隧道设计施工资料。

（2）确定试验方法、数量。

（3）与现场相关人员沟通进场时间和需要准备事项。

（4）检查仪器设备在正常检定或校准有效期内。

7.1.5 现场操作

隧道照明为垂直照度，因此隧道照度测量，宜采用中心布点法。在隧道照度测量的区域，将其划分成矩形网格，网格宜为正方形，应在矩形网格中心点测量照度，如图 7.1-2 所示。

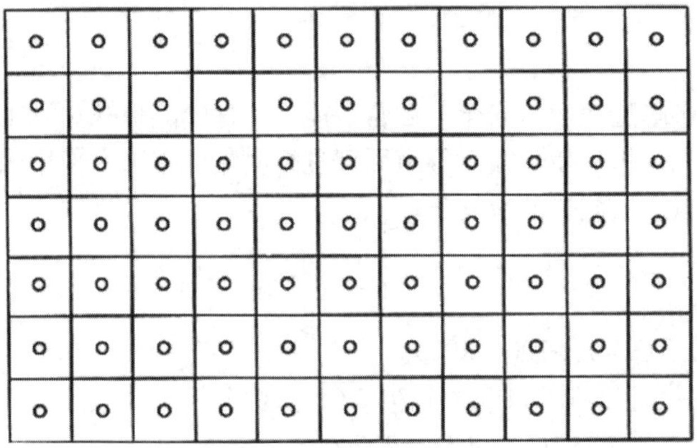

图 7.1-2　中心布点示意图

○—测点。

7.1.6 数据处理

中心布点法的平均照度按下式计算：

$$E_{av} = \frac{1}{M \cdot N} \sum E_i$$

式中：E_{av}——平均照度（lx）；

E_i——在第 i 个测点上的照度（lx）；

M——纵向测点数；

N——横向测点数。

原始记录及试验报告模板见附表 77 和附表 78。

7.2　噪声检测

7.2.1 检测原理

隧道噪声直接影响隧道运营安全与运营节能，为保障隧道满足使用要求及隧道行车安全，需对隧道噪声进行测量，本项目采用多功能声级计对隧道噪声进行检测。

7.2.2　检测依据及评定标准

检测依据:《声环境质量标准》GB 3096—2008。在建阶段及运营阶段的隧道噪声标准分别如表 7.2-1 和表 7.2-2 所示。

在建阶段隧道噪声标准　　　　　　　　　　　　　　　表 7.2-1

检测项目	噪声标准
人员接触噪声 40h 等效声级	不大于 85dB(A)
一个工作台班噪声等效声级	不大于 90dB(A)
洞口居民区 24h 噪声等效声级	不大于 70dB(A)

运营阶段隧道噪声标准　　　　　　　　　　　　　　　表 7.2-2

检测项目	噪声标准
昼间等效声级	不大于 70dB(A)
夜间等效声级	不大于 55dB(A)

7.2.3　检测仪器

检测仪器:多功能声级计（噪声分析仪），如图 7.2-1 所示。

隧道环境噪声测量,应采用符合 2 型或 2 型以上的积分平均声级计。噪声检测仪标定用的声校准器应符合《电声学 声校准器》GB/T 15173—2010 对 1 级或 2 级声校准器的规定。

(a) 仪器　　　　　　　　　　　　　(b) 测试现场

图 7.2-1　声级计

7.2.4　检测前准备工作

检测前需做好进场准备工作,应逐一检查以下条件是否满足进场检测要求:

（1）收集被检隧道设计施工资料。

（2）确定试验方法、数量。

（3）与现场相关人员沟通进场时间和需要准备事项。

（4）检查仪器设备在正常检定或校准有效期内。

7.2.5　现场操作

1）测试布点

（1）选择能反映隧道洞内或洞外声环境质量特征的检测点进行长期定点检测，每次测量的位置、高度应保持不变。

（2）隧道洞内测点应选在施工作业面或噪声可能最大值处。

（3）隧道洞外测点应设置在第一排居民区同侧，且洞外两侧居民检测点均不应少于2个。

2）检测步骤

（1）用声校准器对噪声检测仪进行标定，示值偏差应小于0.5dB。

（2）检测时测点应距离隧道边墙和其他反射面不小于1m，距地面1.2～1.5m。

（3）用声级计提前设置好测试时间，白天以20min的等效A声级表征该点的昼间噪声值，夜间以8h的平均等效A声级表征该点夜间噪声值，如需监测24h，则对应设置监测时长。

7.2.6　数据处理

本项测试所用仪器都可直接得出测试点位的等效声级。其对应的计算公式如下：

$$L_{eq} = 10 \lg \left(\frac{1}{T} \int_0^T 10^{0.1L_A} \, dt \right)$$

式中：L_{eq}——等效声级［dB(A)］；

　　　L_A——t时刻的瞬时A声级［dB(A)］；

　　　T——规定的测量时间段。

检测原始记录及报告模板如附表79和附表80所示。

7.3　风速检测

7.3.1　检测原理

通风分自然通风和机械通风两大类，隧道风速直接影响隧道运营安全与运营节能。为保障隧道行车安全，需对隧道风速进行测量，本项目采用微风速测量探头对隧道风速进行检测。

7.3.2　检测依据及评定标准

（1）《公路隧道通风设计细则》JTG/T D70/2-02—2014。

（2）《公共场所卫生检验方法　第1部分：物理因素》GB/T 18204.1—2013。

运营阶段的隧道风速标准如表7.3-1所示。

运营阶段隧道风速标准　　表 7.3-1

隧道类型	断面平均风速标准
单向交通隧道	不大于 10m/s，特殊情况不大于 12m/s
双向交通隧道	不大于 8.0m/s
设有专用人行道的隧道	不大于 7.0m/s
采用纵向通风的隧道	不小于 1.5m/s

7.3.3　检测仪器

检测仪器：微风速仪，如图 7.3-1 所示。

测量用微风速仪的计量性能应满足以下条件：0.1～2m/s 范围内，其测量误差不大于±10%。

图 7.3-1　微风速仪

7.3.4　检测前准备工作

检测前需做好进场准备工作，应逐一检查以下条件是否满足进场检测要求：

（1）收集被检隧道设计施工资料。

（2）确定测试布点位置。

（3）与现场相关人员沟通进场时间和需要准备事项。

（4）检查仪器设备在正常检定或校准有效期内。

7.3.5　现场操作

1）测点布置

（1）纵向上，检测点宜布置在距离隧道进出口 60m 处，距离风机出风口不小于 60m，每个检测段应检测 3 个邻近断面，断面间距宜为 100m±10m。

（2）横向上，检测点应位于建筑界线右顶角的右侧端点垂线上，高度距离检修道（人行道）上方 250cm。

2）检测步骤

（1）采用微风速仪进行检测，选取典型气候条件测试，根据检测员与风流方向的相对位置，分迎面和侧面两种测法：

迎面法：检测员面向风流站立，手持风速仪，手臂向正前方伸直。

侧面法：检测员背向隧道壁站立，手持风速仪，手臂向风流垂直方向伸直。

（2）测点宜取距离地面 1.5m 高度。

（3）轻轻将测杆测头拉出，测头上的红点对准来风方向，读出风速值。

（4）按要求对仪器进行期间核查和使用前校准。

7.3.6 数据处理

（1）迎面法

迎面法校正后的风速v_1应按下式计算：

$$v_1 = 1.14v_{s1}$$

式中：v_1——迎面法校正后的风速（m/s）；

v_{s1}——迎面法检测得到的风速（m/s）。

（2）侧面法

侧面法校正后的风速v_2应按下式计算：

$$v_2 = \frac{v_{s2}(S - 0.4)}{S}$$

式中：v_2——侧面法校正后的风速（m/s）；

v_{s2}——侧面法检测得到的风速（m/s）；

S——所有检测区域的面积总和（m²）。

（3）运营阶段隧道断面平均风速

运营阶段隧道断面平均风速用邻近 3 个断面风速检测值的算术平均值，按下式计算：

$$\bar{v}_2 = \frac{v_{21} + v_{22} + v_{23}}{3}$$

式中：$\bar{v}_2$——运营阶段隧道断面平均风速（m/s）；

v_{21}——第 1 个断面检测得到校正后的风速值（m/s）；

v_{22}——第 2 个断面检测得到校正后的风速值（m/s）；

v_{23}——第 3 个断面检测得到校正后的风速值（m/s）。

检测原始记录及报告模板如附表 81 和附表 82 所示。

7.4 隧道环境

隧道施工过程中存在强烈的噪声、冲击、振动和空气污染，会严重危害施工人员的身体健康。因此，在隧道的施工阶段必须进行施工环境检测，针对检测结果采取相应的预防或治理措施，降低施工过程给现场环境和施工人员带来的不利影响。隧道施工环境检测的主要检测项目包括粉尘浓度、一氧化碳、二氧化碳、一氧化氮、二氧化氮、二氧化硫、硫化氢和氧气等。瓦斯隧道施工，还应重点监测瓦斯浓度，杜绝爆炸风险。放射性地层隧道施工，应监测核辐射。隧道施工环境空气作为工作场所空气的一种，可使用《工作场所空气有毒物质测定》（GBZ/T 160 系列和 GBZ/T 300 系列）进行检测。

7.4.1 概述

粉尘浓度检测对象包括总粉尘和呼吸性粉尘。总粉尘，指可进入整个呼吸道（鼻、咽喉、支气管和肺泡）的粉尘，技术上指使用总粉尘采样器按照工作场所空气标准在呼吸带测得的所有粉尘。呼吸性粉尘，指使用呼吸性粉尘采样器按照工作场所空气标准所采集的可进入肺泡的粉尘。总粉尘浓度和呼吸性粉尘浓度一般使用滤膜测尘法进行检测，通过将采样器放置在工作场所或施工人员身上，以 1～5L/min 流量采集一段时间，通过称取滤膜采样前后的质量，即可得出结果。粉尘浓度的检测也可使用光散射法（《工作场所空气中粉尘浓度快速检测方法–光散射法》WS/T 750—2015）进行检测，但是比较少见。游离二氧化硅含量高于 10% 的各种粉尘，均按矽尘容许浓度对待。

瓦斯，主要成分是甲烷（化学式为 CH_4，分子量为 14.043），另有少量的乙烷、丙烷、丁烷和其他烷烃，一般还含有硫化氢、一氧化碳、二氧化碳等，常温下是一种无色、无味、无臭、易燃、易爆的气体，难溶于水。当空气中瓦斯的浓度在 5.5%～16% 时，有明火的情况下能发生爆炸，产生高温、高压、冲击波，并放出有毒气体。

瓦斯浓度检测可分为人工检测和自动监测。人工检测可使用便携式瓦斯检测仪和光干涉甲烷测定仪，当使用光干涉甲烷测定仪进行人工检测时，低浓度瓦斯环境下应使用低浓度光干涉甲烷测定仪，高浓度瓦斯环境下应使用高浓度光干涉甲烷测定仪。自动监测可使用瓦斯自动监控报警系统，原理是在测点处安设甲烷传感器，将甲烷浓度转换成电信号，传给数据采集站，通过计算机读取数据。

硫化氢，化学式为 H_2S，分子量为 34.076，常温下是一种易燃的酸性气体，无色，低浓度时有臭鸡蛋气味，高浓度时剧臭。硫化氢与空气混合能形成爆炸性混合物，遇明火、高热能引起燃烧、爆炸。

空气中硫化氢的检测可使用醋酸铅试纸法、亚甲蓝分光光度法和检知管法。醋酸铅试纸法是使用醋酸铅试纸吸收空气中的硫化氢气体，如果试纸变成黑色或棕色，则证明有硫化氢存在。该方法用到的醋酸铅试纸携带方便，是一种定性和半定量方法。亚甲蓝分光光度法的原理是使用氢氧化镉-聚乙烯醇磷酸铵溶液吸收空气中的硫化氢，生成硫化镉胶状沉淀。在硫酸溶液中，硫离子与对氨基二甲基苯胺溶液和三氯化铁溶液作用生成亚甲基蓝，于 665nm 波长处测定吸光度，硫化物含量与吸光度成正比。亚甲蓝分光光度法适合空气中低浓度硫化氢的检测，比较常见于环境空气和固定污染源废气的硫化氢检测，无法在现场得出结果，不适合施工环境硫化氢的检测。检知管法是将吸附醋酸铅和氯化钡的硅胶装入细玻璃管内，抽取一定体积的气体，注入玻璃管内，形成褐色硫化铅。硅胶柱变色长度与标准尺比较，即可得出硫化氢的浓度。

一氧化碳，化学式为 CO，分子量为 28.010，常温下是一种无色、无味、无臭的气体，与空气混合能形成爆炸性混合物，遇明火、高温引起燃烧、爆炸。一氧化碳能使人中毒，主要机理是一氧化碳与血红蛋白形成可逆性的结合，导致组织缺氧和二氧化碳滞留，产生中毒症状。

二氧化碳，化学式为 CO_2，分子量为 44.010，常温下是一种无色无味气体，能溶于水形成碳酸。二氧化碳本身无毒，但空气中二氧化碳浓度大于 5000ppm 时，可能导致严重缺氧，造成永久性脑损伤、昏迷，甚至死亡。

一氧化碳、二氧化碳的检测可使用不分光红外线气体分析法和气相色谱法。不分光红外线气体分析法的原理是使用红外光照射气体分子，被测的一氧化碳和二氧化碳分子吸收自己相应波长的红外光，由吸收的强弱可测得一氧化碳和二氧化碳的浓度。不分光红外线气体分析法灵敏度高，选择性好。气相色谱法则是通过将样品导入气相色谱仪中，经毛细管柱分离后导入检测器进行检测，该方法检出限低，灵敏度高，选择性好，适合任何场所下低浓度的一氧化碳和二氧化碳检测，但便携性气相色谱仪价格昂贵，仪器较重，不适合在施工环境现场检测。

一氧化氮，化学式为NO，分子量为30.006，常温下为无色气体，微溶于水，具有强氧化性，接触空气会散发出棕色有酸性氧化性的棕黄色雾。一氧化氮主要损害呼吸道，能引起中枢神经麻痹和痉挛。

二氧化氮，化学式为NO_2，分子量为46.01，常温下为有刺激性气味的红棕色气体，有毒，与水作用生成硝酸和一氧化氮，吸入会损害呼吸道。

环境空气和废气中的一氧化氮、二氧化氮检测常用Saltzman法或化学发光法，工作场所空气中尚未有上述两种化合物的标准检测方法。Saltzman法的原理是用含对氨基苯磺酸的吸收液吸收空气中的二氧化氮，进行重氮化反应，再与 N-(1-萘基)乙二胺盐酸盐作用，生成粉红色的偶氮染料，于波长 540～545nm 之间比色定量。化学发光法的原理是将样品空气分成两路，一路直接进入反应室，另一路通过钼转换器将二氧化氮转化为一氧化氮后进入反应室，测定氮氧化物。反应室内的氮氧化物被过量臭氧氧化形成激发态的二氧化氮分子。返回基态过程中发出特定波长的光，样品中一氧化氮的浓度与吸光度成正比。二氧化氮的浓度通过氮氧化物和一氧化氮的浓度差值进行计算。分光光度法需要携带采样器在现场进行空气采样，带回实验室进行比色，无法现场读取数据，较为繁琐，不适合隧道环境施工现场的检测。

二氧化硫，化学式为SO_2，分子量为64.07，常温下为无色透明气体，有刺激性臭味，刺激呼吸道。工作场所空气相关标准中尚未有该物质的标准检测方法，室内中常用甲醛溶液吸收-盐酸副玫瑰苯胺分光光度法进行检测，该方法的原理是使用甲醛缓冲溶液吸收空气中的二氧化硫，生成稳定的羟基甲基磺酸，加入氢氧化钠溶液后，与盐酸副玫瑰苯胺作用，生成紫红色化合物，以比色定量。

氧气，化学式O_2，分子量为32，无色气体。人类待在氧气含量高于50%的环境下数分钟便会致命，氧气含量过低，则会呼吸急促、昏厥，甚至死亡。

隧道环境中一氧化碳、二氧化碳、一氧化氮、二氧化氮、二氧化硫、硫化氢和氧含量一般采用传感器法，不同化合物的传感器可安装在同一台仪器上，同时得出众多被测化合物的检测结果。但使用传感器法时，应特别注意仪器传感器的寿命，及时更换（应特别关注 PID 检测器的使用寿命）。

7.4.2　一般规定

（1）隧道施工应进行有害气体检测。隧道环境有害气体检测应包括以下项目：一氧化氮、二氧化氮、二氧化硫、硫化氢、氧气、一氧化碳、二氧化碳等气体浓度。在建隧道还应检测粉尘浓度。瓦斯隧道施工，还应检测瓦斯浓度。

（2）有害气体检测前应编制专项检测方案。

（3）应定期编制检测报告提交相关部门，检测报告主要包括施工情况、检测方法、检测数据、有害气体分析、工作环境危险性评价、对人身健康危害情况、应对措施及施工建议等内容。有害气体超标时应及时报告。

（4）高海拔隧道或长、特长隧道应不定期抽样检测隧道内空气中的氧气含量及一氧化碳、二氧化碳、氮氧化物等有害气体和粉尘含量。

7.4.3　测点数量

1）密闭空间空气的准入检测

当对象为密闭空间空气时，可分为准入检测、监护检测和事故检测三类。准入检测为人员进入密闭空间前，对其空气中的有毒有害气体进行的检测，为准入密闭空间提供依据。监护检测为人员在密闭空间内作业时，对空气中有毒有害气体进行的连续的或定时的检测。事故检测为发生事故后对密闭空间进行的检测，为处理事故、抢救人员和保障抢修提供有毒有害气体的信息。

根据《密闭空间直读式仪器气体检测规范》GBZ/T 206—2007，准入检测应符合下列要求：

（1）准入检测时，可在隧道进口内 1m 位置进行检测。

（2）根据密闭空间的实际情况确定检测点的数量和位置，两个检测点之间的距离不超过 8m。

（3）圆柱形密闭空间水平直径在 8m 以内、纵向高度在 8m 以内，检测点距离密闭空间顶部和底部均不超过 1m，设上、下一组两个检测点。

（4）水平直径在 8m 以内、纵向高度在 8m 以上的密闭空间，上下两点距顶部和底部不超过 1m，设上、中、下一组三个检测点。

（5）水平直径在 8m 以上，增设一组或多组检测点。两个相邻检测点之间的距离不超过 8m。

（6）检测点的设定应考虑可燃气体或有毒气体的密度。比空气重的气体，应在密闭空间的底部适当增加检测点，比空气轻的气体，应在密闭空间的上部适当增加检测点。

（7）检测点应避免设置在密闭空间的开口通风处，应深入密闭空间开口通风处 1m 以上，以避免外部气流和内部对流对检测结果的影响。

（8）在有害气体的释放源和空间的死角、拐角部位应增设检测点。

（9）若所进入密闭空间中的空气是分层的，在进入方向和进入两侧 1.2m 范围内进行检测。

2）瓦斯隧道瓦斯浓度检测

人工瓦斯检测地点应包括：

（1）隧道内掌子面、仰拱及二次衬砌等作业面。

（2）爆破地点附近 20m 内风流中。

（3）拱顶、脚手架顶、台车顶、塌腔区、断面变化处、联络通道及预留洞室等风流不易到达、瓦斯易发生积聚处。

（4）过煤层、断层破碎带、裂隙带及瓦斯异常涌出点；局部通风机、电机、变压器、电器开关附近、电缆接头等隧道内可能产生火源的地点。

人工瓦斯检测频率应符合下列规定：

（1）微瓦斯工区煤（岩）与瓦斯突出工区的开挖工作面及瓦斯涌出量较大、变化异常区域，应提高检测频率。

（2）瓦斯浓度低于 0.5%时，应每 0.5～1h 检测一次，高于 0.5%时，应随时检测。

（3）瓦斯工区内进行钻孔作业、塌腔及采空区处治和焊接动火、切割时，应随时检测。

3）其他规定

考虑到施工人员的身体健康，亦可以按照《工作场所空气中有害物质监测的采样规范》GBZ 159—2004 进行检测，如下：

（1）选择有代表性的工作地点，其中应包括空气中有害物质浓度最高、劳动者接触时间最长的工作地点。

（2）在不影响劳动者工作的情况下，采样点尽可能靠近劳动者。

（3）检测粉尘浓度时，粉尘采样器应尽可能接近劳动者工作时的呼吸带。

（4）凡逸散或存在有害物质的工作地点，至少应设置 1 个采样点。

（5）劳动者在多个工作地点工作时，在每个工作地点设置 1 个采样点。

（6）仪表控制室和劳动者休息室，至少设置 1 个采样点。

7.4.4　技术要求

检测依据：

（1）《公路隧道施工技术规范》JTG/T 3660—2020。

（2）《公路隧道通风设计细则》JTG/T D70/2-02—2022。

（3）《工作场所有害因素职业接触限值 第 1 部分：化学有害因素》GBZ 2.1—2019

技术要求：

（1）隧道环境空气中的一氧化碳、二氧化碳、二氧化硫、氮氧化物（一氧化氮和二氧化氮）、硫化氢浓度应符合表 7.4-1 的要求。

工作场所空气中化学有害因素职业接触限值　　　　表 7.4-1

序号	中文名	英文名	化学文摘号 CAS 号	OEL5/（mg/m³）			临界不良反应
				MAC	PC-TWA	PC-STEL	
1	一氧化碳非高原	Carbon monoxide	630-08-0	—	20	30	碳氧血红蛋白血症
	一氧化碳高原（海拔 2000～3000m）			20	—		
	一氧化碳高原（海拔 2000～3000m）			15			
2	二氧化碳	Carbon dioxide	124-38-9	—	9000	18000	呼吸中枢、中枢神经系统作用：窒息
3	二氧化硫	Sulfur dioxide	7446-09-5	—	5	10	呼吸道刺激
4	氮氧化物（一氧化氮和二氧化氮）	Nitrogen oxides	10102-43-910102-44-0	—	5	10	呼吸道刺激
5	硫化氢	Hydrogen sulfide	7783-06-4	10	—		神经毒性；强烈黏膜刺激
备注	OEL5：职业接触限值； PC-TWA：时间加权平均容许浓度，指以时间为权数规定的 8h 工作日、40h 工作周的平均容许接触浓度； PC-STEL：短时间接触容许浓度，指在实际测得的 8h 工作日、40h 工作周平均接触浓度遵守 PC-TWA 的前提下，容许劳动者短时间（15min）接触的加权平均浓度； MAC：最高容许浓度，指在一个工作日内任何时间、工作地点的化学有害因素均不应超过的浓度						

（2）隧道环境空气中的氧气含量应大于 19.5%；不符合规定时，不应直接用纯氧换气，可通过加大通风量等措施提高空气中的氧气含量。

（3）隧道内瓦斯浓度限值应符合表 7.4-2 的要求。

隧道内瓦斯浓度限值　　　　　　　　　　　表 7.4-2

序号	工区	地点	限值
1	微瓦斯工区	任意处	0.25%
2	低瓦斯工区	任意处	0.5%
3	高瓦斯工区煤（岩）与瓦斯突出工区	瓦斯易积聚处	1.0%
4		开挖工作面风流中	1.0%
5		回风巷或工作面风流中	1.0%
6		放炮地点附近 20m 风流中	1.0%
7		煤层放炮后工作面风流中	1.0%
8		局扇及电器开关 10m 范围内	0.5%
9		电动机及开关附近 20m 范围内	1.0%

7.4.5　试验方法

1）仪器设备

检测方法宜使用现场快速定性和定量检测的方法，推荐使用直读式现场检测仪（见图 7.4-1），但仪器应符合《密闭空间直读式仪器气体检测规范》GBZ/T 206—2007 的要求。需要检测多种混合气体时，推荐使用多种气体复合式检测仪，仪器应符合《爆炸性环境　第 1 部分：设备　通用要求》GB/T 3836.1—2021）的防爆要求。现场测试如图 7.4-2 所示。

图 7.4-1　直读式现场检测仪　　　　图 7.4-2　现场照片

2）根据检测对象和适用场所，直读式气体检测仪可按表 7.4-3 的建议进行选择。

直读式气体检测仪的选择建议　　　　　　　　　表 7.4-3

检测对象	仪器种类	适用场所
氧气	电化学式测氧仪	任何场所
可燃气体	催化燃烧时可燃气体检测仪	空间氧含量 ≥ 18%（Vol.），无催化元件中毒的场所
	红外式可燃气体检测仪	任何场所（无检测响应的可燃气体除外）
	便携式气相色谱仪	任何场所

检测对象	仪器种类	适用场所
无机有毒气体	电化学式有毒气体检测仪	存在一氧化碳、硫化氢、氯气、氯化氢、氨气、二氧化硫、一氧化氮、氢氰酸等
	气体检测管	
有机有毒气体	光电离（PID）检测仪	除甲烷、乙烷、丙烷、乙烯、甲醇、甲醛等外的场所
	便携式气相色谱仪	任何场所
	气体检测管	特定有毒气体
多种混合气体	多种气体复合式检测仪	同时存在可燃气体、特定有毒气体和氧气
	便携式气相色谱仪	同时存在多种可燃气体和有毒气体

3）气体浓度检测方法的选择如下：

（1）氧气浓度检测可使用电化学式测氧仪。

（2）一氧化碳浓度的现场检测可使用一氧化碳检测仪或不分光红外线气体分析仪。

（3）硫化氢浓度的现场检测可使用醋酸铅试纸法和硫化氢传感器法，亦可使用检知管法。

（4）氮氧化物（含一氧化氮和二氧化氮）、二氧化碳和二氧化硫等有毒气体浓度可采用电化学式有毒气体检测仪和气体检测管。

4）直读式检测仪的检测范围、分辨率和检测误差应符合表7.4-4的要求。

直读式检测仪的检测范围、分辨率和检测误差　　　　　表 7.4-4

直读式仪器	检测范围	分辨率	检测误差
氧气检测仪	0～30%（Vol.）	≤0.7%（Vol.）	≤0.7%（Vol.）
可燃气体检测仪	0～100%LEL	≤1%LEL	≤±10%
有毒气体检测仪	下限≤0.5倍容许浓度 上限≥5倍容许浓度	$≤1.0 \times 10^{-6}$	≤±10%
气体检测管（检气管）	下限≤0.5倍容许浓度 上限≥5倍容许浓度	—	≤±10%

注：容许浓度指最高容许浓度（MAC）或短时间接触容许浓度（PC-STEL），或超限倍数。

5）检测仪器应符合下列要求：

（1）仪器应配备近似被测气体允许浓度的标准气体，用于标定仪器。

（2）仪器采样为泵吸式，并配有延长采样管或者采用无线传输式检测仪器。

（3）仪器连续正常工作4h以上。

（4）仪器检测有声光报警功能。

（5）仪器有故障和电源欠压报警功能。

（6）使用气体检测管时，应有配套的抽气装置和定量标准，并说明有效期。

（7）要对仪器设备进行经常性维护。仪器要保存在干燥、通风、清洁的室内；使用传感器的检测仪器，要根据其使用寿命，定期更换传感器；过期的气体检测管应及时报废；应使用在计量检定有效期的仪器进行检测。

（8）应记录仪器的使用、校准、维护。

7.4.6　试验步骤

1）检测前准备工作

检测前需做好进场准备工作，应逐一检查以下条件是否满足进场检测要求：

（1）检查仪器外观以及启动、显示和报警功能等。

（2）检查仪器电源电压及传感器寿命。

（3）检查采样系统的采样泵及管道。

（4）仪器使用前，按仪器说明书对仪器进行调零和标定，应使用近似气体允许浓度的标准气体，标定传感器。

测试流程如图 7.4-3 所示。

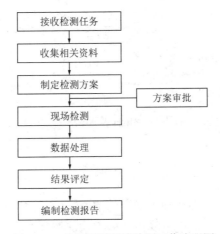

图 7.4-3　公路隧道环境检测工作流程图

2）检测步骤

检测前，在现场调查基础上分析，判断隧道内可能存在的有毒有害易燃易爆气体的种类、浓度和释放源。通常按测氧→测爆→测毒的顺序进行检测。对于毒性较高的可燃气体，要首先测毒。

气体浓度检测可按下列顺序进行：氧气→瓦斯→硫化氢→一氧化碳→一氧化氮→二氧化氮→二氧化硫→二氧化碳。

（1）准入检测

在隧道进口内 1m 位置处，手持直读式复合气体检测仪，采样和检测内部的有毒有害易燃易爆气体，根据初步检测数据，决定能否进入隧道检测。

进入隧道内进行常规检测时，根据检测项目，每个检测点检测包括氧气、可燃气体及有毒气体，可燃气体及有毒气体以 3 次检测数据最高值（MAC）作为评定值，氧气以3 次检测数据最低值作为评定值，任意一种气体超标即判定为该隧道相应的气体浓度超标。

若发现检测值严重超标，应立即将检测仪器放置在新鲜空气中抽气冲洗数分钟，指示回零后，方可进行下一次检测。检测仪器若发生故障报警或仪器读数明显不正常时，应立即停止检测。

检测结束后，检测仪器应通入高纯氮气数分钟，使指示归零。

（2）监护检测

连续自动检测或定时检测时，检测点设置在作业人员的呼吸带，应定时观察仪器是否发生故障报警或仪器读数明显不正常，定期进行传感器标定。

根据防护级别设置报警点，检测浓度高于报警点时发出报警信号。

（3）事故检测

根据事故现场需要，确定检测点和检测有毒有害气体，进行实时检测，至隧道空气中有毒有害气体浓度低于最高容许浓度或短时间接触容许浓度为止。

7.4.7 结果处理

检测数据一般不需要进行换算，但单位和标准限值不同时，可通过下式进行换算：

$$X = \frac{M \cdot C}{22.4}$$

式中：X——污染物浓度（mg/m³）；

C——污染物以 ppm 表示的浓度值；

M——污染物的分子量。

现场检测报告及原始记录见附表 83 和附表 84。

7.5 烟尘浓度

烟尘浓度，通常指隧道内部空气中烟雾的浓度，烟雾浓度与隧道中的停车视距有关。为了保证隧道中的行车安全，应通过隧道通风把烟雾控制在容许标准之下。

7.5.1 一般规定

公路隧道运营阶段应检测烟尘浓度。烟尘浓度检测可采用光透过率检测仪，其相对示值误差绝对值不应大于 ±1%。

7.5.2 检测依据

《公路隧道施工技术规范》JTG/T 3660—2020。

《公路隧道通风设计细则》JTG/T D70/2-02—2022。

（1）当采用显色指数 33 ≤ Ra ≤ 60、相关色温 2000～3000K 的钠光源等光源时，烟尘设计浓度K应按表 7.5-1 取值。

烟尘设计浓度 K（钠光源）

表 7.5-1

设计速度v/（km/h）	≥ 90	60 ≤ v < 90	50 ≤ v < 60	30 < v ≤ 50	≤ 30
烟尘设计浓度K/m⁻¹	0.0065	0.0070	0.0075	0.0090	0.0120*

注：*此工况下应采取交通管制或关闭隧道等措施。

（2）当采用显色指数Ra ≥ 65、相关色温 3300～6000K 的荧光灯、LED 灯等光源时，烟尘设计浓度K应按表 7.5-2 取值。

烟尘设计浓度 K（钠光源）　　　　表 7.5-2

设计速度υ/（km/h）	≥90	6≤υ<90	50≤υ<60	30<υ<50	≤30
烟尘设计浓度K/m^{-1}	0.0050	0.0065	0.0070	0.0075	0.0120*

注：*此工况下应采取交通管制或关闭隧道等措施。

（3）双洞单向交通临时改为单洞双向通道时，隧道内烟尘浓度不应大于 0.012m^{-1}。

（4）隧道内养护维修时，隧道作业段空气的烟尘浓度不应大于 0.0030m^{-1}。

7.5.3　试验方法

1）仪器设备

烟尘浓度检测仪。

烟尘浓度检测仪应满足《公路隧道通风设计细则》JTG/T D70/2-02—2014 的要求，可安装在隧道顶部或侧壁。有需要时，可检测隧道中一氧化碳浓度，自带结果补偿功能。

2）试验步骤

（1）测点布置

纵向靠近进出口的测点应布置在距洞口 10m 位置处。

纵向测点的布置与隧道的通风方式有关，每通风段宜检测 3 个以上断面，断面间距不宜大于 500m。

（2）现场操作

①布设检测地点，且检测地点应能看到所有目标物，采样高度距离地面 1.5m。

②烟尘浓度检测采用光透过率仪，每个断面应读取 3 次光透过率数据，3 次结果的平均值为该断面光透过率值。

③如检测到某一断面烟尘浓度超标时，应向隧道进出口方向增加检测断面，以便能判断在何处开始超过允许浓度。

④光透过率与隧道照明水平优选，其修正系数可依据表 7.5-3 选取。

光透过率与照度修正系数　　　　表 7.5-3

路面照度/lx	30	40	50	60	70	80
光透过率修正系数	1	0.93	0.87	0.80	0.73	0.67

7.5.4　结果处理

100m 烟尘浓度K应按下式计算：

$$K = \frac{1}{100} \times \ln \tau$$

式中：K——100m 烟尘浓度（m^{-1}）；

　　　τ——烟尘光线的透过率（%）。

检测报告及原始记录如附表 85 和附表 86 所示。

第 8 章

人行天桥及地下通道

人行天桥及地下通道是保障城市交通功能的毛细血管，其数量众多，且都是只限于行人穿越道路的一种交通设施。其主要功能是将人与机动车辆分流，有利于车速的提高，减少道路通行压力和减少交通事故，使得行人过街更加安全方便。其中天桥也可以起到美化城市的作用，甚至可以作为一个城市的地标性建筑，如图 8.0-1 所示。地下通道一般设置在地面以下，所以对城市景观无影响，如图 8.0-2 所示。

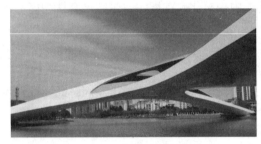

图 8.0-1　景观人行天桥　　　　　　　图 8.0-2　地下通道

本章介绍人行天桥和地下通道验收需要检测的项目。包括自振频率、桥面线形、地基承载力、变形缝质量、防水层的缝宽和搭接长度、尺寸、栏杆水平推力。其中桥梁自振频率检测方法与 2.10 节桥梁动载试验基本相似，部分规定稍有区别，变形缝质量检测可以参考第 6 章内容，而本章地基承载力的检测方法指平板载荷试验方法。

8.1　人行天桥自振频率检测

8.1.1　一般规定

当人行天桥采用梁式结构或采用铝合金结构时，其竖向固有频率不得小于 3Hz，侧向固有频率不得小于 1.2Hz。当采用其他结构时，应符合下列条款的要求：

（1）天桥结构竖向固有频率大于 3Hz，侧向固有频率大于 1.2Hz，可不进行行人致振动舒适度验算。

（2）天桥结构竖向固有频率小于 3Hz，侧向固有频率小于 1.2Hz，应进行行人致振动舒适度验算。对于竖向舒适度，应分别验算频率处于 1.25～3Hz 的竖向模态；对于侧向舒适度，应分别验算频率处于 0.5～1.2Hz 的侧向模态。

动力荷载试验应根据试验目的和测试内容，选择跑车、跳车、刹车或移动人群作为动力荷载，测试和分析动力荷载作用下桥梁结构的动态响应。试验桥跨宜选择受力不利、缺陷较多或病害较严重的桥跨，结构独立的一联应作为一座桥进行荷载试验。自振特性测试可采用环境激励法。

　　符合下列条件之一的桥梁：

　　（3）单跨跨径大于或等于 40m 的桥梁。

　　（4）存在异常振动的桥梁。

　　（5）需系统评价结构动力性能的桥梁。

　　（6）其他有特殊要求的桥梁。

　　除应测试结构的动态响应外，还应测试结构的自振特性，自振特性测试可采用环境激励法。

8.1.2　检测依据

　　《城市人行天桥与人行地道技术规范》CJJ 69—1995。

　　《城市桥梁检测与评定技术规范》CJJ/T 233—2015。

8.1.3　试验前准备工作

　　1）详细检查

　　桥梁的实际技术状况：包括结构的总体尺寸、杆件截面尺寸、各部分的高程、行车道路的平整度、墩台顶面标高和平面位置、支座位置、材料的实际物理力学性能等；上下部结构物的裂缝、缺陷、损坏和钢筋锈蚀状况，并在试验过程中随时注意观察其变化，检查支座有无锈蚀和损害状况。

　　2）桥址情况调查

　　包括桥上的两端线路技术状况、线路容许车速、桥下净空、水深和通航情况、线路交通量、桥址供电情况等，据以选择合适的加载方式、量测手段和安全措施。

　　3）测量位置的准备

　　试验工况分类和测点位置的放样等。

　　4）量测仪器的选用

　　（1）当仅用于频域分析时，仪器采样频率不得低于欲测信号最高频率分量所对应的频率值的 2 倍。

　　（2）当仅用于时域分析时，仪器采样频率不宜低于欲测信号最高频率分量所对应的频率值的 10 倍。

　　（3）当同时用于时域和频域分析时，仪器采样频率不得低于欲测信号最高频率分量所对应的频率值的 5 倍，也不宜大于欲测信号最高频率分量所对应的频率值的 10 倍；当仪器采样频率大于或等于欲测信号最高频率分量所对应的频率值的 10 倍时，宜增加时间采样点数。

8.1.4　仿真分析

　　桥梁结构的有限元仿真分析是实施静动载试验最关键的技术环节。

　　1）仿真分析的手段

　　进行有限元仿真分析必须具备扎实的专业功底，一般使用 midas、ANSYS、桥梁博士等仿真分析软件。

2）仿真分析的过程

桥梁结构的仿真分析具体可以分为三个阶段：

（1）分析模型的建立

根据桥梁结构的设计图纸以及现场查勘所得成果来建立桥梁的有限元仿真分析模型，为有限元计算提供必要的输入数据；简单点说就是把一个整体的结构离散成节点、单元，通过对单元截面、材料的定义以及边界条件的定义来组成一个完整的分析模型，分析模型通常还包括设计荷载、试验荷载的定义。

（2）仿真计算

仿真计算就是在已经建立模型的基础上实施计算，由于模型把整个结构离散成很多的单元，计算量非常大，这一步基本由计算机自动完成。

（3）后处理阶段

后处理阶段主要是完成仿真计算后从计算结果中得到所需要的信息，比如关键截面的内力、变形、应力等，并把这些关键信息输出，以便对结果进行分析，或返回对模型进行优化或者完善。

上述三个阶段中，分析模型的建立至关重要，模型的精度、准确度都直接影响到试验的结果。

8.1.5 现场试验

人行天桥可采用跳梁法、跑梁法试验，并应符合下列规定：

（1）人群跳动激振天桥试验时，跳动位置可按所测结构的振型确定。

（2）人群跑步或步行激振天桥试验时，应以不同的步速匀速通过桥梁。

桥梁结构自振特性测试应符合下列规定：

（1）测试前应对结构振型进行预分析。

（2）测试时应在预分析的结构振型曲线的波峰、波谷处布置传感器。

（3）测振仪器设备应符合《城市桥梁检测与评定技术规范》CJJ/T 233—2015 第 3.0.12 条、第 3.0.13 条的规定。

（4）测试结构振型的最小阶数应根据桥型特点和分析需求选择。

桥梁结构的振型可根据记录的振动波形分析确定。当采用环境激励法测得桥梁上各振动测点处的振动时域波形后，宜采用专门的模态分析软件分析振型、频率和阻尼比。试验原始记录可参照附表 29。

8.2 人行天桥桥面线形

梁式结构应测量主梁的纵向线形和墩台顶的变位，主梁的纵向线形可通过测量桥面结构纵向线形的方式测定；拱结构应测定拱轴线、桥面结构纵向线形和墩台顶的变位；斜拉桥和悬索桥应测定塔顶变位、桥面结构纵向线形，悬索桥尚应测定主缆线形。

桥梁结构纵向线形测量时，测点应沿桥纵向在桥轴线和车行道上、下游边缘线 3 条线上分别布设，且宜布设在桥跨结构的特征点截面上。对等截面的桥跨结构，可布设在桥跨或桥面结构的跨径等分点截面上；对中小跨径桥梁，单跨测量截面不宜少于 5 个；对大跨径桥梁，单跨测量截面不宜少于 9 个。

结构纵向线形应按现行行业标准《城市桥梁工程施工与质量验收规范》CJJ 2—2008 规定的水准测量等级进行闭合水准测量。

拱轴线宜按桥跨的 8 等分点或其整数倍分别在拱背和拱腹布设测点。

悬索桥主缆线形宜在索夹位置处的主缆顶面布设测点，测量时应记录现场温度、风向和风速。

8.3　地基承载力

本节所述地基承载力检测方法仅限定为平板载荷试验方法（Plate Loading Test，简称 PLT），其他检测方法参考本丛书的《地基与基础检测》分册。

平板载荷试验是指对天然地基、处理土地基、复合地基等地基的表面逐级施加竖向压力，测量其沉降随时间的变化，以确定其承载能力与变形参数的试验方法。按承压板设置深度，平板载荷试验可以分为浅层平板载荷试验和深层平板载荷试验。检测对象可以分为天然土地基、处理土地基、复合地基。

8.3.1　检测依据

不同行业的平板载荷试验检测依据不尽相同，但应符合国家、行业、地方等标准以及建设单位、政府文件的相关规定。以建筑工程行业为例，目前广东省广州市的检测依据主要有：

《建筑地基处理技术规范》JGJ 79—2012。

《建筑地基基础检测规范》DBJ/T 15-60—2019。

《建筑地基检测技术规范》JGJ 340—2015。

《建筑地基基础设计规范》GB 50007—2011。

《建筑地基基础设计规范》DBJ 15-31—2016。

广东省标准《建筑地基处理技术规范》DBJ/T 15-38—2019。

《广州市住房和城乡建设局关于规范建筑工程地基基础检测工作的通知》（穗建规字〔2020〕30 号）。

8.3.2　检测数量

各检测规范对平板载荷试验检测数量要求有一定差异。各规范要求检测数量如表 8.3-1 所示。

各规范及文件检测数量要求

表 8.3-1

序号	平板载荷试验种类	检测对象	检测比例	检测规范及文件
1	浅层平板载荷试验	天然地基、处理土地基	抽检数量为每 500m² 不应少于 1 个点，且不得少于 3 个点	《建筑地基基础检测规范》DBJ/T 15-60—2019
2			抽检数量为每 500m² 不应少于 1 个点，且不得少于 3 个点	穗建规字〔2020〕30 号文
3			每个单体工程不少于 3 个点	《建筑地基基础设计规范》GB 50007—2011

序号	平板载荷试验种类	检测对象	检测比例	检测规范及文件
4	浅层平板载荷试验	天然地基、处理土地基	抽检数量为每 500m² 不应少于 1 个点，且不得少于 3 个点	《建筑地基检测技术规范》JGJ 340—2015
5			—	《建筑地基基础设计规范》DBJ 15-31—2016
6		复合地基	抽检数量不应少于总桩（墩）数的 0.5%，且不得少于 3 个点	穗建规字〔2020〕30 号文
7			抽检数量不应少于总桩（墩）数的 0.5%～1.0%，且不得少于 3 个点	《建筑地基基础检测规范》DBJ/T 15-60—2019
8			抽检数量不应少于总桩（墩）数的 0.5%，且不得少于 3 个点	《建筑地基基础设计规范》DBJ 15-31—2016
9			抽检数量不应少于总桩（墩）数的 0.5%，且不得少于 3 个点	《建筑地基检测技术规范》JGJ 340—2015
10	深层平板载荷试验	深层地基	—	《建筑地基基础设计规范》GB 50007—2011
11			—	《建筑地基基础设计规范》DBJ 15-31—2016

8.3.3 仪器设备及现场操作

8.3.3.1 试验试坑

浅层平板载荷试验：试验试坑宽度或直径不应小于承压板边宽或直径的 3 倍。试坑试验标高应与地基设计标高或复合地基桩顶设计标高一致。天然地基和处理土地基试验时，承压板底面下宜用中粗砂找平，其厚度不超过 20mm；复合地基试验时，承压板底面下应铺设中粗砂垫层，当设计无要求时，其厚度取 50～150mm，桩身强度高时取大值。

深层平板载荷试验：紧靠承压板周围外侧的土层高度应不少于 80cm，试井截面应为圆形，直径宜为 0.8～1.2m，并应有安全防护措施。

试验前应采取措施，保持试坑或试井底岩土的原状结构和天然湿度不变。当试验标高低于地下水位时，应将地下水位降至试验标高以下，再安装试验设备，待水位恢复后方可进行试验。

8.3.3.2 承压板

承压板应有足够刚度，可采用圆形、正方形、矩形钢板或钢筋混凝土板。承压板尺寸与面积的选取，应符合下列规定：

（1）天然地基和处理土地基的承压板尺寸应根据所需评估的地基土的应力主要影响深度范围确定。

（2）浅层平板载荷试验承压板面积：天然地基不应小于 0.5m²，其中地基设计承载力特征值小于 100kPa 的地基不应小于 1.0m²；处理土地基不应小于 1.0m²，其中强夯地基、预压地基不应小于 2.0m²；复合地基的承压板面积应等于受检桩（1 根或 1 根以上）所承担的处理面积，承压板形状宜根据受检桩的分布确定，如图 8.3-1 所示。

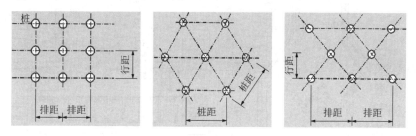

图 8.3-1　不同布桩形式下的桩距、行距、排距示意图

依据《建筑地基处理技术规范》JGJ 79—2012，复合地基一根桩承担的处理面积计算规则如下：

（1）对于矩形布桩，一根桩承担的处理面积等于两个方向的桩距的乘积。

（2）对于等边三角形布桩，一根桩承担的处理面积等于 0.866 乘以桩距的平方。

（3）对于梅花形布桩，一根桩承担的处理面积等于桩的行距与排距的乘积。

（4）深层平板载荷试验压板面积：深层平板载荷试验的承压板采用直径为 0.8m 的刚性板。

8.3.3.3　加载反力装置

加载反力装置宜选择压重平台等反力装置，并应符合下列规定：

（1）加载反力装置能提供的反力不得小于最大试验荷载的 1.2 倍。

（2）应对加载反力装置的主要受力构件进行强度和变形验算。

（3）压重应在检测前一次加足，并均匀稳固地放置于平台上。

（4）压重平台支墩施加于地基土上的压应力不宜大于地基土承载力特征值的 1.5 倍。

（5）深层平板载荷试验加载反力装置主要有传力柱式（见图 8.3-2）、井内加载式（见图 8.3-3）、自平衡式（见图 8.3-4）。传力柱应有足够的刚度，宜高出地面 50cm；传力柱宜与承压板连接成为整体，顶部可采用钢筋等斜拉杆固定。

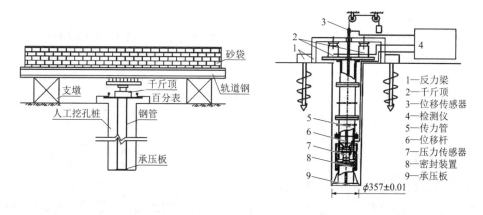

图 8.3-2　传力柱式

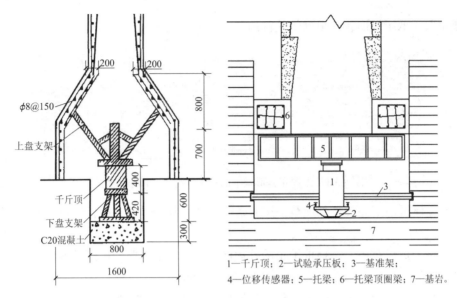

图 8.3-3　井内加载式

1—千斤顶；2—试验承压板；3—基准架；
4—位移传感器；5—托梁；6—托梁顶圈梁；7—基岩。

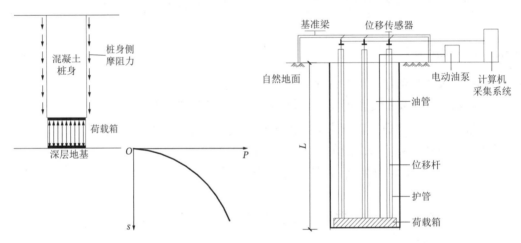

图 8.3-4　自平衡式

8.3.3.4　试验加载系统

试验加载应采用油压千斤顶。当采用单台千斤顶加载时，千斤顶应位于承压板的几何中心。当采用两台及两台以上千斤顶加载时，应符合下列规定：

（1）千斤顶的规格、型号相同。

（2）千斤顶的合力中心、承压板几何中心应在同一铅垂线上。

（3）千斤顶应并联同步工作。

8.3.3.5　基准系统

基准系统的安装如图 8.3-5 所示，应符合下列规定：

（1）基准桩应设置牢固，基准桩和基准梁应具有一定的刚度，梁的一端应固定在基准桩上，另一端应简支于基准桩上。

（2）基准桩、基准梁和固定沉降测量仪表的夹具应避免太阳照射、振动及其他外界因素的影响。

图 8.3-5　基准系统的安装

8.3.3.6　位移测量仪表

承压板沉降宜采用位移传感器或大量程百分表进行测量，其安装应符合下列规定：

（1）承压板面积大于 1m² 时，应在其两个方向对称安置 4 个位移测量仪表，承压板面积小于等于 1m² 时，可对称安置 2 个位移测量仪表。

（2）位移测量仪表应安装在承压板上。

（3）各位移测量仪表在承压板上的安装点与承压板边缘的距离应一致，宜为 25～50mm，如图 8.3-6 所示。

图 8.3-6　位移传感器的安装

（4）深层平板载荷试验位移传递装置宜采用钢管或塑料管做位移测量杆，位移测量杆的底端应与承压板固定连接，位移测量杆宜每间隔一定距离与传力柱滑动相连，位移测量杆的顶部宜高出孔口地面 20cm。

8.3.3.7　荷载测量仪表

荷载测量，可采用压力表或压力传感器测定千斤顶油路的油压，根据千斤顶校准结果换算荷载；也可采用放置在千斤顶上的荷重传感器直接测定。

试验仪器设备性能指标应符合下列规定：

（1）荷重传感器、压力传感器或压力表的准确度应优于或等于 0.5 级。

（2）在最大试验荷载时，试验用油泵、油管的压力不应超过规定工作压力的 80%。

（3）荷重传感器、千斤顶、压力表或压力传感器的量程应与测量范围相适应，最大试验荷载对应的测量值宜控制在全量程的 25%～80%范围内。

（4）位移测量仪表的测量误差不大于 0.1%FS（满量程），分辨力优于或等于 0.01mm。

（5）承压板、压重平台支墩和基准桩之间的距离应符合表 8.3-2 的规定。

承压板、压重平台支墩和基准桩之间的净距   表 8.3-2

承压板与基准桩	承压板与压重平台支墩	基准桩与压重平台支墩
> b 且 > 2.0m	> b 且 > B 且 > 2.0m	> 1.5B 且 > 2.0m

注：b 为承压板边宽或直径；B 为支墩宽度。

8.3.4 检测数据分析与判定

8.3.4.1 浅层平板载荷试验

1）确定地基承载力时，应绘制荷载-沉降（Q-s）或压力-沉降（p-s）曲线、沉降-时间对数（s-lg$t$）曲线，需要时也可绘制其他辅助分析曲线。

2）单个试验点的地基极限承载力（极限荷载），可按下列方法综合分析确定：

（1）根据沉降随荷载变化的特征确定：对于陡降型Q-s曲线，取其发生明显陡降的起始点所对应的荷载值。

（2）根据沉降随时间变化的特征确定：取s-lg$t$曲线尾部出现明显向下弯曲的前一级荷载值。

（3）当出现《建筑地基基础检测规范》DBJ/T 15-60—2019 第 11.4.3 条第 2、3 款情况时，取前一级荷载值。

（4）当出现《建筑地基基础检测规范》DBJ/T 15-60—2019 第 11.4.3 条第 5 款情况时，取最大试验荷载。

3）单个试验点的地基承载力特征值应按下列方法综合分析确定：

（1）当能确定比例界限，极限荷载大于对应比例界限的 2 倍时，取该比例界限；极限荷载小于对应比例界限的 2 倍时，取极限荷载的 50%。

（2）当不能确定比例界限时，应按表 8.3-3 对应的地基变形取值，但不应大于极限荷载的 1/2。

天然地基、处理土地基及复合地基承载力特征值   表 8.3-3

地基类型	地基土性质	特征值对应的相对变形值（s/b）
天然地基，处理土地基旋喷桩复合地基，水泥搅拌桩复合地基	高压缩性土	0.015
	中压缩性土	0.012
	低压缩性土、砂土	0.01
	强风化岩、全风化岩、破碎或极破碎岩石地基	0.01
强夯置换墩复合地基	以黏性土、粉质黏土为主的地基	0.01

地基类型	地基土性质	特征值对应的相对变形值（s/b）
振冲碎石桩复合地基，砂石桩复合地基	以黏性土为主的地基	0.013
	以粉土、砂土为主的地基	0.01
水泥粉煤灰碎石桩复合地基，素混凝土桩复合地基，树根桩、预制混凝土桩、混凝土灌注桩复合地基	以卵石、圆砾、密实中砂为主的地基	0.008
	以黏性土、粉土为主的地基	0.01
	以黏性土、粉质黏土、淤泥质土为主的地基	0.007

注：1. s为与承载力特征值对应的承压板的沉降量；b为承压板的宽度或直径，当b大于 2m 时，按 2m 计算。
　　2. 当地基土性质不确定时，s/b宜按表中相应地基类型取小值。
　　3. 水泥搅拌桩复合地基用于小区道路工程时，s/b可取 0.01。

（3）对不需要做变形验算的地基基础，当不能确定比例界限时，也可取极限荷载的 50%。

（4）单位工程的地基承载力特征值的确定应符合下列规定：

①同一条件下参加统计的试验点不应少于 3 点，当满足其极差不超过平均值的 30%时，取其平均值作为承载力的特征值。

②当极差超过平均值的 30%时，应分析极差过大的原因，结合工程具体情况综合确定；也可增加试验点数量。

（5）地基的变形模量可按下式计算：

$$E_0 = I_0(1 - \mu^2)f_{ak} \cdot (b/s) \tag{8.3-1}$$

式中：E_0——变形模量（MPa）；

I_0——承压板形状系数，圆形取 0.785，方形取 0.886，矩形承压板当长宽比$l/b = 1.2$时，取 0.809，当$l/b = 2.0$时，取 0.626，其余可计算求得，但l/b不宜大于 2；

b——承压板边宽或直径（m）；

f_{ak}——地基承载力特征值（kPa）；

s——与承载力特征值对应的沉降量（mm）；

μ——岩土泊松比，宜根据试验确定，不能根据试验确定时，可采用经验值（碎石土取 0.27，砂土取 0.30，粉土取 0.35，粉质黏土 0.38，黏土取 0.42；岩石地基泊松比可按表 8.3-4 取值）。

岩石地基的泊松比　　　　　　　　　表 8.3-4

岩石种类	μ	岩石种类	μ	岩石种类	μ
闪长岩	0.26～0.37	片岩	0.12～0.25	石英岩	0.12～0.27
细粒花岗岩	0.24～0.29	玄武岩	0.23～0.32	粗砂岩	0.10～0.45
斜长花岗岩	0.19～0.22	安山岩	0.21～0.32	片麻岩	0.20～0.34
斑状花岗岩	0.13～0.23	花岗岩	0.17～0.36	页岩	0.09～0.35
花岗闪长岩	0.20～0.23	细砂岩	0.15～0.25	大理岩	0.06～0.35
石英砂岩	0.12～0.14	中砂岩	0.10～0.22	炭质砂岩	0.08～0.25
片麻花岗岩	0.16～0.18	中灰岩	0.18～0.35	泥灰岩	0.30～0.40
正长岩	0.18～0.26				

8.3.4.2 深层平板载荷试验

1）承载力特征值的确定应符合下列规定：

（1）当p-s曲线上有比例界限时，取该比例界限所对应的荷载值。

（2）满足终止加载条件前三款的条件之一时，其对应的前一级荷载定为极限荷载，当该值小于对应比例界限的荷载值的2倍时，取极限荷载值的一半。

（3）不能按上述二款要求确定时，可取$s/d = 0.01\sim0.015$所对应的荷载值，但其值不应大于最大加载量的一半。

（4）同一土层参加统计的试验点不应少于3点，当试验实测值的极差不超过平均值的30%时，取此平均值作为该土层的地基承载力特征值（f_{ak}）。

2）深层平板载荷试验确定地基变形模量，可按下式计算：

$$E_0 = \omega pd/s \tag{8.3-2}$$

式中：ω——与试验深度和土类有关的系数，按下述第3）条确定；

　　　d——承压板直径（m）；

　　　p——p-s曲线线性段的压力值（kPa）；

　　　s——与p对应的沉降量（mm）。

3）与试验深度和土类有关的系数ω可按下列规定确定：

（1）深层平板载荷试验确定地基变形模量的系数ω可根据泊松比试验结果，按下列公式计算：

$$\omega = I_0I_1I_2(1 - \mu^2) \tag{8.3-3}$$

$$I_1 = 0.5 + 0.23d/z \tag{8.3-4}$$

$$I_2 = 1 + 2\mu^2 + 2\mu^4 \tag{8.3-5}$$

式中：I_1——刚性承压板的深度系数；

　　　I_2——刚性承压板与土的泊松比有关的系数；

　　　z——试验深度（m）。

（2）深层平板载荷试验确定地基变形模量的系数可按表8.3-5选用。

深层平板载荷试验确定地基变形模量的系数 ω 　　　　表8.3-5

土类 d/z	碎石土	砂土	粉土	粉质黏土	黏土
0.30	0.477	0.489	0.491	0.515	0.524
0.25	0.469	0.480	0.482	0.506	0.514
0.20	0.460	0.471	0.474	0.497	0.505
0.15	0.444	0.454	0.457	0.479	0.487
0.10	0.435	0.446	0.448	0.470	0.478
0.05	0.427	0.437	0.439	0.461	0.468
0.01	0.418	0.429	0.431	0.452	0.459

注：d为承压板直径；z为试验深度。

8.3.5　检测报告

检测报告应包括下列内容：

（1）委托方名称，建设、勘察、设计、监理和施工单位，桩型及持力层、结构形式和层数，设计要求。

（2）工程名称、地点，工程地质条件情况，可提供典型钻孔柱状图。

（3）检测目的，检测依据，检测数量，检测日期。

（4）检测人员，质量监督站，监督号。

（5）检测方法，检测仪器设备，检测过程。

（6）承压板形状及尺寸、试验点的平面位置图、剖面图及标高。

（7）荷载分级及加载方式。

（8）检测数据包括实测曲线、对应的数据表。

（9）承载力特征值判定依据。

（10）每个试验点的承载力检测值。

（11）单位工程的承载力特征值。

8.4　栏杆水平推力检测

8.4.1　一般规定

试验现场采用随机抽取方式，应至少抽取 1 个构件。栏杆水平推力检测可采用水平推力试验或抗水平反复荷载性能检测。采用抗水平反复荷载性能检测方法应按现行行业标准《建筑防护栏杆技术标准》JGJ/T 470—2019 附录 B 执行。

8.4.2　检测依据

《建筑防护栏杆技术标准》JGJ/T 470—2019。

《城市桥梁检测技术标准》DBJ/T 15-87—2022。

《城市桥梁检测与评定技术规范》CJJ/T 233—2015。

《城市人行天桥与人行地道技术规范》CJJ 69—1995。

《建筑结构荷载规范》GB 50009—2012。

8.4.3　检测数量

每种类型栏杆应至少抽取 1 个试验样品。

8.4.4　检测仪器

试验过程中用到的主要仪器设备为拉拔仪与百分表。

8.4.5　检测前准备工作

（1）试验过程中，应采取保障行人和交通安全的防护措施。

（2）等效水平集中荷载应在栏杆扶手位置施加，加载时可利用对面一侧栏杆扶手或立柱提供反力。

8.4.6　检测技术要求

（1）水平推力试验的水平荷载应按现行行业标准《城市桥梁设计规范》CJJ 11 的有关规定执行，或参照《城市人行天桥与人行地道技术规范》CJJ 69—1995 中的规定：人群作用于栏杆上的水平推力为 2.5kN/m。

（2）试验荷载可采用等效水平集中荷载，加载宜分为 3~6 级，卸载宜分为 2~3 级。

（3）试验荷载应作用在护栏立柱柱顶，水平推力应为扶手水平荷载集度与柱间距的乘积。

（4）加载装置应坚固，能承受施加的荷载，且不应影响试验结果；施力装置应能缓慢、均匀地施加荷载，且无冲击现象；测试设备不应与加载台连接。

8.4.7　检测结果判断

（1）在水平推力作用下，立柱柱顶最大水平位移不应超过栏杆扶手高度的 1/120；残余比不应大于 0.2。

（2）测试过程中，护栏构件不应出现开裂、破损，护栏锚固端、构件之间的连接部位不应脱开、松动。

检测原始记录及报告模板如附表 87 和附表 88 所示。

8.5　防水层的缝宽和搭接长度检测

8.5.1　一般规定

依据《城市桥梁桥面防水工程技术规程》CJJ 139—2010、《城市桥梁工程施工与质量验收规范》CJJ 2—2008，防水层材料的选用应符合下列规定：

（1）当采用沥青混凝土铺装面层时，防水层应采用防水卷材或防水涂料等柔性防水材料。

（2）当采用水泥混凝土铺装面层时，宜采用水泥基渗透结晶型等刚性防水，严禁采用卷材防水。

桥面应采用柔性防水，不宜单独铺设刚性防水层。桥面防水层使用的涂料、卷材、胶粘剂及辅助材料必须符合环保要求。

防水卷材和防水涂膜均应具有高延伸率、高抗拉强度、良好的弹塑性、耐高温和低温与抗老化性能。防水卷材及防水涂料应符合国家现行标准和设计要求。

桥面防水层应采用满贴法；防水层总厚度和卷材或胎体层数应符合设计要求；缘石、地漏、变形缝、汇水槽和泄水口等部位应按设计和防水规范细部要求作局部加强处理。防水层与汇水槽、泄水口之间必须粘结牢固、封闭严密。

8.5.2　检测依据及评定标准

1）检测依据

《城市桥梁桥面防水工程技术规程》CJJ 139—2010。

《城市桥梁工程施工与质量验收规范》CJJ 2—2008。

2）评定标准

（1）涂膜防水层应符合下列规定：

①基层处理剂干燥后，方可涂防水涂料，铺贴胎体增强材料。涂膜防水层应与基层粘结牢固。

②涂膜防水层的胎体材料，应顺流水方向搭接，搭接宽度长边不得小于 50mm，短边不得小于 70mm，上下层胎体搭接缝应错开 1/3 幅宽。

③下层干燥后，方可进行上层施工。每一涂层应厚度均匀、表面平整。

（2）卷材防水层应符合下列规定：

①胶粘剂应与卷材和基层处理剂相互匹配，进场后应取样检验合格后方可使用。

②基层处理剂干燥后，方可涂胶粘剂，卷材应与基层粘结牢固，各层卷材之间也应相互粘结牢固。卷材铺贴应不皱不折。

③卷材应顺桥方向铺贴，应自边缘最低处开始，顺流水方向搭接，长边搭接宽度宜为70～80mm，短边搭接宽度宜为 100mm，上下层搭接缝错开距离不应小于 300mm。按卷材品种分类，防水卷材的搭接宽度可按表 8.5-1 取值。

防水卷材的搭接宽度　　　　　　　　　　　　　　表 8.5-1

卷材品种	搭接宽度/mm
弹性体改性沥青防水卷材	100
改性沥青聚乙烯胎防水卷材	100
自粘聚合物改性沥青防水卷材	80
三元乙丙橡胶防水卷材	100/60（胶粘剂/胶结带）
聚氯乙烯防水卷材	60/80（单面焊/双面焊）
	100（胶粘剂）
聚乙烯丙纶复合防水卷材	100（粘结料）
高分子自粘胶膜防水卷材	70/80（自粘胶/胶结带）

（3）防水粘结层应符合下列规定：

①防水粘结材料的品种、规格、性能应符合设计要求和国家现行标准规定。

②粘结层宜采用高黏度的改性沥青、环氧沥青防水涂料。

③防水粘结层施工时的环境温度和相对湿度应符合防水粘结材料产品说明书的要求。

④施工时严格控制防水粘结层材料的加热温度和洒布温度。

桥面防水层施工允许偏差应符合表 8.5-2 的规定。

防水卷材的搭接宽度　　　　　　　　　　　　　　表 8.5-2

项目	规定值或允许偏差/mm	检测频率		检验方法
		范围	点数	
防水涂膜搭接宽度	符合设计要求	每 20 延米	1	用钢尺测量
防水涂膜厚度	符合设计要求；设计值未规定时 ±0.1	每 200m²	4	用测厚仪检测

续表

项目	规定值或允许偏差/mm	检测频率		检验方法
		范围	点数	
卷材接槎搭接宽度	−10	每20延米	1	用钢尺测量
卷材厚度	符合设计要求	每200m²	4	用测厚仪检测

8.5.3 检测设备

检测设备：钢尺、测厚仪。

8.5.4 检测前准备工作

检测前需做好进场准备工作，应逐一检查以下条件是否满足进场检测要求：

（1）检查出厂合格证、质量检验报告和现场抽样试验报告。

（2）回收由委托单位填写的委托单。

（3）监理单位提供的见证记录（如需）。

（4）检测方案完整且上传监管系统（如需）。

（5）与现场相关人员沟通进场时间。

（6）拟进场检测人员在检测监管系统登记备案（如需）。

（7）在检测监管系统登记进场时间和检测内容（如需）。

（8）检测人员具备相应的合格上岗证（如需）。

（9）仪器设备在正常检定或校准有效期内。

8.5.5 检测数据处理

将实测结果与允许偏差直接比较，按表8.5-1及表8.5-2进行评定。检测记录及报告模板参见附表89和附表90。

第 9 章

综合管廊主体结构

综合管廊是一种在城市地下建造的公共隧道，用于集中敷设电力、通信、广播电视、给水、排水、热力、燃气等多种市政管线。一般来说就是在地下开辟一个空间，让原来在地下或者空架的电力、通信、自来水等各种管线"住"在一起，实施统一规划、统一设计、统一建设和管理。综合管廊具有集约化的特点，集中铺设多种市政管线，避免了城市地面上的重复开挖和架空线网密集的问题，节省空间并提高设备使用效率。综合管廊都设有专门的检修口、吊装口和监控系统，便于对管道进行分类管理和维修保养，其管理系统可以实现对各类管道的远程监控和智能管理，提升城市服务水平。由于综合管廊位于地下，可以极大地降低地面事故的风险，同时也有助于提升城市景观。在自然灾害发生时，综合管廊可以为城市提供重要的基础设施支持，保障生命线系统的正常运行，提升城市防灾抗灾能力。城市综合管廊如图 9.0-1 所示。

图 9.0-1 城市综合管廊

本章主要介绍综合管廊的断面尺寸及墙面平整度。综合管廊的衬砌厚度、密实性衬砌内钢筋间距参见 1.7 节，混凝土强度、钢筋保护层厚度、钢筋锈蚀状况参见 1.1～1.4 节。

9.1 断面尺寸

9.1.1 概述

综合管廊主要有两种类型：现浇混凝土结构和预制管片拼装结构。现浇混凝土结构截面常见为四边倒角的长方形，可采用钢卷尺或激光测距仪量测断面尺寸；预制管片拼装结构通常为圆形，在附属设施安装前，采用激光断面仪扫描，获取断面图，可通过椭圆度评价预制管片安装情况。

9.1.2 检测依据、数量及评定标准

综合管廊的断面尺寸检测依据、数量和评定标准如表 9.1-1 所示。

综合管廊的断面尺寸检测依据、数量和评定标准 表 9.1-1

检测依据	检测项目	检测方法及抽检数量	允许偏差/mm
《混凝土结构工程施工质量验收规范》GB 50204—2015 第 8.3.2 条	截面尺寸（板、墙）	尺量或激光测距仪：按结构缝或施工缝分段，在同一检验批内，应按有代表性的段落抽查 10%	+10，−5

9.1.3 检测设备

检测设备：钢卷尺、激光测距仪、激光断面仪。

9.1.4 检测前准备工作

检测前需做好进场准备工作，应逐一检查以下条件是否满足进场检测要求：

（1）收集被测综合管廊断面资料：桩号、设计尺寸、成型方式（现浇混凝土或预制管片）等设计施工资料。

（2）回收由委托单位填写的委托单。

（3）监理单位提供的见证记录（如需）。

（4）检测方案完整且上传监管系统（如需）。

（5）与现场相关人员沟通进场时间。

（6）拟进场检测人员在检测监管系统登记备案（如需）。

（7）在检测监管系统登记进场时间和检测内容（如需）。

（8）检测人员具备相应的合格上岗证（如需）。

（9）仪器设备正常运行且电量充足。

（10）仪器设备在正常检定或校准有效期内。

9.1.5 现场操作

（1）现浇混凝土综合管廊

在待测断面处，采用钢卷尺或激光测距仪测量高度或宽度。高度在左右两侧墙身处各测量 1 次，精确至 1mm，取平均值作为测量结果；宽度在底板及顶板各测量 1 次，精确至 1mm，取平均值作为测量结果。

（2）预制管片

将三脚架安放在专用螺钉标记点上，安装并调整激光断面仪，直至与标记点对中。

仪器调平且精准对中后，测量仪器高度 H。

新建检测断面，输入被检隧道断面桩号。

设置激光断面仪扫描参数（起始角度及终止角度，间隔角度或扫描点数），确认待扫描断面无其他影响检测的遮挡物后，操作仪器开始检测，待自动扫描完成后退出。

9.1.6 数据处理

9.1.6.1 现浇混凝土综合管廊断面尺寸

高度、宽度偏差值计算式如下：

$$H_i = \frac{H_{i1} + H_{i2}}{2}$$

$$\Delta H_i = H_i - H_1$$

$$W_i = \frac{W_{i1} + W_{i2}}{2}$$

$$\Delta W_i = W_i - W_1$$

式中：H_{i1}——第 i 个待测断面处第 1 个高度测量值（mm）；

　　　H_{i2}——第 i 个待测断面处第 2 个高度测量值（mm）；

　　　H_i——第 i 个待测断面处高度测量结果（mm）；

　　　ΔH_i——第 i 个待测断面处高度偏差值（mm）；

　　　H_1——第 i 个待测断面处高度设计值（mm）；

　　　W_{i1}——第 i 个待测断面处第 1 个宽度测量值（mm）；

　　　W_{i2}——第 i 个待测断面处第 2 个宽度测量值（mm）；

　　　W_i——第 i 个待测断面处宽度测量结果（mm）；

　　　ΔW_i——第 i 个待测断面处宽度偏差值（mm）；

　　　W_1——第 i 个待测断面处宽度设计值（mm）。

9.1.6.2　椭圆度

将检测数据导出至电脑上，在测量软件或计算机辅助设计软件帮助下，以待测断面中线点为基准点，量取拱顶位置的高程。椭圆度按下式计算：

$$P = \frac{D_{\max} - D_{\min}}{D} \times 1000‰$$

式中：P——椭圆度（‰）；

　　$D_{\max}$——实测最大直径（mm）；

　　$D_{\min}$——实测最小直径（mm）。

检测原始记录及报告模板参见附表 91 和附表 92。

9.2　墙面平整度

9.2.1　检测原理

利用 2m 直尺作为基准线，用楔形塞尺测量被测墙面与基准线之间的最大间隙。

9.2.2　检测依据、数量及评定标准

综合管廊的墙面平整度检测依据、数量和评定标准如表 9.2-1 所示。

综合管廊的墙面平整度检测依据、数量和评定标准　　　　　　　　表 9.2-1

检测依据	检测项目	检测方法及抽检数量	评定标准
《混凝土结构工程施工质量验收规范》GB 50204—2015 第 8.3.2 条	表面平整度	2m 直尺，顺隧道轴线方向靠紧表面：以伸缩缝或结构缝划分检验批，抽检 10%	8mm

9.2.3 检测仪器

检测仪器: 2m 直尺、楔形塞尺。

9.2.4 检测前准备工作

检测前需做好进场准备工作,应逐一检查以下条件是否满足进场检测要求:

(1)收集被测项目资料:编号、设计要求、施工记录或缺陷等资料。

(2)现场检测宜在附属设施安装前。

(3)回收由委托单位填写的委托单。

(4)监理单位提供的见证记录(如需)。

(5)检测方案完整且上传监管系统(如需)。

(6)与现场相关人员沟通进场时间。

(7)拟进场检测人员在检测监管系统登记备案(如需)。

(8)在检测监管系统登记进场时间和检测内容(如需)。

(9)检测人员具备相应的合格上岗证(如需)。

(10)相关仪器设备正常运行且处于检定有效期内。

(11)作业现场须具备充分的安全防护条件,满足检测过程关于通风、照明以及高空作业等方面的要求。

9.2.5 现场操作

按有关规范规定选择测试桩号,清扫墙面待测位置处的污物。将 2m 直尺沿隧道轴线方向靠紧衬砌表面,观察 2m 直尺底面与墙面之间的间隙情况,多次量测后确定该尺检测间隙最大值及位置,读数精确至 0.1mm。

9.2.6 数据处理

以每一尺的最大值作为其代表值,逐尺评定,根据要求计算合格百分率。检测原始记录及报告模板参见附表 93 和附表 94。

第 10 章

涵洞主体结构

涵洞是指在道路工程建设中，修筑于路面以下的排水孔道（过水通道），通过这种结构可以让水从公路的下面流过，不妨碍交通。涵洞主要由洞身、基础、端和翼墙等组成，根据连通器的原理，常用砖、石、混凝土和钢筋混凝土等材料筑成，一般孔径较小，形状有管形、箱形及拱形等，如图 10.1-1 所示。

(a) 圆形涵洞　　　　　　　　　　　(b) 矩形涵洞

图 10.1-1　圆形与矩形涵洞

本章主要介绍涵洞的外观质量、回填压实度、断面尺寸、错台等参数的检测方法。混凝土强度、钢筋保护层厚度、钢筋锈蚀状况参见 1.1～1.4 节，地基承载力参见 8.3 节，接缝宽度参见 8.5 节。

10.1　外观质量及形体尺寸

10.1.1　一般规定

涵洞总体应按设计文件的要求完成全部施工项目，各结构构件应无异常变形。涵洞各接缝、沉降缝位置应正确，填缝应无空鼓、开裂、漏水等现象。预制构件的接缝应与沉降缝在同一平面内。涵洞内不得遗留建筑垃圾、杂物，进出口、洞身、与沟槽衔接处无阻水现象，锥坡不得出现塌陷和亏坡。

10.1.2　检测依据、数量及评定标准

涵洞外观质量的检测依据、数量及评定标准如表 10.1-1 所示。

涵洞外观质量的检测依据、检测频率和评定标准　　　　　表 10.1-1

序号	检测项目	检测方法及数量	允许偏差	检测依据
1	轴线偏位/mm	全站仪：测中心线 5 处	明涵：≥ −20；暗涵：≥ −50	《公路工程质量检验评定标准 第一册 土建工程》JTG F80/1—2017 第 9.2.2 条

续表

序号	检测项目	检测方法及数量	允许偏差	检测依据
2	流水面高程/mm	水准仪：测洞口、中点和其他四分点附近5处	±20	《公路工程质量检验评定标准 第一册 土建工程》JTG F80/1—2017第9.2.2条
3	涵底铺砌厚度/mm	尺量：测5处	+40，−10	
4	长度/mm	尺量：测中心线处	+100，−50	
5	跨径或内径/mm	尺量：每5m测1处，且不少于3处，测相互垂直两个方向	波形钢涵管：±2%D；其他：±30	
6	净高/mm	尺量：测洞口及中心共3处	明涵：≥−20；暗涵：≥−50	

10.1.3 检测仪器

检测仪器：全站仪、水准仪、钢卷尺。

10.1.4 检测前准备工作

检测前需做好进场准备工作，应逐一检查以下条件是否满足进场检测要求：

（1）收集被测项目资料：编号、设计要求、施工记录或缺陷等资料。

（2）现场检测宜在附属设施安装前。

（3）填写的委托单。

（4）监理单位提供的见证记录（如需）。

（5）检测方案完整且上传监管系统（如需）。

（6）与现场相关人员沟通进场时间。

（7）拟进场检测人员在检测监管系统登记备案（如需）。

（8）在检测监管系统登记进场时间和检测内容（如需）。

（9）检测人员具备相应的合格上岗证（如需）。

（10）相关仪器设备正常运行且处于检定有效期内。

（11）作业现场须具备充分的安全防护条件，满足检测过程关于通风、照明以及高空作业等方面的要求。

10.1.5 现场操作

（1）全站仪放点

根据现场预设的基准点，对待测涵洞轴线点进行放样，量取与实际道路中心点距离。

（2）水准仪放点

根据现场预设的基准点，对待测涵洞流水面高程点进行放样，量取实际高程。

10.1.6 数据处理

将实测结果与允许偏差直接比较。检测原始记录及报告参见附表95和附表96。

10.2　回填土压实度

10.2.1　检测原理

灌砂法（标准方法，但不适用于填石路堤等有大孔洞或大孔隙材料的压实度检测）的基本原理是利用粒径为 0.30～0.60mm 或 0.2～0.50mm 清洁干净的均匀砂，从一定高度自由下落到试洞内，按其单位重不变的原理来测量试洞的容积（即用标准砂来置换试洞中的集料），并根据集料的含水量来推算出试样的实测干密度。

10.2.2　检测数量及评定标准

压实度检测数量及判定标准如表 10.2-1 所示。

压实度检测数量及判定标准　　　　　　　　　　　　　　　表 10.2-1

实测项目	规范值或允许偏差			检测数量
压实度/%	高速公路 一级公路	二级公路	三、四级公路	每桥台每压实层测 2 处
	≥ 96	≥ 95	≥ 94	

10.2.3　检测仪器

检测仪器：灌砂筒、电子天平、烘箱。

10.2.4　检测前准备工作

检测前需做好进场准备工作，应逐一检查以下条件是否满足进场检测要求：

（1）收集被测隧道断面资料：桩号、设计尺寸、岩土类别等设计施工资料。

（2）填写的委托单。

（3）监理单位提供的见证记录（如需）。

（4）检测方案完整且上传监管系统（如需）。

（5）与现场相关人员沟通进场时间。

（6）拟进场检测人员在检测监管系统登记备案（如需）。

（7）在检测监管系统登记进场时间和检测内容（如需）。

（8）检测人员具备相应的检测合格上岗证（如需）。

（9）仪器设备在正常检定或校准有效期内。

10.2.5　现场操作

（1）在试验地点，选一块平坦表面，并将其清扫干净，其面积不得小于基板面积。

（2）将基板放在平坦表面上。当表面的粗糙度较大时，则将盛有量砂（m_5）的灌砂筒放在基板中间的圆孔上。将灌砂筒的开关打开，让砂流入基板的中孔内，直到储砂筒内的砂不再下流时关闭开关。取下灌砂筒，并称量筒内砂的质量 m_6，准确至 1g。

（3）取走基板，并将留在试验地点的量砂收回，重新将表面清扫干净。

（4）将基板放回清扫干净的表面上（尽量放在原处），沿基板中孔凿洞（洞的直径与灌砂筒一致）。在凿洞过程中，应注意不使凿出的材料丢失，并随时将凿松的材料取出装入塑料袋中，不使水分蒸发，也可放在大试样盒内。试洞的深度应等于测定层厚度，但不得有下层材料混入，最后将洞内的全部凿松材料取出。对土基或基层，为防止试样盘内材料的水分蒸发，可分几次称取材料的质量，全部取出材料的总质量为 m_w，准确至1g。

（5）从挖出的全部材料中取有代表性的样品，放在铝盒或洁净的搪瓷盘中，测定其含水率 w（以%计）。样品的数量如下：用小型灌砂筒测定时，对于细粒土，不少于100g；对于各种中粒土，不少于500g。用大型灌砂筒测定时，对于细粒土，不少于200g；对于各种中粒土，不少于1000g；对于粗粒土或水泥、石灰、粉煤灰等无机结合料稳定材料，宜将取出的全部材料烘干，且不少于2000g，称其质量 m_d。

（6）将基板安放在试坑上，将灌砂筒安放在基板中间（储砂筒内放满砂到要求质量 m_1），使灌砂筒的下口对准基板的中孔及试洞，打开灌砂筒的开关，让砂流入试坑内。在此期间，应注意勿碰动灌砂筒。直到储砂筒内的砂不再下流时，关闭开关。仔细取走灌砂筒，并称量筒内剩余砂的质量 m_4，准确至1g。

（7）如清扫干净的平坦表面的粗糙度不大，也可省去第（2）步和第（3）步操作。将灌砂筒直接对准放在试坑上，中间不需要放基板。打开筒开关，让砂流入试坑内。在此期间，应注意勿碰动灌砂筒。直到储砂筒内的砂不再下流时，关闭开关。仔细取走灌砂筒，并称量剩余砂的质量 m_4'，准确至1g。

（8）仔细取走试筒内的量砂，以备下次试验时再用。若量砂的湿度已发生变化或量砂中混有杂质，则应该重新烘干、过筛，并放置24h以上，使其与空气的湿度达到平衡后再用。若量砂中混有杂质，则应废弃。

10.2.6　数据处理

（1）灌砂时，试坑上放有基板，按下式计算填满试坑所用的砂的质量 m_b：

$$m_\mathrm{b} = m_1 - m_4 - (m_5 - m_6)$$

（2）灌砂时，试坑上不放基板，按下式计算填满试坑所用的砂的质量 m_b：

$$m_\mathrm{b} = m_1 - m_4' - m_2$$

式中：m_b——填满试坑的砂的质量（g）；

　　　m_1——灌砂前灌砂筒内砂的质量（g）；

　　　m_2——灌砂筒下部圆锥体内砂的质量（g）；

m_4、m_4'——灌砂后，灌砂筒内剩余砂的质量（g）；

$(m_5 - m_6)$——灌砂筒下部圆锥体内及基板和粗糙表面间砂的合计质量（g）。

（3）按下式计算试坑材料的湿密度 ρ_w：

$$\rho_\mathrm{w} = \frac{m_\mathrm{w}}{m_\mathrm{b}} \times \rho_\mathrm{s}$$

式中：m_w——试坑中取出的全部材料的质量（g）；

　　　ρ_w——试坑材料的湿密度（g/cm³）；

　　　ρ_s——量砂的松方密度（g/cm³）。

按下式计算试坑材料的干密度ρ_d：

$$\rho_d = \frac{\rho_w}{1 + 0.01w}$$

式中：w——试坑材料的含水率（%）；

ρ_d——试坑材料的干密度（g/cm³）。

（4）当为水泥、石灰、粉煤灰等无机结合料稳定土时，可按下式计算干密度ρ_d：

$$\rho_d = \frac{m_d}{m_b} \times \rho_s$$

式中：m_d——试坑中取出的稳定土的烘干质量（g）。

（5）按下式计算施工压实度：

$$K = \frac{\rho_d}{\rho_c} \times 100$$

式中：K——测试地点的施工压实度（%）；

ρ_d——试样的干密度（g/cm³）；

ρ_c——由击实试验得到的试样的最大干密度（g/cm³）。

检测原始记录及报告参见附表 97 和附表 98。

10.3 断面尺寸

10.3.1 概述

箱涵断面尺寸包括长度、跨径或内径、净高，采用钢卷尺或激光测距仪量测。

10.3.2 检测依据、数量及评定标准

箱涵断面尺寸检测依据、数量及评定标准如表 10.3-1 所示。

表 10.3-1

箱涵断面尺寸检测依据、数量及评定标准

序号	检测项目	检测方法及抽检数量	允许偏差	检验依据
1	长度/mm	尺量或激光测距仪，测中心线处：每座	+100，−50	《公路工程质量检验评定标准 第一册 土建工程》JTG F80/1—2017 第 9.2.2 条
2	净高/mm	尺量或激光测距仪，测洞口及中心线处：每座，共 3 处	明涵：≥−20；暗涵：≥−50	

10.3.3 检测设备

检测设备：钢卷尺、激光测距仪。

10.3.4 检测前准备工作

检测前需做好进场准备工作，应逐一检查以下条件是否满足进场检测要求：

（1）收集被测综合管廊断面资料：桩号、设计尺寸、成型方式（现浇混凝土或预制管片）等设计施工资料。

（2）填写的委托单。

（3）监理单位提供的见证记录（如需）。

（4）检测方案完整且上传监管系统（如需）。

（5）与现场相关人员沟通进场时间。

（6）拟进场检测人员在检测监管系统登记备案（如需）。

（7）在检测监管系统登记进场时间和检测内容（如需）。

（8）检测人员具备相应的合格上岗证（如需）。

（9）仪器设备正常运行且电量充足。

（10）仪器设备在正常检定或校准有效期内。

10.3.5　现场操作

根据设计尺寸在现场测 2 个断面。长度沿中心线测量 1 次，精确至 1mm；净高在中心线所在断面左中右各测量 1 次，精确至 1mm，取平均值作为测量结果。

10.3.6　数据处理

长度、净高偏差值计算式如下：

$$\Delta L_i = L_i - L_1$$
$$H_i = \frac{H_{i1} + H_{i2} + H_{i3}}{3}$$
$$\Delta H_i = H_i - H_1$$

式中：ΔL_i——第 i 个涵洞长度偏差值（mm）；

L_i——第 i 个涵洞长度测量结果（mm）；

L_1——第 i 个涵洞长度设计值（mm）；

H_{i1}——第 i 个涵洞第 1 个净高测量值（mm）；

H_{i2}——第 i 个涵洞第 2 个净高测量值（mm）；

H_{i3}——第 i 个涵洞第 3 个净高测量值（mm）；

H_i——第 i 个涵洞净高测量结果（mm）；

ΔH_i——第 i 个涵洞净高偏差值（mm）；

H_1——第 i 个涵洞净高设计值（mm）。

检测原始记录及报告参见附表 99 和附表 100。

10.4　错台

10.4.1　检测原理

利用 2m 靠尺提供的基准线，测量混凝土涵洞相邻管节底面错台。

10.4.2　检测依据、数量及评定标准

涵洞错台的检测依据、数量及评定标准如表 10.4-1 所示。

涵洞错台的检测依据、数量及评定标准 表 10.4-1

序号	检测项目	检测方法及抽检数量	评定标准	检验依据
1	相邻管节底面错台	每个涵洞抽检 5 个接头	管径≤1m，≤3mm	《公路工程质量检验评定标准 第一册 土建工程》JTG F80/1—2017 第 9.2.2 条
			管径＞1m，≤5mm	

10.4.3 检测设备

检测仪器：2m 直尺、楔形塞尺。

10.4.4 检测前准备工作

检测前需做好进场准备工作，应逐一检查以下条件是否满足进场检测要求：

（1）收集被测综合管廊断面资料：桩号、设计尺寸、成型方式（现浇混凝土或预制管片）等设计施工资料。

（2）填写的委托单。

（3）监理单位提供的见证记录（如需）。

（4）检测方案完整且上传监管系统（如需）。

（5）与现场相关人员沟通进场时间。

（6）拟进场检测人员在检测监管系统登记备案（如需）。

（7）在检测监管系统登记进场时间和检测内容（如需）。

（8）检测人员具备相应的合格上岗证（如需）。

（9）仪器设备正常运行且电量充足。

（10）仪器设备在正常检定或校准有效期内。

（11）作业现场须具备充分的安全防护条件，满足检测过程关于通风、照明以及高空作业等方面的要求。

10.4.5 现场操作

按有关规范规定选择测试桩号，清扫待测位置处的污物。将 2m 直尺沿中心线方向靠紧表面，测量 2m 直尺底面与管节之间的间隙，以 5 个接头的最大值作为检测结果，读数精确至 0.5mm。

10.4.6 数据处理

将实测结果与允许偏差直接比较。检测原始记录及报告参见附表 40 和附表 41。

附录：检测记录及报告格式

附表1

回弹法检测混凝土强度批量评定报告

委托单位：_____　　　报告编号：_____
工程名称：_____
见证单位：_____　　　检评依据：JGJ/T 294—2013
监督登记号：_____　　　检验类别：_____
混凝土输送方式：泵送_____　　见 证 人：_____
检验日期：_____　　　报告日期：_____

检测部位	强度计算			
	设计强度等级	测区数（n）	强度平均值/MPa	强度标准差/MPa
批量条件	当$m_{f_{cu}^c} < 25MPa$ 时，$S_{f_{cu}^c} \leqslant 4.5MPa$			
	当$25MPa \leqslant m_{f_{cu}^c} \leqslant 60MPa$ 时，$S_{f_{cu}^c} \leqslant 5.5MPa$			
是否满足批量条件	不符合批评定情况			
修正方式	修正量Δ/MPa			
强度推定值计算/MPa	$f_{cu,e} = m_{f_{cu}^c} - 1.645 S_{f_{cu}^c}$			
该批构件混凝土强度推定值 $f_{cu,e}$/MPa				
备注				

注：1. 若对报告有异议，应于收到报告之日起15日内，以书面形式向本公司提出，逾期视为对报告无异议；
　　2. 未经本公司书面批准，不得部分复制本检验报告（完全复制除外）；
　　3. 本公司地址：××××××，电话：××××××。

批准：　　　　　　　　审核：　　　　　　　　检测：

附表2

回弹法检测混凝土强度评定报告

委托单位：_____　　报告编号：_____

工程名称：_____

见证单位：_____　　检评依据：JGJ/T 294—2013

监督登记号：_____　　检验类别：_____

混凝土输送方式：泵送_____　　见　证　人：_____

检验日期：_____　　报告日期：_____

构件编号	检测部位	设计强度等级	混凝土浇筑日期	龄期/d	测区数量	测区换算强度/MPa			现龄期混凝土强度推定值/MPa
						平均值	最小强度值	标准差	
1									
2									
3									
4									
5									
6									
7									
8									
9									
10									
备注									

注：1. 若对报告有异议，应于收到报告之日起15日内，以书面形式向本公司提出，逾期视为对报告无异议；

　　2. 未经本公司书面批准，不得部分复制本检验报告（完全复制除外）；

　　3. 本公司地址：××××××，电话：××××××。

批准：　　　　　　　　　审核：　　　　　　　　　检测：

附表3

回弹法检测高强混凝土强度批量评定报告

委托单位：_____ 报告编号：_____

工程名称：_____

见证单位：_____ 检评依据：JGJ/T 294—2013

监督登记号：_____ 检验类别：_____

混凝土输送方式：泵送_____ 见 证 人：_____

检验日期：_____ 报告日期：_____

检测部位	强度计算			
	设计强度等级	测区数（n）	强度平均值/MPa	强度标准差/MPa
批量条件	当$m_{f_{cu}^c} \leqslant 50$MPa 时，$S_{f_{cu}^c} \leqslant 5.5$MPa			
	当$m_{f_{cu}^c} \geqslant 50$MPa 时，$S_{f_{cu}^c} \leqslant 6.5$MPa			
是否满足批量条件		不符合批评定情况		
修正方式		修正量Δ/MPa		
强度推定值计算/MPa	$f_{cu,e} = m_{f_{cu}^c} - 1.645 S_{f_{cu}^c}$			
该批构件混凝土强度推定值 $f_{cu,e}$/MPa				
备注				

注：1. 若对报告有异议，应于收到报告之日起 15 日内，以书面形式向本公司提出，逾期视为对报告无异议；

　　2. 未经本公司书面批准，不得部分复制本检验报告（完全复制除外）；

　　3. 本公司地址：××××××，电话：××××××。

批准：　　　　　　　　　　审核：　　　　　　　　　　检测：

附表4

回弹法检测高强混凝土强度评定报告

委托单位：_____ 报告编号：_____
工程名称：_____
见证单位：_____ 检评依据：JGJ/T 294—2013_____
监督登记号：_____ 检验类别：_____
混凝土输送方式：泵送_____ 见 证 人：_____
检验日期：_____ 报告日期：_____

构件编号	检测部位	设计强度等级	混凝土浇筑日期	龄期/d	测区数量	测区换算强度/MPa			现龄期混凝土强度推定值/MPa
						平均值	最小强度值	标准差	
1									
2									
3									
4									
5									
6									
7									
8									
9									
10									
备注									

注：1. 若对报告有异议，应于收到报告之日起15日内，以书面形式向本公司提出，逾期视为对报告无异议；
　　2. 未经本公司书面批准，不得部分复制本检验报告（完全复制除外）；
　　3. 本公司地址：××××××，电话：××××××。

批准：　　　　　　　　　　审核：　　　　　　　　　　　　　检测：

附表5

钻芯法检测混凝土抗压强度检测报告

委托单位: _____ 报告编号: _____

工程名称: _____ 检评依据: JGJ/T 384—2016 _____

监督登记号: _____ 检验类别: _____

见证单位: _____ 见 证 人: _____

检验日期: _____ 报告日期: _____

样品编号	构件名称及轴线编号	混凝土浇筑日期	设计强度等级	试件规格（直径×高）/mm	芯样破坏压力/kN	抗压强度/MPa	强度推定值/MPa	龄期/d	说明
备注									

注: 1. 若对报告有异议，应于收到报告之日起 15 日内，以书面形式向本公司提出，逾期视为对报告无异议；

　　2. 未经本公司书面批准，不得部分复制本检验报告（完全复制除外）；

　　3. 本公司地址：××××××，电话：××××××。

批准: _____　　　　审核: _____　　　　检测: _____

附表6

超声回弹综合法检测混凝土强度原始记录

合同编号：_____　构件名称及轴线编号：_____混凝土设计强度：_____

检测依据：T/CECS 02—2020　仪器型号及编号：□NM-4A 非金属超声波检测仪：G2973 □HT225B 型回弹仪：　检测日期：___

测区号	回弹值										超声测试结果				
	1	2	3	4	5	6	7	8	9	10	测距/mm	声时1/μs	声时2/μs	声时3/μs	声速代表值/（km/s）
1															
2															
3															
4															
5															
6															
7															
8															
9															
10															

检测面状态	侧面、上表面、底面、光洁、干燥、潮湿			检测角度	□水平 0° 　　□向上 90° 60° 45° 30° □向下 −90° −60° −45° −30°					
回弹仪测试前率定值				回弹仪测试后率定值				测试面	□对测 □角测 □平测	
备注										

检测：　　　　　　　　　　记录：　　　　　　　　　校核：

附表7

超声回弹综合法检测混凝土强度检测报告

委托单位：＿＿＿＿＿＿＿＿＿＿＿＿＿＿＿＿ 报告编号：＿＿＿＿＿＿＿＿＿＿＿＿＿＿＿＿

工程名称：＿＿＿＿＿＿＿＿＿＿＿＿＿＿＿＿＿＿＿＿＿＿＿＿＿＿＿＿＿＿＿＿＿＿＿＿＿

见证单位：＿＿＿＿＿＿＿＿＿＿＿＿＿＿＿＿ 检评依据：JGJ/T 294—2013

监督登记号：＿＿＿＿＿＿＿＿＿＿＿＿＿＿＿ 检验类别：＿＿＿＿＿＿＿＿＿＿＿＿＿＿＿

混凝土输送方式：泵送 见 证 人：＿＿＿＿＿＿＿＿＿＿＿＿＿＿＿

检验日期：＿＿＿＿＿＿＿＿＿＿＿＿＿＿＿＿ 报告日期：＿＿＿＿＿＿＿＿＿＿＿＿＿＿＿

构件编号	检测部位	设计强度等级	混凝土浇筑日期	龄期/d	测区数量	测区换算强度/MPa			现龄期混凝土强度推定值/MPa
						平均值	最小强度值	标准差	
1									
2									
3									
4									
5									
6									
7									
8									
9									
10									
备注									

注：1. 若对报告有异议，应于收到报告之日起15日内，以书面形式向本公司提出，逾期视为对报告无异议；

2. 未经本公司书面批准，不得部分复制本检验报告（完全复制除外）；

3. 本公司地址：××××××，电话：××××××。

批准：＿＿＿＿＿＿＿ 审核：＿＿＿＿＿＿＿ 检测：＿＿＿＿＿＿＿

附表8

钢筋配置及保护层厚度检测原始记录

检测编号			检测依据			□GB 50204—2015　□JGJ/T 152—2019　□其他：					
工程地点			工程名称								
检测日期			仪器型号及唯一性编号								
序号	构件名称及轴线位置	设计配筋	实测配筋	混凝土保护层设计值/mm	纵向受力钢筋保护层设计值/mm	纵向受力钢筋保护层厚度实测值/mm					
						1	2	3	4	5	6

备注：1. 根据 GB/T 50010—2010（2024 年版）第 8.2.1 条及条文说明：钢筋保护层厚度为最外层钢筋外缘至混凝土表面的距离；

2. 梁构件的纵向受力钢筋保护层厚度设计值＝保护层厚度设计值＋箍筋公称直径；

3. 板构件的纵向受力钢筋保护层厚度设计值＝保护层厚度设计值。

检测：　　　　　　　　　　　　记录：　　　　　　　　　　　　校核：

附表9

钢筋配置检测报告

委托单位：_____　　报告编号：_____

工程名称：_____　　检评依据：_____

监督登记号：_____　　钢筋型号：_____

见证单位：_____　　见 证 人：_____

检测日期：_____　　报告日期：_____

序号	构件名称	轴线位置	设计配筋情况	检测结果

注：1. 若对报告有异议，应于收到报告之日起20日内，以书面形式向本公司提出，逾期视为对报告无异议；

　　2. 未经本公司书面批准，不得部分复制本检测报告（完全复制除外）；

　　3. 本公司地址：××××××，电话：××××××。

批准：　　　　　　　　　　审核：　　　　　　　　　　检测：

附表 10

钢筋保护层厚度检测报告

委托单位：_____ 报告编号：_____
工程名称：_____ 检评依据：_____
监督登记号：_____ 钢筋型号：_____
见证单位：_____ 见 证 人：_____
检测日期：_____ 报告日期：_____

序号	构件名称	轴线位置	保护层厚度设计值	检测结果

注：1. 若对报告有异议，应于收到报告之日起 20 日内，以书面形式向本公司提出，逾期视为对报告无异议；

2. 未经本公司书面批准，不得部分复制本检测报告（完全复制除外）；

3. 本公司地址：××××××，电话：××××××。

批准：   审核：   检测：

附表 11

混凝土中氯离子含量检验报告

委托单位：_____ 报告编号：_____
工程名称：_____
工程部位：_____ 检验类别：_____
监督登记号：_____ 评定依据：_____
见证单位：_____ 见 证 人：_____
送样日期：_____ 检验日期：_____ 报告日期：_____

样品信息					
样品编号	混凝土类型	试样来源	强度等级	浇筑日期	表观密度/（kg/m³）

样品配合比							
水泥	粉煤灰	矿渣粉	砂	石	水	外加剂	其他

检测结果					
检测依据	环境等级	环境条件	氯离子含量最大限值/%	混凝土中氯离子含量/%	氯离子含量换算值/%
GB/T 50344—2019 附录 C					
结论					
备注	1. 混凝土材料用量依据委托方提供的混凝土配合比设计表确认； 2. 混凝土结构设计使用年限和环境类别由委托方确认。				

注：1. 若对报告有异议，应于收到报告之日起 20 日内，以书面形式向本公司提出，逾期视为对报告无异议；

2. 未经本公司书面批准，不得部分复制本检验报告（完全复制除外）；

3. 检验地址：×××××××，电话：×××××××。

批准：　　　　　　　　审核：　　　　　　　　检验：

附表 12

隧道衬砌厚度检测原始记录

检测编号						
工程名称				工程地点		
仪器型号及唯一性编号				检测日期		
序号	范围	拱顶衬砌厚度/cm	左拱腰衬砌厚度/cm	右拱腰衬砌厚度/cm	左边墙衬砌厚度/cm	右边墙衬砌厚度/cm

记录：　　　　　　　　检测：　　　　　　　　校核：

附表 13

隧道衬砌钢架、钢筋分布记录

检测编号							
工程名称				工程地点			
仪器型号及唯一性编号				检测日期			

序号	里程范围	衬砌钢架、钢筋分布					备注
		拱顶	左边墙	左拱腰	右边墙	右拱腰	

记录：　　　　　　　　检测：　　　　　　　　校核：

附表 14

隧道衬砌背后回填情况统计记录

	检测编号						
	工程名称				工程地点		
	仪器型号及唯一性编号				检测日期		
序号	里程范围	位置	回填情况				备注
			密实	不密实	空洞		

记录：   检测：   校核：

附表 15

<h1 style="text-align:center">桥梁结构线性试验检测记录</h1>

工程名称							
工程部位/用途							
样品信息							
试验检测日期				试验条件			
检测依据				判定依据			
检测里程							
委托编号				检测编号			
主要仪器设备名称及编号							

测点编号	坐标			测点编号	坐标		
	X	Y	Z		X	Y	Z
测点示意图							
附加声明							

检测：　　　　　　记录：　　　　　　复核：

附表 16

桥梁结构位移试验检测记录

工程名称							
工程部位/用途							
样品信息							
试验检测日期				试验条件			
检测依据				判定依据			
主要仪器设备名称及编号							
检测里程							
委托编号				检测编号			
测点号	X	Y	Z	测点号	X	Y	Z
示意图							
附加声明							

检测：　　　　　　记录：　　　　　　复核：

附表 17

桥梁结构尺寸试验检测记录

工程名称						
工程部位/用途						
样品信息						
试验检测日期				试验条件		
检测依据				判定依据		
主要仪器设备名称及编号						
检测里程						
委托编号				检测编号		

构件名称	测量项目	测点			平均值	备注
		1	2	3		

示意图	
附加声明	

检测：　　　　　　　　记录：　　　　　　　　复核：

附表 18

桥梁墩柱竖直度试验检测记录（垂线法）

工程名称							
工程部位/用途							
样品信息							
试验检测日期				试验条件			
检测依据				判定依据			
主要仪器设备名称及编号							
检测里程							
委托编号				检测编号			

构件名称	测量高度/cm	检测方向	垂线距墩柱距离/mm		偏差/mm	墩柱高度/cm
			上部	下部		
附加声明						

检测：　　　　　　　　记录：　　　　　　　　复核：

附表 19

桥梁墩柱竖直度试验检测记录（全站仪平距法）

工程名称									
工程部位/用途									
样品信息									
试验检测日期					试验条件				
检测依据					判定依据				
主要仪器设备名称及编号									
检测里程									
委托编号					检测编号				

构件名称	左水平角	右水平角	中心点水平角	顶部坐标/m		底部坐标/m		偏差/mm	墩柱高度/m
				Y_1	Z_1	Y_2	Z_2	$Y_1 - Y_2$	$Z_1 - Z_2$
附加声明									

检测：　　　　　　　　记录：　　　　　　　　复核：

附表20

孔道摩阻试验原始记录

工程名称		委托单位	
梁体类型		梁体编号	
管道编号		测试设备	
测试地点		测试环境	
试验日期		测试类别	

测试记录		主动端			被动端		
加载	加载等级	传感器压力值 P_1/kN	千斤顶油缸外露值/mm	工具锚夹片外露值/mm	传感器压力值 P_2/kN	千斤顶油缸外露值/mm	工具锚夹片外露值/mm
第1次	0						
	20%___kN						
	30%___kN						
	40%___kN						
	50%___kN						
	60%___kN						
	70%___kN						
	80%___kN						
	90%___kN						
	100%___kN						
第2次	0						
	20%___kN						
	30%___kN						
	40%___kN						
	50%___kN						
	60%___kN						
	70%___kN						
	80%___kN						
	90%___kN						
	100%___kN						

注：压力值精确到1kN，外露量精确到1mm。

检测：　　　　　　　　　记录：　　　　　　　　　校核：

附表 21

孔道摩阻试验报告

项目信息	工程名称			
	委托单位			
	设计单位			
	生产单位			
	监理单位			
实体梁	设计图号		测试日期	
	生产编号		混凝土强度	
	测试管道编号		混凝土弹性模量	
	成孔类型		管道直径	
混凝土试件	尺寸（长×宽×高）		测试日期	
	浇筑日期		混凝土强度	
锚具及钢绞线	锚具生产厂家			
	锚具型号		限位板限位高度	
	钢绞线生产厂家			
	钢绞线直径		钢绞线弹性模量	
测试信息	测试内容			
	主要测试仪器			
	张拉设备			
备注				

批准：　　　　　　　　审核：　　　　　　　　检测：

附表 22

结构混凝土超声波法检测混凝土质量原始记录

工程名称			构件编号				
测试仪器			仪器编号		换能器主频		kHz
测试人员			测试负责人		测试日期		
检测依据	□CECS 21：2000　□GB/T 50784—2013			天气			

序号	测点		序号	测点		序号	测点		序号	测点		序号	测点	

检测：　　　　　　　　　　记录：　　　　　　　　　　校核：

附表 23

温度检测原始记录

工程名称：_____ 检测日期：_____

检测依据	
仪器设备	

序号	测量场所	测量位置	时间	温度
备注				

主检：_____ 校核：_____

附表 24

现场风速检测原始记录

工程名称：_____　　检测日期：_____

检测依据	□公路隧道通风设计细则 JTG/T D70/2-02—2014			
仪器设备	微风速测量探头 SWA 03			
序号	测量场所	测试高度	时间	实测风速
备注				

主检：　　　　　　　　　　校核：

附表 25

桥梁静载试验挠度检测原始记录

工程编号			工程名称		检测日期	
仪器型号及唯一性编号						
工程地点				天气		

测点	加载等级								
加载示意图									
备注	**检测依据:** □《城市桥梁检测技术标准》DBJ/T 15-87—2022 □《城市桥梁检测与评定技术规范》CJJ/T 233—2015 □《公路桥梁荷载试验规程》JTG/T J21-01—2015 □《公路桥梁承载能力检测评定规程》JTG/T J21—2011								

检测:　　　　　　　　　记录:　　　　　　　　　校核:

附表 26

桥梁静载试验应变检测原始记录

工程编号			工程名称		检测日期	
仪器型号及唯一性编号						
工程地点				天气		

测点	加载等级										

加载示意图	
备注	**检测依据：**□《城市桥梁检测技术标准》DBJ/T 15-87—2022 □《城市桥梁检测与评定技术规范》CJJ/T 233—2015 □《公路桥梁荷载试验规程》JTG/T J21-01—2015 □《公路桥梁承载能力检测评定规程》JTG/T J21—2011

检测：　　　　　　　　　记录：　　　　　　　　　校核：

附表27

桥梁静载试验桥梁裂缝检测原始记录

工程编号		工程名称		检测日期	
仪器型号及唯一性编号					
工程地点			天气		

编号	裂缝位置	裂缝间距	裂缝长度/m		裂缝宽度/mm		
			试验前	试验后	试验前	控制荷载	试验后

示意图	
备注	**检测依据:** □《城市桥梁检测技术标准》DBJ/T 15-87—2022 □《城市桥梁检测与评定技术规范》CJJ/T 233—2015 □《公路桥梁荷载试验规程》JTG/T J21-01—2015 □《公路桥梁承载能力检测评定规程》JTG/T J21—2011

检测: 记录: 校核:

附表 28

桥梁静载试验标高测量原始记录

工程编号		工程名称		检测日期	
仪器型号及唯一性编号					
工程地点			天气		

测站	工况：			
	点号	水准尺读数/cm		相对标高/cm
		前视	后视	
备注	**检测依据**：□《城市桥梁检测技术标准》DBJ/T 15-87—2022 □《城市桥梁检测与评定技术规范》CJJ/T 233—2015 □《公路桥梁荷载试验规程》JTG/T J21-01—2015 □《公路桥梁承载能力检测评定规程》JTG/T J21—2011			

检测：　　　　　　　　　记录：　　　　　　　　　校核：

附表 29

桥梁动载试验检测原始记录

工程编号		工程名称		检测日期	
仪器型号及唯一性编号					
工程地点			天气		
序号							
示意图							
备注	**检测依据：**□《城市桥梁检测技术标准》DBJ/T 15-87—2022 □《城市桥梁检测与评定技术规范》CJJ/T 233—2015 □《公路桥梁荷载试验规程》JTG/T J21-01—2015 □《公路桥梁承载能力检测评定规程》JTG/T J21—2011						

检测：　　　　　　　　　　记录：　　　　　　　　　　校核：

附表 30

<h1 style="text-align:center">公路隧道断面尺寸检测原始记录</h1>

工程名称							
检测路段				检测日期			
试验规程	□《工程测量规范》GB 50026—2020 □《公路工程质量检验评定标准 第一册 土建工程》JTG F80/1—2017						
检测设备及唯一性编号	□钢卷尺 DJC2437（DQ031）　　　　　□激光测距仪 □激光隧道断面仪 G6762（6623499）　□全站仪						
编号	里程桩号 及位置	行车道宽度/mm	内轮廓高度/mm			内轮廓宽度/mm	隧道偏位/mm
			拱顶	左拱腰	右拱腰		
备 注							

检测：　　　　　　　　　　　记录：　　　　　　　　　　校核：

附表 31

公路隧道断面尺寸检测报告

工程名称：_____ 报告编号：_____

委托单位：_____ 试验类别：_____

隧道类型：_____ 工程部位：_____

试验日期：_____ 报告日期：_____

里程桩号	行车道宽度/mm	内轮廓高度/mm			内轮廓宽度/mm	隧道偏位/mm	结论
		拱顶	左拱腰	右拱腰			
结论	满足技术规范要求						
备注	1. 试验依据：《公路工程质量检验评定标准 第一册 土建工程》JTG F80/1—2017； 2. 评定依据：《公路工程质量检验评定标准 第一册 土建工程》JTG F80/1—2017； 3. 见证单位：_____； 4. 见证人（见证编号）：_____。						
声明	1. 未经本公司书面批准，不得部分复印本报告内容（完整复印除外）； 2. 本公司地址：××××××，电话：××××××； 3. 本报告未使用专用防伪纸无效。						

批准：_____ 审核：_____ 试验：_____

附表32

锚杆抗拔试验原始记录

工程名称：			合同号：			试验日期：					
仪器名称及编号：□拉拔仪 G3154 □_____ □百分表_____ □_____						锚杆号：□_____□压力型 自由段长度_____ □拉力型 自由段长度_____ 锚固段长度_____					
检测依据：□《建筑地基基础检测规范》DBJ/T 15-60—2019 □_____											
荷载 阶段	检测荷载/ kN	油压表读数/ MPa	观测时间/ min	时间间隔/ min	表1		表2		锚杆位移			备注
					读数	本级位移	读数	本级位移	本级平均	累计		

检测：　　　　　　　　记录：　　　　　　　　校核：　　　　　　　　位移单位：0.01mm

附表 33

单根锚杆锚固质量检测原始记录

委托编号		工程名称					
检测日期		试验规程	《锚杆锚固质量无损检测技术规程》JGJ/T 182—2009				
仪器类型及唯一性编号	□锚杆检测仪_____ □钢卷尺_____ □其他_____						
锚杆编号				锚杆类别			
设计要求	锚杆直径/mm	L/m	L_0/m	L_{r}/m	D/%	其他	
检测结果	锚杆直径/mm	L/m	L_0/m	L_{r}/m	D/%	其他	
实测波形							
波形分析							
备注							

试验：　　　　　　　记录：　　　　　　　校核：

附表 34

锚杆锚固质量检测报告

委托单位：＿＿＿＿＿＿＿＿＿＿＿＿＿＿＿＿＿＿＿＿＿＿＿＿ 报告编号：＿＿＿＿＿＿＿＿＿＿＿＿＿＿

工程名称：＿＿

工程部位：＿＿＿＿＿＿＿＿＿＿＿＿＿＿＿＿＿＿＿＿＿＿＿ 检验类别：＿＿＿＿＿＿＿＿＿＿＿＿＿＿＿

监督登记号：＿＿＿＿＿＿＿＿＿＿＿＿＿＿＿＿＿＿＿＿＿＿ 试验依据：＿＿＿＿＿＿＿＿＿＿＿＿＿＿＿

见证单位：＿＿＿＿＿＿＿＿＿＿＿＿＿＿＿＿＿＿＿＿＿＿ 见 证 人：＿＿＿＿＿＿＿＿＿＿＿＿＿＿＿

委托日期：＿＿＿＿＿＿＿＿＿ 检测日期：＿＿＿＿＿＿＿＿＿＿ 报告日期：＿＿＿＿＿＿＿＿＿＿

规范合格指标要求	锚固密实度达到 C 级以上，且杆体长度合格		
受检锚杆编号	检测结果		评定结果
	锚固密实度	锚固长度	
结论			
备注	锚杆锚固质量评定标准：《锚杆锚固质量无损检测技术规程》JGJ/T 182—2009 第 7.2 节		

注：1. 未经本公司书面批准，不得部分复印本报告内容（完整复印除外）；

2. 本公司地址：×××××，电话：×××××；

3. 本报告未使用专用防伪纸无效。

批准：＿＿＿＿＿＿＿ 审核：＿＿＿＿＿＿＿ 检测：＿＿＿＿＿＿＿

附表 35

公路隧道墙面平整度检测原始记录

工程编号			工程名称			
仪器型号及唯一性编号						
检测位置				检测日期		
试验依据	□《公路隧道施工技术规范》JTG/T 3660—2020 □《公路工程质量检验评定标准 第一册 土建工程》JTG F80/1—2017					
检测桩号	两米直尺读数/mm					备注
备注						

检测：　　　　　　　　　记录：　　　　　　　　校核：

附表 36

公路隧道墙面平整度检测报告

工程名称：_____　　报告编号：_____
委托单位：_____　　试验类别：_____
隧道类型：_____　　工程部位：_____
试验日期：_____　　报告日期：_____

里程桩号	测点位置	偏差允许值/mm	实测值/mm					最大偏差值/mm
			1	2	3	4	5	
结论								
备注	1. 试验依据:《公路隧道施工技术规范》JTG/T 3660—2020； 2. 评定依据:《公路隧道施工技术规范》JTG/T 3660—2020； 3. 见证单位: _____； 4. 见证人（见证编号）: _____。							
声明	1. 未经本公司书面批准，不得部分复印本报告内容（完整复印除外）； 2. 本公司地址: ××××××，电话: ××××××； 3. 本报告未使用专用防伪纸无效。							

批准：　　　　　　　　　　审核：　　　　　　　　　　试验：

附表 37

公路隧道钢筋网格尺寸检测原始记录

工程名称					
隧道分类			检测日期		
试验依据	□《公路隧道施工技术规范》JTG/T 3660—2020 □《公路工程质量检验评定标准 第一册 土建工程》JTG F80/1—2017				
仪器型号及唯一性编号					
测定桩号及部位	实测间距/mm		测定桩号及部位	实测间距/mm	
	环向			环向		
	纵向			纵向		
	环向			环向		
	纵向			纵向		
	环向			环向		
	纵向			纵向		
测定桩号及部位	实测间距/mm		测定桩号及部位	实测间距/mm	
	环向			环向		
	纵向			纵向		
	环向			环向		
	纵向			纵向		
	环向			环向		
	纵向			纵向		
备注					

检测：　　　　　　　记录：　　　　　　　校核：

附表 38

公路隧道钢筋网格尺寸检测报告

工程名称：_____　　报告编号：_____
委托单位：_____　　试验类别：_____
隧道类型：_____　　工程部位：_____
试验日期：_____　　报告日期：_____

铺挂里程桩号	测点位置	主筋走向	钢筋间距设计值/mm	实测值/mm		最大偏差值/mm
				网格 1	网格 2	
	拱顶	纵向				
		环向				
	边墙	纵向				
		环向				
	仰拱	纵向				
		环向				
结论	钢筋网格尺寸间距偏差均不大于　　mm，所检位置钢筋网格尺寸都　　技术规范要求。					
备注	1. 试验依据：《公路隧道施工技术规范》JTG/T 3660—2020； 2. 评定依据：《公路隧道施工技术规范》JTG/T 3660—2020； 3. 见证单位（见证人，见证编号）：_____。					
声明	1. 未经本公司书面批准，不得部分复印本报告内容（完整复印除外）； 2. 本公司地址：××××××，电话：××××××； 3. 本报告未使用专用防伪纸无效。					

批准：　　　　　　　　　　　　审核：　　　　　　　　　　　　　　试验：

附表 39

管片水平拼装检测原始记录

工程编号				工程名称			
仪器型号及唯一性编号	钢卷尺 □DJC2437 □＿＿＿＿＿ 塞尺 □DJC712 □＿＿＿＿＿				管片编号		见附表
检测依据	□《盾构隧道管片质量检测技术标准》CJJ/T 164—2011 □《预制混凝土衬砌管片》GB/T 22082—2017						
工程地点			天气			检测日期	

施工质量验收的规定			检验数据							
管片水平拼装检验允许偏差	环向缝间隙/mm	0～+2mm								
	纵向缝间隙/mm	0～+2mm								
	成环后内径/mm	±2.0mm								
	成环后外径/mm	−2～+6mm								
外观检测										
备注										

检测： 　　　　　记录： 　　　　　校核：

附表 40

错台检测原始记录

工程名称			
检测路段		检测日期	
试验规程	□《公路路基路面现场测试规程》JTG 3450—2019　　　　　路面错台 □《公路隧道施工技术规范》JTG/T 3660—2020　　　　　施工缝表面错台 □《盾构法隧道施工及验收规范》GB 50446—2017　　　　衬砌错台 □《铁路隧道工程施工质量验收标准》TB 10417—2018　　管片错台 □《公路工程质量检验评定标准 第一册 土建工程》JTG F80/1—2017　管节地面错台		
检测设备及 唯一性编号	□公路工程检测尺（D002657）□500mm 钢直尺（DJC2208）□2m 靠尺 □_____		

编号	里程桩号及位置	检测结果/mm
备注		

检测：　　　　　　　　　记录：　　　　　　　　　校核：

附表 41

错台检测报告

委托单位：_____ 报告编号：_____
工程名称：_____ 检验类别：_____
检验日期：_____ 报告日期：_____

检测内容		衬砌错台		
编号	里程桩号及位置	检测结果/mm	规范允许值/mm	是否合格
评定结果		衬砌错台（径向及环向）符合规范要求		
备注	1. 试验依据：《盾构法隧道施工及验收规范》GB 50446—2017； 2. 评定依据：《盾构法隧道施工及验收规范》GB 50446—2017； 3. 见证人（见证单位）：_____。			
声明	1. 本报告信息由委托方提供； 2. 未经本公司书面批准，不得部分复印本报告内容（完整复印除外）； 3. 本公司地址：×××××××，联系电话：×××××××； 4. 本报告未使用专用防伪纸无效。			

批准：_____ 审核：_____ 检测：_____

附表 42

隧道椭圆度检测原始记录

工程名称			
检测路段		检测日期	
试验规程	□《盾构法隧道施工及验收规范》GB 50446—2017 □《铁路隧道工程施工质量验收标准》TB 10417—2018 □_____		
检测设备及唯一性编号	□激光断面仪_____		

编号	里程桩号及位置	最大内直径/mm	最小内直径/mm	设计外径/mm
备注				

检测：　　　　　　　　　记录：　　　　　　　　　校核：

附表 43

隧道椭圆度检测报告

委托单位：_____　　报告编号：_____

工程名称：_____　　检验类别：_____

检验日期：_____　　报告日期：_____

检测内容		隧道椭圆度						
编号	里程桩号及位置	方向	最大内直径/mm	最小内直径/mm	设计外径/mm	椭圆度/‰	规范允许值/‰	单项评定
评定结果		隧道椭圆度符合规范要求						
备注	1. 试验依据：《盾构法隧道施工及验收规范》GB 50446—2017； 2. 评定依据：《盾构法隧道施工及验收规范》GB 50446—2017； 3. 见证人（见证单位）：_____。							
声明	1. 本报告信息由委托方提供； 2. 未经本公司书面批准，不得部分复印本报告内容（完整复印除外）； 3. 本公司地址：××××××，联系电话：×××××××； 4. 本报告未使用专用防伪纸无效。							

批准：　　　　　　　　　审核：　　　　　　　　　检测：

附表44

桥梁技术状况检测记录

记录编号：

工程名称			
工程部位/用途			
样品信息			
检测日期		试验条件	
检测依据		判定依据	
主要仪器设备名称及编号			
检测里程			
委托编号		检测编号	
附加声明			

检测：　　　　　　　　　记录：　　　　　　　　　复核：

附表45

城市桥梁资料卡

桥梁名称：　　　　　　所在路名：　　　　　　跨越（　　）　　　　　　（　　）等级

一般资料	管养单位		上部结构	主梁形式		下部结构	桥墩	形式	
	养护单位			主梁尺寸				桥墩数量	
	建设单位			主梁数量				桥墩标高	
	设计单位			横梁形式				盖梁尺寸	
	监理单位			主跨桥下净空				基底标高	
	施工单位			桥下限高				底板尺寸	
	建成年月			拱桥矢跨比				基桩尺寸	
	总造价			支座形式				基桩根数	
	养护类别			支座数量			桥台	形式	
	养护等级			桥面结构				桥台数量	
	道路等级			桥面铺装厚度				桥台标高	
	结构类型			伸缩缝形式				基底标高	
	设计荷载			伸缩缝数量				台帽尺寸	
	限载标准			主桥纵坡				底板尺寸	
	抗震烈度			主桥横坡				基桩尺寸	
	正斜交角			引桥纵坡				基桩根数	
	桥梁跨数			引桥横坡				挡土板厚度	
	跨径组合		附属工程	集水口尺寸				翼墙形式	
	桥面面积			集水口数量				翼墙长度	
	桥梁总长			水管尺寸		附挂管线		给水管	
	桥梁总宽			泄水口长度				燃气管	
	车行道净宽			栏杆总长				电力缆	
	人行道净宽			栏杆结构				通信电缆	
	河道等级			端柱尺寸					
	最高水位			护栏类型					
	常水位			引坡挡墙类型					

附表 46

城市桥梁日常巡查报表

桥梁名称（编号）			巡检单位		
检查项	完好	损坏类型	损坏程度（数量）	损坏位置	备注
桥名牌	□是□否				
限高牌、限载牌	□是□否				
车行道	□是□否				
人行道	□是□否				
伸缩缝	□是□否				
栏杆	□是□否				
排水设施	□是□否				
桥路连接位置	□是□否				
上部结构	□是□否				
支座	□是□否				
下部结构	□是□否				
桥梁保护区域内施工					
其他危及行人、行船、行车安全的病害					
巡查人			巡查日期		

附表 47

桥梁技术状况检测报告

检测单位名称（专用章）：				报告编号：		
施工/委托单位				工程名称		
工程部位/用途						
样品信息				检测日期		
检测依据				判定依据		
主要仪器设备 名称及编号						
检测里程						
委托编号				检测编号		
桥梁组成	序号	部件名称	权重	部件最终得分	部位得分	备注
全桥评定		桥梁组成	部位得分	部位技术状况评分	部位权重	总体技术状况评分
检测结论						

附加声明：

地址：　　电话：　　传真：　　网址：

检测：　　　　　　　记录：　　　　　　　复核：

附表 48

公路桥梁板式橡胶支座试验报告

报告编号：_____ 试验类别：_____
委托单位：_____ 工程名称：_____
取样部位：_____ 规格型号：_____
试验日期：_____ 报告日期：_____
生产厂家：_____ 生产批号：_____

试验序号	试验项目		标准值	实测值			单项评定
				样品 1	样品 2	样品 3	
1	抗压弹性模量E_1/MPa						
2	极限抗压强度R_u/MPa						
3	抗剪弹性模量G_1/MPa						
4	转角正切值$\tan\theta$						
5	老化后抗剪弹性模量G_2/MPa						
6	四氟滑板与不锈钢板表面摩擦系数μ_f（加硅脂时）						
7	抗剪粘结						
8	外形尺寸	直径偏差					
		厚度偏差					
9	外观质量						
10	内在质量	胶层厚度偏差					
		钢板与橡胶粘结					
		剥离橡胶拉伸强度/MPa					
		剥离橡胶层扯断拉伸率/%					
备注	1. 试验规程及评定依据：《公路桥梁板式橡胶支座》JT/T 4—2019； 2. 见证单位/见证员（见证编号）：_____； 3. 本报告信息由委托方提供，本报告仅对来样负责。						
声明	1. 未经本公司书面批准，不得部分复印本报告内容（完整复印除外）； 2. 本公司地址：××××××； 3. 本报告未使用专用防伪纸无效。						

批准：   审核：   试验：

附表 49

板式橡胶支座抗压弹性模量试验原始记录

工程编号							工程名称				
仪器型号及唯一性编号											
检测日期		室温			支座总厚			中间单层橡胶厚度/mm			
样品型号		样品编号			形状系数			橡胶层总厚度/mm			
实测次数	传感器编号	压应力/MPa					实测 E_1	E_1 平均值	各次偏差	标准值	与标准值偏差
		1	4	6	8	10					
1	N1										
	N2										
	N3										
	N4										
	ΔC										
	ε_i										
2	N1										
	N2										
	N3										
	N4										
	ΔC										
	ε_i										
3	N1										
	N2										
	N3										
	N4										
	ΔC										
	ε_i										
备注	检测依据:《公路桥梁板式橡胶支座》JT/T 4—2019。										

检测:　　　　　　　　　　记录:　　　　　　　　　　校核:

附表 50

板式橡胶支座极限抗压强度试验原始记录

工程编号		工程名称		检测日期	
仪器型号及唯一性编号					
样品编号		湿度		单层钢板厚度	
规格尺寸		室温		净胶总厚度	
形状系数		天气		中间单层橡胶厚度	
序号	试验编号	试件最大抗压强度	10min 后试验压应力	压应力是否下降	试验工作状态
1		70MPa		□是　□否	□完好 □破坏
2		70MPa		□是　□否	□完好 □破坏
3		70MPa		□是　□否	□完好 □破坏
备注	检测依据:《公路桥梁板式橡胶支座》JT/T 4—2019。				

检测：　　　　　　　　　记录：　　　　　　　　　校核：

附表 51

板式橡胶支座摩擦系数试验原始记录

工程编号		工程名称		检测日期	
仪器型号及唯一性编号		压剪机 Y10000			
样品编号		湿度		单层钢板厚度	
规格尺寸		室温		净胶总厚度	
形状系数		天气		中间单层橡胶厚度	
序号	试验编号	试验压应力	滑动时剪应力	摩擦系数	评定
1					
2					
3					
4					
5					
6					
7					
8					
9					
备注	检测依据:《公路桥梁板式橡胶支座》JT/T 4—2019。				

检测:　　　　　　　记录:　　　　　　　校核:

附表52

桥梁伸缩装置外观质量与尺寸检测报告

工程名称：_____ 报告编号：_____
委托单位：_____ 检验形式：由见证人取样送检
检测日期：_____ 报告日期：_____

样品名称		伸缩装置形式	
生产厂家		产品批号	

外观质量与尺寸试验								
质量指标	检测项目	标准要求	检测结果					单项判定
外观质量	外观表面质量							
	产品铭牌							
	橡胶表面质量							
	焊缝质量							
	涂装表面质量							
	外露螺栓质量							
			尺寸1	尺寸2	尺寸3	尺寸4	尺寸5	
尺寸	钢构件							
	弹性支承元件							
检测照片								
结论	试样所检项目指标符合规范要求							
备注	1. 试验依据：《公路桥梁伸缩装置通用技术条件》JT/T 327—2016； 　《一般公差　未注公差的线性和角度尺寸的公差》GB/T 1804—2000； 　《橡胶制品的公差 第1部分：尺寸公差》GB/T 3672.1—2002； 2. 见证单位：_____，见证人（见证编号）_____； 3. 报告中，符号"√"表示符合要求，"×"表示不符合要求，"/"表示无此项。							
声明	1. 本报告仅对来样负责，未经本公司书面批准，不得部分复印本报告内容（完整复印除外）； 2. 本公司地址：××××××，电话×××××××； 3. 本报告未使用专用防伪纸无效。							
批准：	审核：		试验：			试验单位（盖章）		

附表 53

桥梁伸缩装置外观质量与尺寸检测原始记录

委托编号		试验日期		试验规程	
样品编号		伸缩装置形式			
所用仪器设备				温度	
生产厂家			产品批号		

外观质量					
质量指标	检测项目	检测结果			
外观质量	外观表面是否平整洁净，有无机械损伤，有无毛刺，有无锈蚀				
	产品铭牌是否标记清晰				
	橡胶表面是否光滑平整，有无缺陷				
	涂装表面是否平整，有无脱落、流痕、褶皱等现象				
	焊缝是否均匀，有无气孔、夹缝等缺陷				
	外露螺栓是否连接可靠				

尺寸试验					
质量指标	检测项目	检测结果			
		尺寸 1	尺寸 2	尺寸 3	尺寸 4	尺寸 5
尺寸	钢构件					
	弹性支承元件					
检测依据	□《公路桥梁伸缩装置通用技术条件》JT/T 327—2016 □《一般公差 未注公差的线性和角度尺寸的公差》GB/T 1804—2000 □《橡胶制品的公差 第 1 部分：尺寸公差》GB/T 3672.1—2002					

校核：　　　　　　　　　试验：　　　　　　　　　记录：

附表 54

桥梁伸缩装置装配公差检测报告

工程名称：_____ 报告编号：_____
委托单位：_____ 检验形式：由见证人取样送检_____
检测日期：_____ 报告日期：_____

样品名称			伸缩装置形式					
生产厂家			产品批号					

检测项目			标准要求	检测结果					单项判定
				1	2	3	4	5	
模数式伸缩装置	当完全压缩时，在任意位置同一断面	以两边纵梁顶平面为准，每根中纵梁顶面和边纵梁顶面相对高差							
		以两边纵梁顶平面为准，每单元的纵向偏差							
	平面总宽的偏差值								
梳齿板式伸缩装置	伸缩范围内任一位置，同一断面两边齿板高差								
	最大压缩量时	纵向间隙							
		横向间隙							
	平面总宽的偏差值								
检测照片									
结论	试样所检项目指标符合规范要求								
备注	1. 试验依据：《公路桥梁伸缩装置通用技术条件》JT/T 327—2016； 2. 见证单位：_____，见证人（见证编号）_____； 3、报告中，符号"√"表示符合要求，"×"表示不符合要求，"/"表示无此项。								
声明	1. 本报告仅对来样负责，未经本公司书面批准，不得部分复印本报告内容（完整复印除外）； 2. 本公司地址××××××，电话×××××××； 3. 本报告未使用专用防伪纸无效。								

批准：　　　　　　审核：　　　　　　试验：　　　　　　　　　　试验单位（盖章）

附表 55

桥梁伸缩装置装配公差检测原始记录

委托编号			试验日期			试验规程	
样品编号			伸缩装置形式				
所用仪器设备						温度	
生产厂家				产品批号			

检测项目			检测结果				
			1	2	3	4	5
模数式伸缩装置	当完全压缩时，在任意位置同一断面	以两边纵梁顶平面为准，每根中纵梁顶面和边纵梁顶面相对高差					
		以两边纵梁顶平面为准，每单元的纵向偏差					
	平面总宽的偏差值						
梳齿板式伸缩装置	伸缩范围内任一位置，同一断面两边齿板高差						
	最大压缩量时	纵向间隙					
		横向间隙					
	最大拉伸量时齿板搭接长度						
检测依据	□《公路桥梁伸缩装置通用技术条件》JT/T 327—2016						

校核：　　　　　　　　　试验：　　　　　　　　　记录：

附表 56

钢焊缝尺寸检测记录

记录编号：

工程名称						检测日期	
样品名称			规格/mm			材质	
接头类型			焊接方式			坡口形式	
焊缝等级			表面状态			观测条件	
标准			使用仪器			仪器型号	

序号	样品编号	检测长度/mm	检测部位	缺陷状态		结论	备注
				类型	规格		
				余高			
				错边			
				余高			
				错边			
				余高			
				错边			

无损检测示意图：

备注：

校核：　　　　　　　　　　　检测：

附表 57

钢焊缝尺寸检测报告

委托单位：_____　检测单位：_____
报告日期：_____　报告编号：_____

工程名称					检测日期	
样品名称		规格/mm			材质	
接头类型		焊接方式			坡口形式	
焊缝等级		表面状态			观测条件	
标准		使用仪器			仪器型号	

序号	样品编号	检测长度/mm	检测部位	缺陷状态		结论	备注
				类型	规格		
				余高			
				错边			
				余高			
				错边			
				余高			
				错边			

无损检测示意图：

备注：

注：1. 未经本公司书面批准，不得部分复制检测报告（完整复制除外）；
　　2. 本公司地址：××××××；
　　3. 本报告未使用专用防伪纸无效。

批准：　　　　　　　　　审核：　　　　　　　　　检测：

附表 58

铁磁性材料磁粉检测记录
（封页）

记录编号：　　　　　　　　　　　　检测日期：

工程名称		检测前仪器状况	
检测依据		检测后仪器状况	
构件名称		检测时机	
母材材质		提升力	
焊接方法		探伤面状态	
接头形式		磁化电流种类	
观察条件		磁化方法	
磁粉种类		磁化方向	
磁粉粒度		磁化时间	
合格级别		磁粉施加方法	
仪器编号		灵敏度试片	

探伤部位简图

校核：　　　　　　　　检测：　　　　　　　　记录：

铁磁性材料磁粉检测记录

记录编号：

序号	检测编号	规格/厚度	缺陷类型	缺陷描述	评定等级	备注

校核：　　　　　　　　　检测：

附表 59

磁粉探伤检测快报

工程名称：＿＿＿＿＿＿＿＿＿＿＿＿＿＿＿＿＿＿＿＿

合同编号：＿＿＿＿＿＿＿＿＿＿＿＿＿＿＿＿＿＿＿＿

委托单位：＿＿＿＿＿＿＿＿＿＿＿＿＿＿＿＿＿＿＿＿

编　　号：＿＿＿＿＿＿＿＿＿＿＿＿＿＿＿＿＿＿＿＿

编写日期：＿＿＿＿＿＿＿＿＿＿＿＿＿＿＿＿＿＿＿＿

根据本公司检测数据，对检测内容作出如下初步评价：

☐　见附页材料；

☐　检测合格项（部位）：

☐　检测不合格项（部位）：

☐　存在问题，正在论证项（部位）：

声明： 1. 本检测快报仅作为委托方施工参考，最后结论以正式报告为准。

2. 本检测快报不得作为竣工验收材料。

3. 本检测快报共×页（附页盖骑缝章方可有效）。

编　写：　　　　　　　　　　审　核：

钢结构磁粉探伤检测报告

工程名称					
工件名称		材质		接头类型	
焊接方式		检测面状况		检测时机	
检验标准		合格级别		灵敏度试片	
设备型号		提升力		表面状态	
磁粉种类		磁粉粒度		磁液浓度	
磁化方法		磁化电流		磁化时间	
磁化方向		磁粉施加方法		观察条件	

检验结果：

1. 于××年××月××日对××工程××部位进行磁粉检测，具体构件编号或部位为：××，经检测，未发现应记录显示或发现××显示。

2. 检测结果：合格/不合格。

3. 详细结果情况见正式报告。

附表 60

钢结构防腐涂层厚度检测记录

记录编号：＿＿＿＿＿＿＿＿＿＿　　工程名称：＿＿＿＿＿＿＿＿＿＿　　检测依据：＿＿＿＿＿＿＿＿＿＿

设计要求：＿＿＿＿＿＿＿＿＿＿　　检测地点：＿＿＿＿＿＿＿＿＿＿　　检测日期：＿＿＿＿＿＿＿＿＿＿

仪器编号：＿＿＿＿＿＿＿＿＿＿　　试　　片：＿＿＿＿＿＿＿＿＿＿

序号	构件编号	涂层厚度值/μm										结论	备注
		测点 1		测点 2		测点 3		测点 4		测点 5			
		单个值	平均值	单个值	平均值	单个值	平均值	单个值	平均值	单个值	平均值		

校核：　　　　　　　　　　记录：　　　　　　　　　　检测：

附表 61

钢结构涂层厚度初步检测结果

工程名称：_____

合同编号：_____

委托单位：_____

编　　号：_____

编写日期：_____

根据本公司检测数据，对检测内容作出如下初步评价：

☐　见附页材料；

☐　检测合格项（部位）：

☐　检测不合格项（部位）：

☐　存在问题，正在论证项（部位）：

声明：1. 本初步检测结果仅作为委托方施工参考，最后结论以正式报告为准。

　　　　2. 本初步检测结果不得作为竣工验收材料。

　　　　3. 本初步检测结果共 2 页（附页盖骑缝章方可有效）。

编　　写：　　　　　　　　　　审　核：

钢结构涂层厚度初步检测结果

工程名称	
建设单位	
检测方法	钢结构涂层测厚

涂料类型	钢结构防腐涂层干漆膜测厚	
	耐火极限	
	厚度要求	室内构件：富锌底漆 80μm + 封闭漆 30μm + 中间漆 100μm 室外构件：铝涂层 150μm + 封闭漆 30μm + 中间漆 100μm

检测初步结果说明：
1. 以上抽检的部位均达到要求，合格。
2. 具体的详细结果见正式检测报告。

附表 62

钢结构涂层厚度检测报告

检 测 人 员：_____

报 告 编 写：_____

校　　　核：_____

审　　　核：_____

批准（职务）：_____

声明：1. 本报告总页数 6 页。

2. 本检测报告涂改、换页无效。

3. 如对本检测报告有异议，可向本公司书面提请复议。

4. 检测单位名称与检测报告专用章名称不符者无效。

5. 未经本公司书面批准，不得复制本公司检测报告

（完整复制除外）。

6. 本报告未使用专用防伪纸无效。

××××××检测有限公司
年　月　日

地　　址：_____　邮政编码：_____

电　　话：_____　联 系 人：_____

工程概况

工程名称	
工程地点	
建设单位	
设计单位	
施工单位	
监理单位	
质量监督站	
委托单位	
检测方法	钢结构防腐涂层干漆膜测厚

防火等级		防火时间	
涂料类型	防腐涂层体系	检测数量	钢柱×根、钢梁×根
检测比例	10%	检测日期	

备注：

1. 抽检×根对其防腐装体系干漆膜厚度进行检测；

2. 防腐涂装体系干漆膜厚度设计要求：底漆 110μm + 中间漆 100μm + 面漆 60μm，总厚度 270μm；

3. 构件编号说明：构件编号（见附图）。

钢结构涂层厚度检测报告

工程名称						部件名称	钢柱	
检测地点						涂装种类	防腐涂装	
仪器型号	CM-8826F		设计要求			检验标准	GB 50205—2020	
序号	构件编号	涂层厚度值/μm					结论	备注
		测点 1	测点 2	测点 3	测点 4	测点 5		
1							合格	
2							合格	
3							合格	

附表 63

钢结构涂层附着力检测（划格法/栅格法）原始记录

记录编号：   检测日期：

工程名称				底材及涂层		
检测地点				检测依据		
气候条件				胶带型号		
仪器型号				合格要求		
构件编号	试验图示	试验情况			结论	备注
		涂层厚度	切割间距	结果描述		
	贴胶带或照片处					
	贴胶带或照片处					
	贴胶带或照片处					
	贴胶带或照片处					
	贴胶带或照片处					
	贴胶带或照片处					

校核：   检测：   记录：

附表 64

钢结构涂层附着力（拉力试验）检测记录

工程名称		检测地点	
温度/相对湿度		检验标准	
仪器型号		试柱直径	
粘结剂		涂层类型	
基材类型		设计要求	

拉力试验结果					
构件编号			涂层厚度及描述		
序号	断裂值/MPa 或 kN	断裂平面的评估结果/%			
		底材与底漆	底漆与中间漆	中间漆与面漆	面漆与粘结剂	粘结剂与试柱
1						
2						
3						
构件编号			涂层厚度及描述		
序号	断裂值/MPa 或 kN	断裂平面的评估结果/%			
		底材与底漆	底漆与中间漆	中间漆与面漆	面漆与粘结剂	粘结剂与试柱
1						
2						
3						
构件编号			涂层厚度及描述		
序号	断裂值/MPa 或 kN	断裂平面的评估结果/%			
		底材与底漆	底漆与中间漆	中间漆与面漆	面漆与粘结剂	粘结剂与试柱
1						
2						
3						
备注						

校核：　　　　　　　　　检测：　　　　　　　　　记录：

附表 65

涂层附着力（拉拔法）检测初步报告

委托单位：_____ 检测单位：_____

报告日期：_____ 报告编号：_____

工程名称				检测日期		
样品名称		设计要求			涂层类型	
标准		仪器型号			温度/相对湿度	
粘结剂		基材类型			试柱直径	

检测结果说明：

审核：   检测：

附表 66

涂层附着力（划格法）检测初步报告

委托单位：_____ 检测单位：_____
报告日期：_____ 报告编号：_____

工程名称				检测日期	
样品名称		试验仪器		胶带类型	
标准		基材类型		涂层类型	
环境条件		合格指标			

检测结果说明：

审核：_____ 检测：_____

附表 67

涂层附着力（拉拔法）检测报告

委托单位：_____ 检测单位：_____
报告日期：_____ 报告编号：_____

工程名称			检测日期		
样品名称		设计要求		涂层类型	
标准		仪器型号		温度/相对湿度	
粘结剂		基材类型		试柱直径	

序号	检测单元编号	断裂值/MPa		断裂平面的评估结果/%					结论	备注
		实测值	平均值	A	B	C	D	E		
1									合格	
	以下空白									

无损检测示意图：

备注：断裂平面的评估结果：A 表示基材与底漆间，B 表示底漆中间漆间，C 中间漆与面漆间，D 表示面漆与粘结剂间，E 表示粘结剂与试柱间。

批准：_____ 审核：_____ 检测：_____

267

附表 68

涂层附着力（划格法）检测报告

委托单位：_____ 检测单位：_____

报告日期：_____ 报告编号：_____

工程名称				检测日期	
样品名称		试验仪器		胶带类型	
标准		基材类型		涂层类型	
环境条件		合格指标			

序号	检测单元编号	试验情况			结论	备注
		涂层厚度/μm	试验条件	结果描述		

无损检测示意图：

备注：试验条件：1.0～60μm，硬底材，划格间距 1mm；2.0～60μm，软底材，划格间距 2mm；3.61～120μm，硬或软底材，划格间距 2mm；4.121～250μm，硬或软底材，划格间距 3mm。

批准： 审核： 检测：

附表69

桥梁伸缩装置橡胶夹持性能检测报告

工程名称		报告编号	
委托单位		检验形式	由见证人取样送检
检测日期		报告日期	
试验设备			
样品名称		伸缩装置形式	
生产厂家		产品批号	
温度			

检测项目	质量指标	检测结果			单项判定
		1	2	3	
橡胶夹持性能	橡胶密封带是否出现脱落和细裂纹				
检测照片		试件简图			
异常情况					
结论	试样所检项目指标符合规范要求				
备注	1. 试验依据：《公路桥梁伸缩装置通用技术条件》JT/T 327—2016； 2. 见证单位：_____，见证人（见证编号）：_____； 3. 报告中，符号"√"表示符合要求，符号"×"表示不符合要求，符号"/"表示无此项。				
声明	1. 本报告仅对来样负责，未经本公司书面批准，不得部分复印本报告内容（完整复印除外）； 2. 本公司地址：××××××，电话：××××××； 3. 本报告未使用专用防伪纸无效。				

批准：　　　　　　　　审核：　　　　　　　　试验：

附表 70

桥梁伸缩装置橡胶带夹持性能检测原始记录

委托编号		试验日期		试验规程		
样品编号		伸缩装置形式				
所用仪器设备					温度	
生产厂家			产品批号			
检测项目	质量指标		检测结果			
			1	2		3
橡胶带夹持性能	橡胶密封带是否出现脱落和细裂纹					
异常情况						
检测依据	□《公路桥梁伸缩装置通用技术条件》JT/T 327—2016					

校核： 试验： 记录：

附表 71

桥梁伸缩装置变形性能检测报告

工程名称		报告编号	
委托单位		检验形式	
检测日期		报告日期	

试验设备		温度	
样品名称		伸缩装置形式	
生产厂家		产品批号	

检测项目			标准要求	检测结果				单项判定
				1	2	3	平均值	
MB	拉伸、压缩时最大水平摩阻力/（kN/m）							
MB	拉伸、压缩时变形均匀性	每单元最大偏差值/mm							
MB	拉伸、压缩时变形均匀性	总变形最大偏差值/mm	$80 \leqslant e \leqslant 400$						
MB	拉伸、压缩时变形均匀性	总变形最大偏差值/mm	$400 < e \leqslant 800$						
MB	拉伸、压缩时变形均匀性	总变形最大偏差值/mm	$e > 400$						
MB	符合水平摩阻力和变形均匀性条件下的错位性能	纵向错位							
MB	符合水平摩阻力和变形均匀性条件下的错位性能	横向错位							
MB	符合水平摩阻力和变形均匀性条件下的错位性能	竖向错位							
SC	拉伸、压缩时最大水平摩阻力/（kN/m）							
SSA SSB	拉伸、压缩时最大水平摩阻力/（kN/m）								
SSA SSB	拉伸、压缩时最大竖向变形偏差/mm	$80 \leqslant e \leqslant 720$							
SSA SSB	拉伸、压缩时最大竖向变形偏差/mm	$720 < e \leqslant 1440$							
SSA SSB	拉伸、压缩时最大竖向变形偏差/mm	$e > 1440$							
SC	拉伸、压缩时最大竖向变形/mm							

异常情况	
结论	试样所检项目指标符合规范要求
备注	1. 试验依据：《公路桥梁伸缩装置通用技术条件》JT/T 327—2016； 2. 见证单位：_____，见证人（见证编号）：_____。
声明	1. 本报告仅对来样负责，未经本公司书面批准，不得部分复印本报告内容（完整复印除外）； 2. 本公司地址：××××××，电话：××××××； 3. 本报告未使用专用防伪纸无效。

批准：　　　　　　　　　　　　审核：　　　　　　　　　　　　试验：

附表 72

桥梁伸缩装置变形性能检测原始记录

委托编号			试验日期			试验规程	
样品编号			伸缩装置形式				
所用仪器设备						温度	
生产厂家					产品批号		

检测项目				检测结果			
				1	2	3	平均值
MB	拉伸、压缩时最大水平摩阻力/（kN/m）						
	拉伸、压缩时变形均匀性	每单元最大偏差值/mm					
		总变形最大偏差值/mm	$80 \leqslant e \leqslant 400$				
			$400 < e \leqslant 800$				
			$e > 800$				
	符合水平摩阻力和变形均匀性条件下的错位性能	纵向错位					
		横向错位					
		竖向错位					
SC	拉伸、压缩时最大竖向变形偏差/mm						
SSA SSB	拉伸、压缩时最大竖向变形偏差/mm						
	拉伸、压缩时最大竖向变形偏差/mm	$80 \leqslant e \leqslant 720$					
		$720 < e \leqslant 1440$					
		$e > 1440$					
W	拉伸、压缩时最大竖向变形/mm						
异常情况							
检测依据	□《公路桥梁伸缩装置通用技术条件》JT/T 327—2016						

校 核：　　　　　　试 验：　　　　　　记 录：

附表 73

桥梁伸缩装置防水性能检测报告

工程名称		报告编号	
委托单位		检验形式	由见证人取样送检
检测日期		报告日期	
样品名称		伸缩装置形式	
生产厂家		产品批号	
温度		试验设备	

检测项目	质量指标	检测结果	单项判定
防水性能	使伸缩装置处于最大开口状态以及水平状态，注水，使水面高出伸缩装置顶面10mm，24h内的渗水、漏水情况		
检测照片		试件简图	
异常情况			
结论	试样所检项目指标符合规范要求		
备注	1. 试验依据：《公路桥梁伸缩装置通用技术条件》JT/T 327—2016； 2. 见证单位：_____，见证人（见证编号）：_____； 3. 报告中，符号"√"表示符合要求，符号"×"表示不符合要求，符号"/"表示无此项。		
声明	1. 本报告仅对来样负责，未经本公司书面批准，不得部分复印本报告内容（完整复印除外）； 2. 本公司地址：×××××××，电话：×××××××； 3. 本报告未使用专用防伪纸无效。		

批准：　　　　　　　　审核：　　　　　　　　试验：

附表74

桥梁伸缩装置防水性能检测原始记录

委托编号		试验日期		试验规程	
样品编号		伸缩装置形式			
所用仪器设备				温度	
生产厂家			产品批号		
检测项目		质量指标		检测结果	
防水性能		使伸缩装置处于最大开口状态以及水平状态,注水,使水面高出伸缩装置顶面10mm,24h 内的渗水、漏水情况			
异常情况					
检测依据		□《公路桥梁伸缩装置通用技术条件》JT/T 327—2016			

校核:　　　　　　　　试验:　　　　　　　　记录:

附表 75

桥梁伸缩装置承载性能检测报告

工程名称： _____ 报告编号： _____

委托单位： _____ 检验形式： _____

检测日期： _____ 报告日期： _____

样品名称		伸缩装置形式	
生产厂家		产品批号	
温　度		试验设备	
静力性能试验			
检测项目	检测结果		单项判定
应力			
挠度			
疲劳性能试验			
质量指标	检测结果		单项判定
伸缩装置的应力变化情况，伸缩装置是否开裂			
检测照片	试件简图		
异常情况			
结论	试样所检项目指标符合规范要求		
备注	1. 试验依据：《公路桥梁伸缩装置通用技术条件》JT/T 327—2016； 2. 见证单位： _____，见证人（见证编号）： _____。		
声明	1. 本报告仅对来样负责，未经本公司书面批准，不得部分复印本报告内容（完整复印除外）； 2. 本公司地址：××××××，电话：××××××； 3. 本报告未使用专用防伪纸无效。		

批准：　　　　　　　　　　　审核：　　　　　　　　　　　试验：

附表 76

桥梁伸缩装置承载性能检测原始记录

委托编号		试验日期		试验规程	
样品编号		伸缩装置形式			
所用仪器设备				温度	
生产厂家			产品批号		
静力性能试验					
检测项目		检测结果			
		1	2	3	平均值
应力					
挠度					
疲劳性能试验					
质量指标		检测结果			
伸缩装置的应力变化情况，伸缩装置是否开裂					
异常情况					
检测依据	□《公路桥梁伸缩装置通用技术条件》JT/T 327—2016				

校核：　　　　　　　　试验：　　　　　　　　记录：

附表 77

公路隧道照明检测原始记录

检测依据	□《照明测量方法》GB/T 5700—2023 □《城市道路照明设计标准》CJJ 45—2015
仪器设备	□照度计 ＿＿＿＿＿＿
	□测距仪 ＿＿＿＿＿＿
	□钢卷尺 ＿＿＿＿＿＿

测试区域 （测点布置示意图）	（绘制布点示意图）

布点	照度实测值/lx								隧道照度 平均值/lx	隧道照度 设计值/lx
1										
2										
3										
4										
5										
6										
7										
8										
9										
10										
11										
12										
13										
14										
15										

批准：　　　　　　　　审核：　　　　　　　　试验：

附表 78

公路隧道照明检测报告

工程名称： _____　　报告编号： _____

委托单位： _____　　试验类别： _____

隧道类型： _____　　工程部位： _____

试验日期： _____　　报告日期： _____

路段区域	测点位置	设计要求/lx	平均照度实测值/lx	结论
		≤××		
备注	1. 试验依据：《照明测量方法》GB/T 5700—2023； 2. 评定依据： _____ ； 3. 见证单位： _____ ； 4. 见证人（见证编号）： _____ 。			
声明	1. 未经本公司书面批准，不得部分复印本报告内容（完整复印除外）； 2. 本公司地址：××××××，电话：××××××； 3. 本报告未使用专用防伪纸无效。			

批准：　　　　　　　　　　审核：　　　　　　　　　　试验：

附表 79

隧道噪声检测原始记录

工程名称：　　　　　　　　　　　　　　检测日期：

检测依据	□《声环境质量标准》GB 3096—2008			
仪器设备				
序号	测量场所	环境情况	时间	等效声级/dB
备注				

主检：　　　　　　　　　　校核：

附表 80

隧道噪声检测报告

工程名称：_____　　报告编号：_____
委托单位：_____　　试验类别：_____
隧道类型：_____　　工程部位：_____
试验日期：_____　　报告日期：_____

路段区域	测点位置	设计要求/dB(A)	实测值/dB(A)	结论
		≤××		
以下空白				
备注	1. 试验依据：《声环境质量标准》GB 3096—2008； 2. 评定依据：_____； 3. 见证单位：_____； 4. 见证人（见证编号）：_____。			
声明	1. 未经本公司书面批准，不得部分复印本报告内容（完整复印除外）； 2. 本公司地址：××××××，电话：××××××； 3. 本报告未使用专用防伪纸无效。			

批准：　　　　　　　　　审核：　　　　　　　　　试验：

附表 81

隧道风速检测原始记录

检测依据	□《公共场所卫生检验方法 第 1 部分：物理因素》GB/T 18204.1—2013									
仪器设备	□风速测量探头 SWA 31 G1810（401069）									
	□风速测量探头 SWA 31 G1810（401789）									
	□微风速测量探头 SWA 03 G1810（671579）									
布点示意图	测试方法：□迎面法　　□侧面法									
	（绘制布点示意图）									
测点编号	1	2	3	4	5	6	7	8	9	10
风速/（m/s）										
面积/m²										
校正后风速/（m/s）										
隧道风速平均值$\bar{v}_2$：										
备注										

主检：　　　　　　　　　　校核：

附表 82

隧道风速检测报告

工程名称：_____　　报告编号：_____
委托单位：_____　　试验类别：_____
隧道类型：_____　　工程部位：_____
试验日期：_____　　报告日期：_____

路段区域	测点位置	设计要求/（m/s）	实测值/（m/s）	结论
		≤××		
备注	1. 试验依据：《公共场所卫生检验方法 第 1 部分：物理因素》GB/T 18204.1—2013； 2. 评定依据：《公路隧道通风设计细则》JTG/T D70/2-02—2014； 3. 见证单位：_____； 4. 见证人（见证编号）：_____。			
声明	1. 未经本公司书面批准，不得部分复印本报告内容（完整复印除外）； 2. 本公司地址：××××××，电话：××××××； 3. 本报告未使用专用防伪纸无效。			

批准：　　　　　　　　　　　审核：　　　　　　　　　　　试验：

附表 83

施工作业环境气体中有害物质检测报告

委托单位：_____ 报告编号：_____
工程名称：_____
监督登记号：_____ 评定依据：_____
见证单位：_____ 见 证 人：_____
检测时间：_____ 报告日期：_____

工程信息					
建设单位			施工单位		
监理单位			工程地址		
检测结果					
检测项目	检测方法	技术要求	检测位置	检测结果	单项判定
O_2/%	GBZ/T 206—2007	—			—
CH_4/（%LEL^{注}）	GBZ/T 206—2007	—			—
CO/（mg/m^3）	GBZ/T 206—2007	≤20			符合要求
CO_2/（mg/m^3）	GBZ/T 206—2007	≤9000			符合要求
NO_2/（mg/m^3）	GBZ/T 206—2007	≤5			符合要求
H_2S/（mg/m^3）	GBZ/T 206—2007	≤10			符合要求
NH_3/（mg/m^3）	GBZ/T 206—2007	≤20			符合要求
SO_2/（mg/m^3）	GBZ/T 206—2007	≤5			符合要求
结果说明	本次检测的 CO、CO_2、NO_2、H_2S、NH_3、SO_2 六项指标符合标准《工作场所有害因素职业接触限值 第 1 部分：化学有害因素》GBZ 2.1—2019 的要求，O_2、CH_4 的检测结果如上所示。				
备注	LEL（Lower Explosive Limited）：爆炸下限，指 CH_4 与氧气的最低比例混合的爆炸极限，简称 LEL；CH_4 在大气中的爆炸下限为 5.3%。				

注：1. 若对报告有异议，应于收到报告之日起 15 日内，以书面形式向本公司提出，逾期视为对报告无异议；
　　2. 未经本公司书面批准，不得部分复制本检测报告（完全复制除外）。

批准：_____ 审核：_____ 检测：_____

附表 84

施工作业环境气体有害物质检测记录

合同编号				检测方法						GBZ/T 206—2007	
仪器编号			□便携式多种气体检测仪：□　　□			□复合式气体检测仪：□　　□					
采样点编号	检测日期	检测时间	检测位置	现场检测仪器读数							
				NO_1/ppm	CO_2/ppm	CH_4/%LEL	O_2/%	H_2S/ppm	CO/ppm	NO_2/ppm	SO_2/ppm
结果计算公式	CO_2：（44×仪器读数）/22.4；CO：（28×仪器读数）/22.4；SO_2：（64×仪器读数）/22.4；O_2和CH_4：仪器读数；NO_1：（30×仪器读数）/22.4；NO_2：（46×仪器读数）/22.4；H_2S：（34×仪器读数）/22.4										
备注											

校对：　　　　　　　　监测：

附表 85

隧道中烟尘浓度检测报告

委托单位：_____ 报告编号：_____
工程名称：_____
监督登记号：_____ 评定依据：_____
见证单位：_____ 见 证 人：_____
检测时间：_____ 报告日期：_____

工程信息			
建设单位		施工单位	
监理单位		工程地址	
检测结果			
检测位置	检测方法	技术要求	检测结果
结果判定			
备注			

注：1. 若对报告有异议，应于收到报告之日起 15 日内，以书面形式向本公司提出，逾期视为对报告无异议；
　　2. 未经本公司书面批准，不得部分复制本检测报告（完全复制除外）。

批准：　　　　　　　　审核：　　　　　　　　检测：

附表 86

隧道中烟尘浓度检测原始记录

检测编号：

检测工程名称		试验规程	《公路隧道通风设计细则》JTG/T D70/2-02—2014	
试验设备		试验环境	温度： ℃ 湿度： %	
		试验日期		

检测位置/m	左侧 烟雾浓度/10^{-3}	右侧 烟雾浓度/10^{-3}
备注	烟雾浓度平均值：	

试验：　　　　　　　　　　　　记录：

附表 87

栏杆耐撞击性能检测原始记录

工程名称：＿＿＿＿＿＿＿＿＿＿＿＿＿＿＿　样品编号：＿＿＿＿＿＿＿＿＿　检测日期：＿＿＿＿＿＿＿

设备信息					
45kg 霰弹袋编号		1040g 钢球编号		钢卷尺编号	
杆件位移现场检测设备					

1. 抗水平荷载性能

试件 1：＿＿＿＿＿＿＿＿＿＿＿＿＿＿＿玻璃护栏

扶手：试件长度 $L =$ ＿＿＿ mm，施力 $F = qL/2 =$ ＿＿＿ N；相对挠度限值 $L/250 =$ ＿＿＿ mm，残余挠度限值 $L/1000 =$ ＿＿＿ mm；最大相对水平位移 $\leqslant 30$ mm；挠度单位为 mm。

检测依据：JG/T 342—2012　　检测指标：1000N/m

测点读数及挠度	测点 C	测点 A	测点 D	测点 B	测点 E	挠度 A $\mu_A - (\mu_C + \mu_E)/2$	挠度 B $\mu_B - (\mu_C + \mu_E)/2$
初始读数							
施力 F（5min）							
卸载后残余							
相对位移值	μ_C	μ_A	μ_D	μ_B	μ_E		
施力 F（5min）							
残余							
试件状态	护栏各连接部位松弛或脱落情况：　　有□　　无☑						

试件描述：☑试件安装符合设计要求；□试件安装不符合设计要求

试件大样、加载与测点示意图

2. 抗软重物撞击性能　检测依据：JG/T 342—2012　　检测指标：300N·m

序号	测点位置	撞击部位	撞击能量/（N·m）	降落高度/mm	扶手位移/mm	试件状态描述
备注	—					

试件描述：☑试件安装符合设计要求；□试件安装不符合设计要求

试件大样、撞击点、加载与测点示意图

附表 88

栏杆耐撞击性能检测报告

委托单位			
工程名称		样品编号	
设计单位		委托日期	
施工单位		检验日期	
试件名称	××护栏	试件数量	
检验性质	有见证检验	工程地点	
见证信息	见证人：　　　证号： 单位：		
检测及分级标准	《建筑用玻璃与金属护栏》JG/T 342—2012		
检验项目	抗水平荷载性能		
检验仪器	微型拉拔仪、杆件位移现场检测设备、钢卷尺、软重物体45kg霰弹袋		
检验结论	**抗水平荷载性能：** 在水平荷载＿＿＿N/m作用下，对护栏顶部扶手进行施力，护栏测点最大位移＿＿＿mm，扶手的相对挠度＿＿＿mm，卸载后，扶手的残余挠度＿＿＿mm，护栏各连接部位无松弛或脱落现象。 达到工程设计指标。 　　　　　　　　　　　　　　　　　　　　　　报告日期：　　年　月　日		
备注			

批准：　　　　　　　　　审核：　　　　　　　　　主检：

附表 89

卷材（涂膜）防水层搭接宽度试验检测记录

工程名称			
工程部位			
材料种类			
试验检测日期		试验条件	
检测依据		判定依据	
委托编号		检测编号	
主要仪器设备名称及编号			
序号	位置	设计值/规范要求/mm	实测值/mm
附加声明：			

检测：　　　　　　　　记录：　　　　　　　　复核：

附表 90

卷材（涂膜）防水层搭接宽度检测报告

委托单位：_____　　报告编号：_____
工程名称：_____　　检评依据：_____
监督登记号：_____　　材料种类：_____
见证单位：_____　　见 证 人：_____
检测日期：_____　　报告日期：_____

序号	使用部位/位置	设计值/规范要求/mm	实测值/mm	偏差/mm	备注

注：1. 若对报告有异议，应于收到报告之日起 20 日内，以书面形式向本公司提出，逾期视为对报告无异议；
　　2. 未经本公司书面批准，不得部分复制本检测报告（完全复制除外）；
　　3. 本公司地址：××××××，电话：××××××。

批准：　　　　　　　　　审核：　　　　　　　　　检测：

附表 91

<h2 style="text-align:center">综合管廊断面尺寸检测原始记录</h2>

工程名称					
检测路段			检测日期		
试验规程	□《混凝土结构工程施工质量验收规范》GB 50204—2015 □《公路工程质量检验评定标准 第一册 土建工程》JTG F80/1—2017				
检测设备及唯一性编号	□钢卷尺 DJC2437（DQ031）□激光测距仪_____ □_____				
编号	里程桩号及位置	高度/mm		宽度/mm	
备注					

检测：　　　　　　　记录：　　　　　　　校核：

附表 92

综合管廊断面尺寸检测报告

工程名称：_____　报告编号：_____

委托单位：_____　试验类别：_____

类　　型：_____　工程部位：_____

试验日期：_____　报告日期：_____

里程桩号		高度/mm		宽度/mm		结论	
规定值或允许偏差		(−5,+10)		(−5,+10)			
结论	满足技术规范要求						
备注	1. 试验依据：《混凝土结构工程施工质量验收规范》GB 50204—2015； 2. 评定依据：《混凝土结构工程施工质量验收规范》GB 50204—2015； 3. 见证单位：_____； 4. 见证人（见证编号）：_____。						
声明	1. 未经本公司书面批准，不得部分复印本报告内容（完整复印除外）； 2. 本公司地址：××××××，电话：××××××； 3. 本报告未使用专用防伪纸无效。						

批准：　　　　　　　　　审核：　　　　　　　　　试验：

附表 93

综合管廊墙面平整度检测原始记录

工程编号			工程名称	
仪器型号及唯一性编号	□钢直尺 DJC2208（528178）□公路工程检测尺 D（002657）			
检测位置			检测日期	
试验依据	□《公路隧道施工技术规范》JTG/T 3660—2020 □《公路工程质量检验评定标准 第一册 土建工程》JTG F80/1—2017 □《混凝土结构工程施工质量验收规范》GB 50204—2015			
检测桩号	2m 直尺读数/mm					备注
备注						

检测： 记录： 校核：

附表 94

综合管廊墙面平整度检测报告

工程名称：_____　　报告编号：_____

委托单位：_____　　试验类别：_____

隧道类型：_____　　工程部位：_____

试验日期：_____　　报告日期：_____

里程桩号	测点位置	偏差允许值/mm	实测值/mm					最大偏差值/mm
			1	2	3	4	5	
结论	墙面平整度最大偏差均不大于 5mm，所检位置墙面平整度都满足技术规范要求							
备注	1. 试验依据：《公路工程质量检验评定标准 第一册 土建工程》JTG F80/1—2017； 2. 评定依据：《公路工程质量检验评定标准 第一册 土建工程》JTG F80/1—2017； 3. 见证单位：_____； 4. 见证人（见证编号）：_____。							
声明	1. 未经本公司书面批准，不得部分复印本报告内容（完整复印除外）； 2. 本公司地址：××××××，电话：××××××； 3. 本报告未使用专用防伪纸无效。							

批准：　　　　　　　　　　审核：　　　　　　　　　　试验：

附表 95

涵洞净高检测原始记录

工程编号		工程名称			检测日期	
仪器型号及唯一性编号						
试验依据		《公路工程质量检验评定标准 第一册 土建工程》JTG F80/1—2017				

测点或桩号	读数/m			实测高程/m	设计高程/m	偏差/mm
	后视	中桩	前视			
备注						

检测：　　　　　　　　记录：　　　　　　　　校核：

附表 96

涵洞净高检测报告

委托单位：_____　　　　报告编号：_____
工程名称：_____　　　　检测日期：_____
工程部位：_____　　　　报告日期：_____
检验形式：_____　　　　设计高度：_____

序号	位置	实测高度/mm	偏差值/mm	允许误差/mm
结论	以上所检项目符合《城镇道路工程施工与质量验收规范》CJJ 1—2008要求			
备注	1. 试验规程：《公路工程质量检验评定标准 第一册 土建工程》JTG F80/1—2017； 2. 评定依据：《公路工程质量检验评定标准 第一册 土建工程》JTG F80/1—2017； 3. 见证单位（见证人）：_____。			
声明	1. 本报告信息由委托方提供； 2. 未经本公司书面批准，不得部分复印本报告内容（完整复印除外）； 3. 本公司地址：××××××，联系电话：××××××； 4. 本报告未使用专用防伪纸无效。			

批准：　　　　　　　　审核：　　　　　　　　检测：

附表 97

压实度（灌砂法）检测原始记录

委托编号			工程名称			量砂密度ρ/（g/cm³）	
报告编号			结构层名称			量砂密度ρ/（g/cm³）	
试验日期			起止桩号			筒锥体砂质量/g	
设计要求			最佳含水率/%			最大干密度/（g/cm³）	
检测依据	□《公路路基路面现场测试规程》JTG 3450—2019						
检测设备及唯一性编号							

取样桩号	测点位置	灌砂前筒和砂质量 m_1/g	灌砂后筒和砂质量 m_2/g	试样湿重/g	盒号	盒重	盒+湿土重/g	盒+干土重/g	压实度 K/%

备注	*数据源自＿＿＿＿＿＿＿＿＿＿＿＿＿＿＿＿＿＿＿＿＿击实报告。

检测：　　　　　　　　记录：　　　　　　　　校核：

附表98

压实度（灌砂法）检测报告

工程名称：＿＿＿＿＿＿＿＿＿＿＿＿＿＿＿　　　报告编号：＿＿＿＿＿＿＿＿＿＿＿＿＿＿＿
委托单位：＿＿＿＿＿＿＿＿＿＿＿＿＿＿＿　　　试验类别：＿＿＿＿＿＿＿＿＿＿＿＿＿＿＿
结构层名称：＿＿＿＿＿＿＿＿＿＿＿＿＿＿＿　　工程部位：＿＿＿＿＿＿＿＿＿＿＿＿＿＿＿
最大干密度：＿＿＿＿＿＿＿＿＿＿＿＿＿＿＿　　试验日期：＿＿＿＿＿＿＿＿＿＿＿＿＿＿＿
设计要求值：＿＿＿＿＿＿＿＿＿＿＿＿＿＿＿　　报告日期：＿＿＿＿＿＿＿＿＿＿＿＿＿＿＿

编号	里程桩号及位置	湿密度/（g/cm³）	含水率/%	干密度/（g/cm³）	压实度/%

结论	满足技术规范要求
备注	1. 试验依据:《公路工程质量检验评定标准 第一册 土建工程》JTG F80/1—2017; 2. 评定依据:《公路工程质量检验评定标准 第一册 土建工程》JTG F80/1—2017; 2. 见证单位：＿＿＿＿＿＿＿＿＿＿＿; 3. 见证人（见证编号）：＿＿＿＿＿＿＿＿＿＿。
声明	1. 未经本公司书面批准，不得部分复印本报告内容（完整复印除外）; 2. 本公司地址：××××××，电话：××××××; 3. 本报告未使用专用防伪纸无效。

批准：＿＿＿＿＿＿　　　　　审核：＿＿＿＿＿＿　　　　试验：＿＿＿＿＿＿

附表 99

涵洞断面尺寸检测原始记录

工程名称				
检测路段		检测日期		
试验规程	□《混凝土结构工程施工质量验收规范》GB 50204—2015 □《公路工程质量检验评定标准 第一册 土建工程》JTG F80/1—2017			
检测设备及唯一性编号	□钢卷尺 DJC2437（DQ031）□激光测距仪_____ □_____			
编号	里程桩号及位置	长度/mm	净高/mm	
备注				

检测：　　　　　　　　　记录：　　　　　　　　　校核：

附表100

涵洞断面尺寸检测报告

工程名称：_____ 报告编号：_____
委托单位：_____ 试验类别：_____
类　　型：_____ 工程部位：_____
试验日期：_____ 报告日期：_____

里程桩号		长度/mm	净高/mm	结论
允许偏差		(−50,+100)	≥ −50	
结论	满足技术规范要求			
备注	1. 试验依据：《公路工程质量检验评定标准 第一册 土建工程》JTG F80/1—2017； 2. 评定依据：《公路工程质量检验评定标准 第一册 土建工程》JTG F80/1—2017； 3. 见证单位：_____； 4. 见证人（见证编号）：_____。			
声明	1. 未经本公司书面批准，不得部分复印本报告内容（完整复印除外）； 2. 本公司地址：××××××，电话：××××××； 3. 本报告未使用专用防伪纸无效。			

批准：　　　　　　　　　　审核：　　　　　　　　　　试验：

参考文献

备注：参考文献标准排序按标准编制规矩，先国家标准（工程建设国家标准、产品类国家标准），后行业标准、地方标准等。

[1] 混凝土结构现场检测技术标准: GB/T 50784—2013[S].

[2] 数据的统计处理和解释 正态样本离群值的判断和处理: GB/T 4883—2008.

[3] 混凝土结构工程施工质量验收规范: GB 50204—2015.

[4] 建筑结构检测技术标准: GB/T 50344—2019.

[5] 混凝土结构设计标准: GB/T 50010—2010（2024 年版）.

[6] 预应力筋用锚具、夹具和连接器:（GB/T 14370—2015）.

[7] 预制混凝土衬砌管片:（GB/T 22082—2017）.

[8] 桥梁球型支座: GB/T 17955—2009.

[9] 一般公差 未注公差的线性和角度尺寸的公差: GB/T 1804—2000.

[10] 橡胶制品的公差 第 1 部分：尺寸公差: GB/T 3672.1—2002.

[11] 钢结构工程施工质量验收标准: GB 50205—2020.

[12] 钢结构焊接规范: GB 50661—2011.

[13] 焊缝无损检测 磁粉检测: GB/T 26951—2011.

[14] 焊缝无损检测 焊缝磁粉检测 验收等级: GB/T 26952—2011.

[15] 钢结构现场检测技术标准: GB/T 50621—2010.

[16] 无损检测 磁粉检测 第 1 部分：总则/第 2 部分：检测介质/第 3 部分：设备: GB/T 15822.1～3—2024.

[17] 给水排水管道工程施工及验收规范: GB 50268—2008.

[18] 热喷涂涂层厚度的无损测量方法: GB/T 11374—2012.

[19] 照明测量方法: GB/T 5700—2023.

[20] 建筑照明设计标准: GB 50034—2013.

[21] 声环境质量标准: GB 3096—2008.

[22] 公共场所卫生检验方法 第 1 部分：物理因素: GB/T 18204.1—2013.

[23] 工作场所有害因素职业接触限值 第 1 部分：化学有害因素: GBZ 2.1—2019.

[24] 工作场所空气中有害物质监测的采样规范: GBZ 159—2004.

[25] 密闭空间直读式仪器气体检测规范: GBZ/T 206—2007.

[26] 工作场所空气有毒物质测定: GBZ/T 300—2017.

[27] 工作场所空气中粉尘测定: GBZ/T 192—2007.

[28] 建筑地基基础设计规范: GB 50007—2011.

[29] 建筑结构荷载规范: GB 50009—2012.

[30] 回弹法检测混凝土抗压强度技术规程: JGJ/T 23—2011.

[31] 高强混凝土强度检测技术规程: JGJ/T 294—2013.

[32] 钻芯法检测混凝土强度技术规程: JGJ/T 384—2016.

[33] 混凝土中钢筋检测技术标准: JGJ/T 152—2019.

[34] 混凝土中氯离子含量检测技术规程: JGJ/T 322—2013.

[35] 铁路工程地质勘察规范: TB 10012—2019.

[36] 铁路混凝土与衬砌工程施工质量验收标准: TB 10424—2003.

[37] 铁路隧道衬砌质量无损检测规程: TB 10223—2004.

[38] 铁路隧道设计规范: TB 10003—2016.

[39] 公路隧道检测规程: T/CECS G: J60—2020.

[40] 公路隧道设计细则: JTG/T D70—2010.

[41] 公路工程质量检验评定标准 第一册 土建工程: JTG F80/1—2017.

[42] 公路工程物探规程: JTG/T 3222—2020.

[43] 城市桥梁检测与评定技术规范: CJJ/T 233—2015.

[44] 城市桥梁工程施工与质量验收规范: CJJ 2—2008.

[45] 城市桥梁检测与评定技术规范: CJJ/T 233—2015.

[46] 公路桥梁承载能力检测评定规程: JTG/T J21—2011.

[47] 铁路桥涵混凝土结构设计规范: TB 10092—2017.

[48] 铁路后张法预应力混凝土梁摩阻测试方法: Q/CR 566—2017.

[49] 预应力筋用锚具、夹具和连接器应用技术规程: JGJ 85—2010.

[50] 铁路工程预应力筋用夹片式锚具、夹具和连接器: TB/T 3193—2016.

[51] 公路桥梁结构监测技术规范: JT/T 1037—2022.

[52] 公路桥梁荷载试验规程: JTG/T J21-01—2015.

[53] 锚杆锚固质量无损检测技术规程: JGJ/T 182—2009.

[54] 公路隧道施工技术规范: JTG/T 3660—2020.

[55] 盾构隧道管片质量检测技术标准: CJJ/T 164—2011.

[56] 铁路隧道工程施工质量验收标准: TB 10417—2018.

[57] 城市桥梁养护技术标准: CJJ 99—2017.

[58] 公路桥梁板式橡胶支座: JT/T 4—2019.

[59] 公路桥梁盆式支座: JT/T 391—2019.

[60] 公路桥梁伸缩装置通用技术条件: JT/T 327—2016.

[61] 公路隧道照明设计细则: JTG/T D70/2-01—2014.

[62] 公路隧道通风设计细则: JTG/T D70/2-02—2014.

[63] 公路隧道通风设计细则: JTG/T D70/2-02—2022.

[64] 建筑地基处理技术规范: JGJ 79—2012.

[65] 建筑地基检测技术规范: JGJ 340—2015.

[66] 建筑防护栏杆技术标准: JGJ/T 470—2019.

[67] 城市人行天桥与人行地道技术规范: CJJ 69—1995.

[68] 城市桥梁桥面防水工程技术规程: CJJ 139—2010.

[69] 城市桥梁检测技术标准: DBJ/T 15-87—2022.

[70] 建筑地基基础检测规范: DBJ/T 15-60—2019.

[71] 建筑地基基础设计规范: DBJ 15-31—2016.

[72] 建筑地基处理技术规范: DBJ/T 15-38—2019.

[73] 公路混凝土桥梁预应力施工质量检测评定技术规程: DB35/T 1638—2017.

[74] 钻芯法检测混凝土抗压强度技术规程: CECS 03: 2007.

[75] 超声回弹综合法检测混凝土强度技术规程: T/CECS 02: 2020.

[76] 民用建筑钢结构检测技术规程: T/CECS 1503: 2023.

[77] 广东省交通运输厅. 广东省公路桥梁工程后张法预应力施工及检测技术指南[A]. 2021-08-03.

[78] 何玉珊, 程崇国, 章关勇, 等. 桥梁隧道工程[M]. 北京: 人民交通出版社, 2023.